中国出版家丛书
ZHONGGUO CHUBANJIA CONGSHU

中国出版家
黄洛峰

Zhongguo Chubanjia
Huang Luofeng

柳斌杰 主编　　汪耀华 著

人民出版社

出版说明

　　出版不仅仅是一个充满竞争的商业领域，同时，它也深深打上了"文化"和"思想"的印记。在这个文化场域中，交织着多种力量的动态关系，通过出版物的呈现和出版活动的开展，描绘了一个时代的文化风貌；而回旋折冲于其间者，则是那些幕后活跃、台前无闻的各类出版人。他们自喻"为他人做嫁衣裳"，事实上，却是国家文化传承和历史记录的主要担当者，有出版发展的参与人和见证者甚至称他们所起的作用为保存民族记忆的千秋大脑。虽然扼据出版要津之地，却少见自家行当的人物传记出版。本丛书是第一次规模化地为这个群体中的杰出者系列立传，从一个人到一群人的出版事功中，折射出近代以降出版业的俯仰变迁，同时也见证着出版参与时代文化思想缔构及其背后深广的社会历史内容。那些曾经彪炳于时的出版人，一方面安身于这个行业，以其敏锐犀利的时代洞察力，在市场、经营与创意中躬行实践，标领乃至规划了这个行业的发展，并使之成为国民经济的一个重要门类；另一方面又在"安身"之外，显现出面向社会的公共性关怀与"立命"的超越性关怀，从职业而志业的追求中，服务于民族解放、思想启蒙与文化进步的社会性经营，书写了出版人生的风采、风骨与风流。

本丛书所传写的 30 余位出版人，均为活跃于 20 世纪并已过世的出版前辈。中国古代也曾涌现了陈起、毛晋等出版大家，只是未纳入本书的传主范围。丛书在体例上，有单人独传与多人合传之分，但这并不必然意味着对传主出版贡献及其历史地位的轻重判别，许多情况下的数人合传，乃困于传主史料的阙如而不得已的选择，某些重要出版人如大东书局总经理沈骏声、儿童书局创办人张一渠等，也囿于同样情形而未能列入本丛书的传主名单，殊觉憾事。虽说隐身不等于泯灭，但这个行业固有的幕后特征多少带来了出版人身份上的隐而不显、显而不彰。本丛书的出版，固然是想通过对前辈出版事迹的阐幽发微、立传入史，能让同样为人做嫁衣者的当今出版人不至于觉得气类太孤，内心获得温暖，并昭示后来者在人生目标上，在家国情怀上，在出版境界上，追步于前贤，自觉立起一面促人警醒自鉴的镜子；同时更希望通过一个个传主微历史的场景呈现，让更多的人认识到出版在产业之外，更是一项薪火相传的社会文化事业，它对时代文化的接引与外度，使其成为一种任何人都不可忽视的"势力"，在百余年来的社会发展进程中，发挥了不可替代的作用。

故此，我们推出这套"中国出版家丛书"，以展示中国文化创造者的风采，弘扬他们的优良传统和崇高的职业精神，发掘出版史史料，丰富出版史研究和编辑史研究。

"中国出版家丛书"编辑委员会

人民出版社编辑部

二〇一六年四月

前　言

黄洛峰（1909—1980），中国出版家。云南省鹤庆县人。1927年18岁时加入中国共产党，1928年担任中共云南安宁、易门、禄丰三县特委书记，昆明市团委书记。1930年留学日本，参加留日支部，积极从事反日爱国运动。九一八事变后回国，在党的领导下从事抗日救亡运动。1932年在上海民众反日救国联合会工作时，被反动派逮捕入狱，在狱中立场坚定，英勇不屈，维护了党的机密，保持了共产党人的崇高气节。

作为出版家，黄洛峰在党的领导下致力于革命的文化出版事业。三十年代，他在李公朴先生、艾思奇等同志创办的读书生活出版社主持社务，宣传马克思主义，鼓吹团结抗日。主持出版了马克思的《资本论》第一个中文全译本、艾思奇的《大众哲学》等。他曾经长期和邹韬奋、胡愈之、徐伯昕等同志一起，团结大批进步作家，同国民党反动派进行顽强的、坚韧不拔的斗争，不断扩大革命的、进步的书刊出版阵地。抗日战争后期，黄洛峰在重庆领导生活书店、读书出版社、新知书店三家书店工作。当时白色恐怖十分严重，他根据周恩来同志的指示，一方面隐蔽精干，坚持斗争，一方面向延安等解放区输送出版干部，同时在文化界、出版界做了大量的、艰巨的统一战线工作，积极参加、领导民主运动。同时，在叶剑英、罗炳辉同志领导下，从事云南地方军队的统一战线工作。

中华人民共和国成立前，黄洛峰在上海、武汉、重庆、香港等地，先后担任读书出版社总经理，生活·读书·新知三联书店管理委员会主席等。

黄洛峰对革命出版事业满腔热情，富于艰苦创业精神和组织管理才干，能团结干部，爱护干部。三联书店成为当时国统区革命出版事业的主要力量，是黄洛峰和三联书店许多同志努力奋斗的结果。中共中央1949年7月关于三联书店工作方针的指示指出："三联书店，过去在国民党统治区及香港起过巨大的革命出版事业主要负责者的作用""宣传了马列主义，毛泽东思想和党的各个时期的主张""三联书店和新华书店一样，是党的领导之下的书店"。这是党中央对三联书店的正确评价，也是对包括黄洛峰同志在内的、在国民党反动派压迫下从事革命出版工作的同志们的很大鼓励。

1949年2月北平解放，黄洛峰担任中央宣传部出版委员会主任委员。1949年10月至1954年，先后担任出版总署出版局局长、办公厅主任、党组副书记。在中华人民共和国成立初期，他根据党的指示，在统一全国新华书店的工作中，在团结解放区和国统区两支革命出版队伍共同建立社会主义的出版、发行、印刷事业中，在对私营出版业进行社会主义改造的工作中，曾经进行了大量的规划和组织工作，作出卓越的贡献。出版总署建制撤销后，黄洛峰担任文化部出版事业局局长、办公厅主任、部长助理、党组成员，文化学院院长兼党委书记等职。他在协助文化部领导进行文化出版事业的建设、培养文化出版干部等方面，进行了卓有成效的工作。

1965 年，在当时"左"倾思想的指导下，文化部进行所谓整风运动。之后，黄洛峰被调离文化部，任中国科学院哲学社会科学部民族研究所副所长。

1954 年，黄洛峰当选第一届全国人民代表大会代表。1956 年当选中共第八次全国代表大会代表；1959 年后，先后被推选为第三、第四、第五届全国政协委员。1978 年 6 月任中国历史博物馆顾问。1979 年 12 月当选为中国出版工作者协会副主席。

经历长期的革命斗争考验，黄洛峰始终热爱党、忠诚于党的事业，无论是身处白色恐怖，还是意气风发，抑或遭受打压，仍然坚定信心，坚决执行党的路线、方针、政策，认真负责，任劳任怨，顾全大局，从不计较个人利益得失，一贯胸襟坦荡，性格爽朗，光明磊落，刚正不阿。

黄洛峰对党的文化事业高度负责，工作态度严肃认真，坚持原则勇于向前的精神，将永远被历史记载、为后人所仰望！

目 录

第一章
选择生活

一、在那个石破天惊的时代求学

（一）从滇西走出来的少年

黄洛峰，原名黄垲，字肇元，1909 年 2 月 6 日出生在云南鹤庆县。鹤庆县位于云南省西北部，滇西横断山脉南端，云岭山脉以东，大理白族自治州北部。县城云鹤镇居鹤庆坝中略偏西，距省会昆明市 476 公里，距大理州府所在地大理市 136 公里。境内有马耳山、石宝山两大山脉。因峰峦起伏、山林连绵，形成有山地、丘陵、小盆地、河谷等多种地貌。

鹤庆境内地下水源丰富，形成上百个泉潭，

又名龙潭，自古有"泉潭之乡"的美称。水域宽阔的天然草海湿地，使鹤庆成为有名的"鱼米之乡"。

鹤庆在滇西北的商贸活动中占有重要的一席之地。唐宋时期，南诏、大理国与朝廷在此设有茶马互市。清光绪年间，鹤庆和喜州、腾冲三大商帮兴盛。光绪十五六年，当地骡马交易达到五六万匹，成为滇东、滇南、滇西北的骡马交易中心。骡马交易的兴盛为商帮的兴起奠定了良好的交通基础。

茶马古道以马帮运茶为主要特征，但也包括其他货物。漫长而艰险的茶马古道，实现了吐蕃、汉族、白族和其他民族的货物交换，也造就了一批又一批出类拔萃的鹤庆商人，他们在滇、藏、川三大区域打下了一片新天地，在昆明、西康、成都、重庆、汉口、上海等地开设商号、名扬商界。并且，越过国界在印度、尼泊尔、缅甸设立商号。

鹤庆不仅造就了商机妙算的商人、威震疆场的将军，也养育了诸多才华横溢的文人，可谓文献名邦、人杰地灵。

"虽然地处祖国的西南隅，远离政治中心，但这里曾是茶马古道的重镇，南来北往的商人带来各种各样的消息，几次革命，军阀混战，不断冲击这小小的边城，使父亲从小关心时局，立下了报效祖国的雄心。"[①] 黄洛峰之女黄燕生后来写道。

黄洛峰的祖父黄希（子光），教过私塾，曾在一家商号做事，30多岁死于传染病。祖母李氏，性格刚毅，勤劳俭朴，在家庭顶梁柱坍塌后，一手带大了众多子女，除做家务劳动外，还在自家开的小杂货

---

① 黄燕生：《遥忆父亲二三事》，载范用、刘大明主编：《出版家黄洛峰》，百家出版社2007年版，第471页。

店里做点盐、茶、烟之类的生意。

黄洛峰的父亲黄晋侯，排行第二。黄氏兄弟三人长期经商，共同生活，没有分家，祖孙三代的大家庭共 17 人，家业由伯父黄晋康主持。黄晋康在众多子侄中选中黄洛峰，认为他聪颖好学，有大志向，能成器，便资助他读书，希望他学成归来，光宗耀祖。

黄洛峰的母亲余顺娣，知书达理，喜欢听书看戏。黄洛峰是独子，只有一个妹妹叫黄映坤。

黄洛峰出生、成长的年代，中国正处于石破天惊的变革中。1911 年 10 月 10 日，辛亥革命爆发，揭开推翻清朝帝制的序幕。1915 年 5 月，袁世凯接受丧权辱国的"二十一条"，12 月袁世凯称帝，激起全国人民的讨伐之声。

留在幼小黄洛峰记忆中的是"辛亥革命"、"袁世凯卖国"这些词汇，黄洛峰从小崇敬孙中山和蔡锷，成家生子后还常常对孩子说起他们。

7 岁时，黄洛峰进入私塾念书，读的是《百家姓》、《三字经》、"四书"、"五经"之类，背诵流利，善于思考，喜欢提问，颇得老师的喜欢。然而，黄洛峰并不喜欢四书五经，换了三个私塾，仍不能令他满意。就这样，经过 4 年的私塾学习，黄洛峰有了一定的文化基础，特别喜欢古典文学，并写得一手好字。

1921 年，黄洛峰考上了鹤庆县立高等小学，这是县内第一所新学堂。但读了一年后，黄洛峰感觉所教所学不能满足他的求知欲望，想到昆明更好的学校去求学。其时，黄洛峰的父亲和伯父在昆明的两家商号做生意，听到少年黄洛峰的诉求，不仅同意，而且鼓励他去昆明求学，于是，这个年仅 13 岁的少年在 1922 年只身离开鹤庆，随着马帮，徒步到昆明。

黄洛峰离家求学时的踌躇满志可在他所作的《古风·往事》诗中得以体现：

远游负笈夙所志，男儿驰骋须四方。

壬戌轻装忆结伴，春风送我离故乡。①

就这样，黄洛峰结束了他的童年时代，离开家乡，踏上了一条艰难的求学奋斗、上下求索之路。

"父亲1922年离家，1945年才因我奶奶生病回家一趟。由于他同时肩负着在昆明建立读书分社的任务和中央指派做滇军工作的秘密任务，因此在家只待了几天便又匆匆上路了。奶奶和爷爷先后于1948年、1949年去世，父亲没能为父母养老送终，这成为他终生的遗憾。"② 黄洛峰之女黄燕生在回忆父亲的文章中写道。

（二）求学路上的启蒙

1922年，黄洛峰从偏远的小城镇来到了经济、政治、文化、交通较为发达的大城市昆明，视野更加开阔，用黄洛峰自己的话说："壮了胆，开了眼，感到了一个新天地向我招手，我也不再像在家中

---

① 黄燕生：《遥忆父亲二三事》，载范用、刘大明主编：《出版家黄洛峰》，百家出版社2007年版，第471页。

② 黄燕生：《遥忆父亲二三事》，载范用、刘大明主编：《出版家黄洛峰》，百家出版社2007年版，第472—473页。

那么孩子气了。"①

在父亲和伯父的鼓励下，黄洛峰考取了私立成德中学，这是一所有进步倾向的学校，民主气氛好，学生较为自由。中国共产党云南省特别委员会书记、早期中共领导人之一李鑫也曾就读这所学校。李鑫与黄洛峰少年时的经历相似，出生于云南龙陵县，小学毕业后，从老家来昆明求学，考入了成德中学，在进步教师的影响下，走上革命道路，成长为优秀的共产主义战士。1929 年，李鑫准备发动工人武装暴动时被捕，在蒙自英勇就义。

当然，少年黄洛峰并不知道李鑫，只是听人说这所学校较有名气，而且他的远房叔叔黄绶申也在这里求学。应该说，该校的进步氛围对黄洛峰后来所走的道路有一定的影响。

在这所学校，黄洛峰交到了一生的挚友郑易里。黄绶申和郑易里是同班同学，比较要好，在学校里经常同进同出，他们比黄洛峰高两级。刚入校的黄洛峰与同学议论时事，敢于发表不同见解，引起了郑易里的关注，并起了结交之心，遂成好友。

1923 年冬天，黄洛峰进入成德中学的第二年，家庭变故让他品尝了世态炎凉。这一年的冬天，黄洛峰伯父与人合营的"日兴德"商号倒闭，黄洛峰的伯父被投入监狱、父亲被迫外出躲债，将 14 岁的黄洛峰寄养在一个族叔家中。对这一段经历，他在《自传》中说："我的伯父被债主送进了监狱，货物为债主强行拿走，不少亲朋好友视我们为路人，我第一次尝到人情冷暖、世态炎凉的苦味。我经常以怀疑一切的眼光，跑出跑进那座阴森的监狱，为我的伯父送东西，这一幅

---

① 辛锋、王思懿：《出版家黄洛峰》，云南人民出版社 2017 年版，第 10 页。

人世凄凉的图画，给了我幼小的心灵以重重的一锤，我开始对旧社会憎恨起来。这也是我后来所以走向革命的一个最初的感性基石。"①

世人的冷眼、生活的困苦、族婶的刻薄，令黄洛峰看到了社会的阴暗面，体察到劳动人民的苦难，令他的思想、追求发生了重大改变。

在成德中学，黄洛峰阅读了《新青年》、《呐喊》之类倡导新文化运动的书刊，使他开始关心国家大事。1925年5月，上海发生"五卅惨案"，各大中城市纷纷罢工罢课，声援上海人民的反帝斗争，从而爆发了更大规模的"五卅运动"。黄洛峰积极投入游行示威行列，并参加讲演、募捐、演戏等活动，这是他第一次参加这样的爱国活动。

1926年春，黄洛峰从成德中学初中毕业，经过刻苦攻读，考取云南省立第一中学高中部。

云南省立第一中学（以下简称"省立一中"）是云南的著名中学，创办于1905年，既是中国近代教育在云南地区的一个模范学校，为引导年轻人的人生选择和云南近代化规模发展提供了一个自由平等的学习空间；同时也是一所进步学校，早在五四运动时期，师生们就积极参加爱国民主运动。1925年成立了共青团云南特别支部，为中共云南省党组织的建立奠定了基础。抗日战争及解放战争时期，全校师生积极投入民族解放运动中，为新中国的建立作出了贡献。

黄洛峰考入省立一中时期，该校正成为学生革命活动的一个中心，执教的老师有楚图南（1926年加入中国共产党）、陈小航（罗稷

---

① 马仲扬、苏克尘：《黄洛峰传》，载范用、刘大明主编：《出版家黄洛峰》，百家出版社2007年版，第6页。

南），职员中有共产党员李国柱。李国柱在校图书馆工作，利用工作条件之便，创办并领导秘密组织"青年努力读书会"，传播进步书籍和刊物，其中包括《向导》杂志，以及马克思列宁主义的著作。"青年努力读书会"在当时非常活跃，吸引了很多爱国学生加入，其中也包括黄洛峰。正是在这个读书会，黄洛峰结识了比他大两岁的刘惠之。刘惠之1928年加入中国共产党，撰写、翻译出版《中国历史教程》、《资本主义的发展》等进步书籍，当过《新华日报》编辑，在部队担任过军级秘书长、宣传部长。新中国成立后，转业到地方后担任最高人民检察院党组成员、副秘书长兼审判监察厅厅长。

入学不久，黄洛峰结识了对他人生曾产生重大影响的艾思奇（李生萱），两人是学校学生会的骨干，艾思奇在学生会文艺部，黄洛峰是学生班级代表。

艾思奇比黄洛峰小一岁，1925年下半年考入省立一中，在学校非常活跃，创办了学生话剧团，参加了《可怜闺里月》、《少奶奶的扇子》等剧的演出。艾思奇的父亲李曰垓是著名学者，由黄兴推荐参加了同盟会，是辛亥革命及护国运动的元老，后因反对新军阀唐继尧，险遭杀害而逃往香港。1924年，艾思奇去港寻父，次年返回昆明考入省立一中。艾思奇受父亲影响，参加革命活动特别积极，还办起了工人夜校。

（三）"三一八惨案"留下的呼声

1926年3月，北京发生"三一八惨案"。1926年3月12日，冯玉祥的国民军与奉系军阀作战期间，日本军舰掩护奉军军舰驶进天津大沽口，炮击国民军，守军死伤十余人。国民军坚决还击，将日舰驱逐出大沽口。日本竟联合英美等八国于 16 日向段祺瑞执政府发出最后通牒，提出撤除大沽口国防设施的无理要求。3 月 18 日，北京 5000 余群众由李大钊主持，在天安门集会抗议，要求拒绝八国通牒。段祺瑞执政府竟下令开枪，当场打死 47 人，伤 200 余人，李大钊、陈乔年均在斗争中负伤，史称"三一八惨案"。这一事件，更因鲁迅先生的名作《记念刘和珍君》被大家记住——"真的猛士，敢于直面惨淡的人生，敢于正视淋漓的鲜血……不在沉默中爆发，就在沉默中灭亡……苟活者在淡红的血色中，会依稀看见微茫的希望；真的猛士，将更奋然而前行。……"

3 月 20 日，中共中央发表《为段祺瑞屠杀人民告全国民众》，号召"全国商人、学生、工人、农民、兵士，应急起联合起来，不分党派，一致奋斗，发动一个比'五卅'运动更伟大的运动，以雪最后通牒之耻"。3 月 23 日，北京总工会、全国学生总会等团体及各校学生 1 万多人，在北大三院举行"三一八死难烈士追悼大会"。

黄洛峰参加了在昆明的抗议游行。当时云南的"土皇帝"军阀唐继尧十分惊慌，下令逮捕进步学生，指名抓艾思奇，说杀不了老子就宰儿子。在黄洛峰等进步师生的掩护下，艾思奇被安全转移。在共同学习、共同斗争的过程中，黄洛峰和艾思奇结下了深厚的友谊，成为一生的挚友。

在黄洛峰 1926 年 6 月 4 日写的一篇文章《心的呼声》中，可以体会到他的愤怒——

呜呼！"五卅""五卅"！！！忽忽又一年了，去年今日，南京路的碧眼儿机枪四射，把我们许多爱国同胞送进鬼门关，留下你这血腥可寻的名字！做了中华民族被压迫史上的一页。

……

哦！哦！！！还有！还有！你给帝国主义咬上一口诬称曰"赤化"，因而遗老遗少官僚军阀……大惊小怪和不分青红皂白的把学生的一切活动，差不多都堂哉皇哉的叫作"赤化"了，因此产生了今年的"三·一八"，以后恐怕还有"……""……"为你的后起之俊呢？！"三·一八"是你后续的最大牺牲者，我想你在天之灵，也一定为中华民族可庆可贺的！因为沉在死海的下层的民众，或者受了万一的波动，能跃一跃身起来收回他们的人权，乐天命的绅士，遗老遗少……或许也可激发激发他们的已死之心，就是从迎媚帝国主义者直接压迫我们的军阀官僚……也或许能稍收敛其凶狠残忍之心呢？！

我真诚的望你有许多有为的后继者……包涵一切直接间接的救国者（亦即自救者）……来把中华民族所受的奇耻大辱，一起雪个干净！！！而且铲除了压迫我们的帝国主义和军阀官僚……重来改造中华民族的新生命！！使中国人做到真的自由之民！！！

呜呼！黄浦之滨，早已不能寻你的血迹了，龙华塔前更有何人凭空洒泪再赋"招魂"呢！！！①

1926 年寒假，黄洛峰受到刘惠之邀约，与王秉心（王旦东，20

---

① 孙幼礼：《怀念洛峰》，载范用、刘大明主编：《出版家黄洛峰》，百家出版社 2007 年版，第 452 页。

世纪 30 年代与聂耳一起参加进步活动，王秉心独唱国际歌，聂耳小提琴伴奏，参加北平"左联"、"左翼剧联"。新中国成立后曾担任云南省花灯剧团副团长，被认为是花灯剧的创始人）、艾芜（著名作家，当时是昆明红十字会杂役）结伴到王秉心的家乡易门县，创办"义务学校"，践行平民教育的主张。

据亲历者刘惠之后来回忆："我们在'旅省学生会'的倡导下，发起了铲除贪污教育经费的县教育局长文暄的斗争，取得胜利。文暄下台，重新委任了我们提名的局长，接着就办起了寒假期间的义务学校。用捐款免费供给学生书籍，曾有一千多学生入了校。当时我负责总校工作，下设四个分校，洛峰和艾芜同志就在第三分校任老师，校长是王秉心。""洛峰积极负责，对学生非常热情，讲课语言生动，善于启发引导，受到学生欢迎。有一回他讲三民主义问答课时，课本里面有这样一个问答：'问：你见过孙中山大总统吗？''答：我见过了，他鼻直口方是个好人。'洛峰说道：难道说麻脸就不是好人？孙中山就是鼻生歪些也还是好人咯！顿时引起全堂大笑，当学生情绪高听课兴趣大时，他就认真地讲述起什么是三民主义，孙中山先生的三大政策是什么。就是因为他联合共产党，按共产党的正确主张办事，才有了轰轰烈烈的北伐进军……你们赶快长大去当北伐军。听过他讲课的学生至今还记忆犹新。"①

黄洛峰对当义务老师有着深深的感触。他在《自传》中写道：在这个学校虽仅短短的两个月，却看到了农村的破败，广大农民的贫苦。从书本、闲谈以及争论中，懂得了一些革命的道理。只有自己参

---

① 《云南文史丛刊》1986 年总第 4 期，第 65 页。

加革命实际，扎扎实实做些实事，才能了解农民，了解中国。

1926 年，北伐掀起的革命浪潮传遍全国，而军阀唐继尧竟然在云南高唱"反共"、"讨赤"的调子，与北洋直系军阀吴佩孚等勾结，对抗革命。1926 年 11 月，中国共产党云南特别支部成立，立即组建了以"倒唐"为目的的云南政治斗争委员会，领导云南人民进行"倒唐"斗争。

1926 年底，云南人民反唐斗争高涨。广州国民政府派密使策动蒙自镇守使胡若愚、昆明镇守使龙云、昭通镇守使张汝骥、大理镇守使李选廷"倒唐"，四镇守使顺势上书唐继尧，提出改组省政府、靠拢广东革命政府、还政于民的建议，被唐继尧拒绝。

1927 年 2 月 6 日，四镇守使结盟发动"二六政变"，派兵进逼昆明发动兵谏。2 月 22 日，四镇守使在宜良县法明寺开会，26 日，唐继尧接受胡若愚、龙云等的云南省政府组织大纲，交出了云南大权。5 月 22 日唐继尧去世。唐继尧曾是激进的同盟会成员，昆明辛亥革命的积极策划者，但在连年混战中逐渐成了军阀土皇帝，当了 14 年的"云南王"，最后在云南人民的一片骂声中，愤懑吐血而死。

中国共产党领导了这次"倒唐"斗争，李鑫一面积极发展党的组织，一面开展统战工作，争取、推动唐继尧部下掌握重兵的龙云、胡若愚、张汝骥、李选廷四位军长起来倒唐。同时，把唐继尧统治云南的种种罪状，在群众中广为宣传，发动各界人士起来同唐斗争。

黄洛峰积极参加了"倒唐"宣传活动，散发传单，宣传中国共产党在民主革命时期的纲领。黄洛峰写道："学生运动跟着蓬蓬勃勃地活跃起来。我从易门回到学校，立刻就被卷进那股热潮里，积极地参加了学生运动。"①

二、从此加入革命行列

（一）在白色恐怖中担任三县特委书记

1926 年，蒋介石集国民党党、政、军大权于一身之后，随着北伐的胜利进军，清党反共成为他下一个政治目标。11 月 9 日，蒋介石在南昌成立总司令部，开始谋划清党反共行动。

1927 年 4 月 12 日，以蒋介石为首的国民党新右派在上海发动反对国民党左派和共产党的武装政变，大肆屠杀共产党员、国民党左派及革命群众，在事变后 3 天中，上海的共产党员和革命群众被杀者达 300 多人，被捕者 500 多人，失踪者 5000 多人，优秀共产党员汪寿华、陈延年、赵世炎等牺牲。4 月 15 日，广州的国民党也发动反革命政变。当日逮捕共产党员和革命群众 2000 多人，封闭工会和团体 200 多个，优秀的共产党员萧楚女、熊雄、李启汉等被害。江苏、浙江、安徽、福建、广西等地也以"清党"名义，对共产党员和革命群众进行大屠杀。奉系军阀也在北京捕杀共产党员，4 月 28 日，李大钊和其他 19 名革命者英勇就义。这就是历史上臭名昭著的四一二反革命政变，使中国社会的发展受到严重摧残，标志着大革命的部分失败，中国革命进入低潮。

---

① 马仲扬、苏克尘：《黄洛峰传》，载范用、刘大明主编：《出版家黄洛峰》，百家出版社 2007 年版，第 11 页。

白色恐怖之下，1927 年 5 月，黄洛峰经省立一中党支部书记万学文介绍，加入了共产主义青年团。8 月，仍由万学文介绍，吸收黄洛峰为中共党员。对这件人生大事，黄洛峰在《自传》中写道："那时由青年团入党，叫做由'中学'升'大学'，当时听到我已经'考上大学'时，感到莫大的光荣，兴奋得不得了。"

18 岁的黄洛峰，高中还没有毕业，在白色恐怖的环境中加入中国共产党，可见其坚定的革命理想和信念。

1927 年寒假，黄洛峰高中毕业后，党组织派他和几个同志再去易门办寒假"义务学校"，以办校为掩护，从中发展中共党员。有了上次办学的经验，黄洛峰和同志们办了一期义务学校、一期师资培训班。当时中共云南党组织已经从以城市为中心转入以农村为中心，开展农运工作。

1927 年 3 月，中国共产党云南特别委员会（简称省特委）改组。1927 年 12 月，中共云南省特委指派黄洛峰等到易门高等小学，以教师身份作掩护，在学生中教唱《国际歌》和其他革命歌曲，讲解歌词内容，宣传反帝反封建思想，发展了 10 余名进步学生加入中国共产党。

1928 年春，中共易门县特别党支部建立，黄洛峰任支部书记，支部设有学运组、共运组、兵运组等，确定了各区的负责人。易门党支部领导了傈僳村农民抗租抗捐斗争并取得了胜利。

易门县党支部还把革命活动范围扩大到了安宁、禄丰等地，建立了中共安宁、易门、禄丰特别区委，黄洛峰任特别区委书记。区委的主要任务是秘密建立党、团组织，发展党、团员，并逐步开展农民运动。

从此，黄洛峰走家串户、深入群众，宣传党的政策。譬如为什么我们农民日夜劳作却缺衣少食、饱受苦难，地主好吃懒做、游手好闲却可以吃饱穿暖、有钱有势？中国共产党是干什么的？是为劳苦大众谋幸福的。用通俗易懂、群众易于接受的语言编成故事进行讲解，在群众的心里撒下了革命种子。

党组织发动农民开展斗争，动员和组织农民冲向县衙门，向县政府官员抗议，引起了旧势力疯狂反扑，加之云南省国民政府主席龙云抓紧反共步伐，白色恐怖笼罩全省，他们驱逐"义务学校"、易门高等小学的进步教师，抓捕"义务学校"的负责人，黄洛峰从昆明请去的教师张家珍惨遭杀害，党员和进步青年被监视，上了黑名单。

党组织当即要求黄洛峰迅速离开易门。就这样，在一个清晨，黄洛峰踏上了前往昆明的道路。

（二）查尼皮村的红土墙茅草房

1928 年 10 月 13 日至 14 日，中共云南省特委在距离蒙自县城 25 公里的查尼皮村召开了中国共产党云南第一次代表大会。

为开好这次会议，省特委安排地下交通员化装成农民步行到党代表所在地，与当地党组织取得联系后，再由党组织通知本人前往蒙自。从昆明方向来的党代表乘滇越铁路货车到蒙自芷村火车站，再由交通员带路步行前往查尼皮村。黄洛峰既是代表又是交通员，负责迎接和护送与会代表，这在白色恐怖年代，是一项非常艰巨的工作。黄洛峰机智果敢、沉着冷静，时而扮成农村商贩，时而化装成江湖郎中，护送代表安全来去，表现非常出色。

　　曾经参加这次会议的浦汉英曾回忆："当负责这次会议的交通同志黄垲（洛峰）来通知我时，只说'到迤南开会，明早上搭火车走，车票已替你买好'。第二天早上，我到火车站时，黄已在车站里面等着我。他带着一个方形大竹笼子，此外还有油印机和纸张另外捆成一件。我们把这两件东西抬上四等车厢后不久，车子即开动了。当晚宿于阿迷（即开远），我们住在一个小旅馆内，把竹笼等物放在床下，房内没有什么其他客人。警察来清号，用电筒往床下一照，问是什么东西？黄同志马上从床下把竹笼拉出来，毫不迟疑地把盖子打开，说'药！'警察一看，是一些中药包包，随便翻一下就走了。原来竹笼下面装的是党内文件，上面用中药做掩护。第三天早上我们把竹笼等物抬上车厢，车开动后，大约走了两个多钟头，在距芷村车站百公尺处减速慢行，铁路工人正在下面修整轨道，我们立即把竹笼等物从窗口递出去，由铁路工人接走。火车到达车站，经过法国人和铁路警察检查后，我们来到芷村街上，进入一间铺面，黄同志把我介绍给一个同志（即刘元林，铁路工人），那个同志随即派了一个农民，背着竹笼等物，领我前往开会地点。我们离开车站，顺着小路往东走，越过几座山岗，约走了二十来华里，到达查尼皮（苗家村寨）。"①

　　会议由省特委代理书记吴澄主持，选举产生第二届中共云南省临时委员会，通过《中国共产党云南第一次代表大会决议案》，并于1928年12月16日与《云南临委给中央的总报告》一起上报中央。1929年2月，中共中央为中国共产党云南第一次代表大会专门发出

_____

① 浦汉英：《业余存稿》，1987年自印本。

《中央指示云南第一次全省大会信》。

此次云南党代会出席者有省特委委员、迤南区委委员，有来自蒙自、石屏、马关、昆明、易门、铁路、矿山的代表，有指定的工运（指由工人组织、参加的运动）和共青团代表：吴澄、吴少默、李鑫、杜涛、刘玉瑞、杨立人、浦光宗（即浦汉英）、刘林元、黄洛峰、戴德明、武焕章、杨东明、李静安、马逸飞、陈廷禧、陈家铣、张舫，共17人。

这17名代表中，杜涛、李鑫、戴德明、张舫、吴澄5人先后为革命事业壮烈牺牲。主持会议的吴澄，1900年出生于昆明，是云南第一个女共产党员。1930年底，因叛徒出卖，在昆明英勇就义，时年30岁，腹中还有数月的胎儿。

会后，在黄洛峰等交通员的护送下，与会代表安全返回各自岗位。黄洛峰的机敏干练，给与会者留下了深刻印象，革命斗争的实践也让黄洛峰迅速成长。

半个世纪后的1979年，当年的与会代表浦汉英曾写信给黄洛峰，黄洛峰回信写道："汉英同志，八日手示收悉。错案得以改正，中断二十一年之党籍得以恢复，至为欣庆！回首当年同赴查尼皮，参加党代会，犹历历如在目前；五十年间事，真是波澜壮阔也。匆复，即致布礼，并候宋方同志。黄洛峰一九七九年七月十三日"①

可见，这次会议在黄洛峰心中留下了深刻的印迹。而当年的会址——查尼皮村中一座红土墙茅草房，如今是云南省省级文物保护单位、省级爱国主义教育基地。

---

① 浦汉英：《业余存稿》，1987年自印本。

（三）创办书店介绍进步书刊

1928 年秋，新成立的中共云南省委临时委员会派吴澄通知黄洛峰，调他回昆明任共青团市委书记，主要任务是联系和组织进步青年，影响进步学生。以开办名为"云南书报社"的书店为掩护，公开接触广大青年，扩散党的主张，宣传党的政策。吴澄是省委分管组织的领导，她的爱人是刚从苏联留学回来的李国柱，兼任省团委书记。

创办云南书报社，黄洛峰并没有资金和经验，他跟同学加好友的艾思奇一说，两人一拍即合，开始筹办工作。他们联系了几位喜欢读书、有进步倾向的同学，在云南省第一师范院校学生宿舍讨论并起草云南书报社组织章程，确定宗旨是服务于青年，介绍进步书刊。资金采用股份制，每股滇币 20 元，由相熟的同学介绍加入，得到了学生和青年的热情支持，一个月内筹资 2000 多元。黄洛峰托人向上海的书店买回一批进步书籍，存放在一对青年夫妇家中，再推向学校和社会。从此，马克思主义的启蒙读物，鲁迅、沈雁冰、郑振铎、叶绍钧、郭沫若、郁达夫等新文学运动倡导者的文学作品在云南迅速流传开来。

云南书报社办得有声有色，显示了黄洛峰的组织和管理才干。

正在此时，发生了一场抗婚风波。黄洛峰年少时，就由父母依乡俗做主为他订了门亲事。女方是县城的名门闺秀，在黄洛峰念高中时，女方家长催办婚事。黄洛峰坚决拒绝，暗自给女方家长写了一封长信，用掌握的文化知识和政治理论，阐明封建婚姻的害处，开导女方共同反抗封建家规，从旧习俗中解放出来，不要做封建制度的奴隶，表明了自己的决心，此乃终身大事，只由自己做主，绝不服从家命。

女方家长接到信后，认为有伤体面，危及门风，跑到黄家大闹，迫使黄洛峰回来完婚，不然，就要到昆明找他算账。

父母写信给黄洛峰，见他难以回转心意，也就没有多加责怪，只劝他离开昆明，以免受到女方家人的伤害。后来，女方家人也没有采取过激行动，无奈顺从了黄洛峰的选择。

这件事在鹤庆的青年中盛传很久，对当地的婚姻传统也有一定的冲击。对黄洛峰来说，也为他后来的走南闯北奠定了一个基础。

这段时间，黄洛峰的家庭经济有所好转，家人同别人合伙开了一家杂货铺，生意还过得去，家里长辈向黄洛峰提出到上海或北京上大学的建议。黄洛峰认为家庭也是自己工作上可以利用的条件，艾思奇不就是一个很好的例证吗？而且可以到上海找到合适的书店或出版者，建立批销关系；还可以向一些书店讨教经营之道。黄洛峰决定把自己求学和完成组织交给的任务有机结合起来。经过党组织的同意，1929年秋，黄洛峰离开昆明到达上海。

黄洛峰到达上海后，迅速开始为云南书报社业务忙碌，联络书店，取得对方的信任，建立批销关系；同时，也重新开启了读书求知的征程，抓紧时间准备考大学，但由于学业荒废了一年多，结果英语和数学都没过关。当时黄洛峰周边的很多人都选择去日本留学，日本是当时中国年轻人开拓思想、学习新知的一个主要留学去向，更是革命青年学习马克思主义的一个便捷之地。在与艾思奇讨论之后，黄洛峰下决心到日本去读书。

黄洛峰向党组织提出申请，要求去日本留学，党组织同意了他的要求。黄洛峰在办好云南书报社的交接工作之后，在1929年底东渡日本。

（四）东渡日本的苦难与收获

黄洛峰搭乘直航日本横滨的轮船，于 1930 年初到达横滨港，在同学毛友竹的帮助下转到东京，住在东京郊外的大岗山，这里房租便宜。很快，黄洛峰到东亚预备学校、私立第一外国语学校补习日语、英语、代数、几何等，准备报考大学。

不久，云南省立一中的万学文（黄洛峰的入党介绍人）和蒋宝祥也来到东京，带来了云南的消息，云南第一次党代会 17 名代表中的李鑫、杜涛等人于 1929 年被捕，英勇不屈，惨遭军阀杀害。黄洛峰悲痛万分，也更坚定了改造旧中国、推翻旧制度的革命信仰。黄洛峰曾说：我们是从爱国主义走向共产主义的，中国人应易地学习而志不能改变，不然的话，那叫什么共产党人？表达了青年中国共产党人的气概。

黄洛峰在东京急于找到组织，而中国共产党在日本的组织却在 1929 年遭到破坏而停止了活动，21 岁的黄洛峰陷入了失落、迷茫和苦痛之中。

1931 年春，刘惠之找到黄洛峰，刘惠之是易门"义务学校"的领导者，早几年到日本留学，此时刚从日本监狱出来。他们既是同乡又是挚友，在异国相见，悲喜交集，两人交谈了很久。刘惠之透露，他们出狱的几个共产党员，想串联留学生中的共产党员，建立一个中共留日特别支部，发展一些进步青年。黄洛峰一听，喜出望外，当即表示，务必请刘惠之为他联系以接转组织关系。在刘惠之的引见下，黄洛峰认识了筹建留日学生党支部的陆毅夫，并办了接转党的组织关系手续。这个党支部当时有孙普、李葆华、温健公等 20 人，支部书记是孙普。

黄洛峰找到组织后，开始在组织指导下学习生活，精神愉快，学习也更加抓紧了。

为了请同乡徐绳祖为自己补习英文，黄洛峰由大岗山搬到了池袋区，与徐同住。

1931 年 7 月，几个日本便衣警察突然闯入徐绳祖的家，说是查户口，其中一个警察问徐绳祖：你们几个人中，有谁收到过上海来信？黄洛峰回答说他收到过。那个警察没收了上海的信件，把黄洛峰、徐绳祖、张辑（徐的妻弟）三人，以"谈话"的名义带到池袋警察署。

次日，徐、张获释，黄洛峰被转押到市中心区的神田警察署拘捕。过了几天开始审问，大约审问了四五次，审问的重点在来自上海的信件上，譬如与通信人的关系，凡是信中可疑词句、含混不清的字眼和潦草难认的字迹，都是警察反复盘问的话题，还追问上海是否寄来了什么宣传品等等。黄洛峰收到的上海来信，都来自同学、好友和家人、亲戚。

一个月后，因实在找不到证据，只好将黄洛峰释放，黄洛峰向中共留日学生支部汇报了被捕的详细经过。由于在关押期间，生活条件恶劣，吃不饱睡不好，以致身体虚弱不堪，党支部支委齐平嘱咐他好好静养，尽量减少外出，以防便衣警察盯梢，抓紧时机闭门读书。

由此可见，中国留学生在日本的处境。此时日本已经笼罩在军国主义阴影之下，开始踏上侵略亚洲各国的道路，军国主义将日本民族引向灾难，成为侵略战争的罪恶之源。

1931 年 9 月 18 日爆发了九一八事变，日军侵占了我国东北三省。

消息传出，中共留日学生支部当即组织宣传队伍，进行各种反日宣传活动，中国留学生总会立即在东京成立，成为留学生公开反日活动的领导机构。爱国主义的激情使黄洛峰再也不能安静地学习，他和其他爱国留学生一起，投入反日活动中。

同年 10 月，黄洛峰、孙普等几十位同学愤然弃学回国，他们是第一批因抗议而撤离日本的中国留学生。当时的愤怒心情，事隔多年黄洛峰依然难以忘怀。1943 年 9 月 19 日，黄洛峰在重庆写下一篇日记，对此进行了详细的追忆，原文如下：

"九一八"！

——九月十九日日记

昨天是"九一八"！

很快地便是十二个年头了！记得，十二年前的昨天，叫卖号外的铃声是那样的刺耳；记得，当我刚刚醒来，展开"朝日新闻"一看的时候，我是如何的愤怒，又是如何的感到一种莫大的耻辱和惨痛！当时，我正挟着一个疲乏的身躯，像一头猛兽受了伤似的将息在江户城东北角上池袋的一间木屋里。

"燃起那反抗的烽火，做一个不愿做奴隶的人们的榜样。"我想。

终于在九月下旬成行了（或在十月初）。船过长崎，我们一行人便在船上开始商讨回抵国门的第一步工作计划。

长崎丸把我们送到上海。在虹口码头上，我开始嗅到祖国的大地的气息；再见到别后的快两年的千万同胞，内心的欢欣，简直要使我跳起来，我几乎要去抓住在码头上的劳苦同胞拥抱。

我们算是脱离了日本帝国主义的魔爪了。虽然，又另有一双魔爪在等待着我们。我们创办《暴露》旬刊，作为揭露日本帝国主义侵略的号角；作为燃起民族反抗的火炬。当刊物刚刚问世的时候，首先就有三个伙伴锒铛入狱。而日本法西斯的《上海每日新闻》则在狂吠"暴露さ暴露す"（即"暴露暴露"）。

不久，"同学"们显然的分成两个营垒；又加压迫、分化，陆续的星散了。最后，只剩了不到十个人，投在反日的洪流里，继续擎起那反抗的火炬。终于有的先后遭难或被迫害离开了上海，或则被锁在上海的一个黑暗的角落里了。这正是"一·二八"之后，伟大的国际妇女节前夜的事。

时间如同水一样的流去了！今天，我再来拂拭一下陈迹，是不无沧桑之感的。当年战友，而今死的则早已骨枯；生的则正不知云散到些什么地方和变成些什么样的人物了。其中值得永恒记念的是死去的毅夫、健公和刘炎。

昨天晚上，我在黑暗中跑到山上来。当看轮船由彼岸向此岸破浪而行的时候，我胸中涌起的无尽的思潮，也就如眼前长江的洪流一样的汹涌、澎湃。写下这小点回忆，就算是对死者的祭奠吧。

"九一八"！你已经度过了十二个年头了。我们要把你的一切耻辱洗尽，让你巨人般的站在民族解放行列的前头！①

黄洛峰在日本留学不到两年，除了经受种种苦难之外，也确实

---

① 黄洛峰：《雾夜杂抄》，载范用、刘大明主编：《出版家黄洛峰》，百家出版社 2007年版，第387—389页。

学习了不少东西。比较系统地学习了马克思主义著作和相关读物，提高了自己的理论素养。由日文翻译出版的马克思主义著作和社会主义理论读物使他和众多中国革命青年获得了思想理论武装，也为今后的革命实践创造了条件。同时，重新学习了日文和英文，这也是一大收获。

三、奔波中寻找组织

（一）投身"民反"参与抗日

黄洛峰到上海后才得知，云南的党组织在当地遭到了很大破坏，由于叛徒出卖，省委书记王德三以及曾分配他工作的领导吴澄、直接领导过他的省团委书记李国柱等，已于 1930 年底在昆明被敌人杀害。黄洛峰悲恸不已，但多年的工作经验告诉他，已不能再随便联系云南党组织了。

黄洛峰回到上海时，正是上海人民轰轰烈烈开展抗日救亡活动时期，上海各阶层纷纷成立抗日救国的群众团体。1931 年 12 月 6 日，在中国共产党的领导下，54 个左翼群众团体联合组成了"上海民众反日救国联合会"（简称"民反"），主要领导人有杨尚昆、陈公愚、吴驰湘、洪灵菲等，对其工作做具体指导的有刘少奇、张闻天等人。黄洛峰作为留日学生团体代表参加"民反"，并担任秘书长，成为党团成员之一。

12 月 7 日，"民反"登报宣传自己的革命纲领和主张：1. 坚决反对国民政府的投降政策和日本帝国主义的侵略行径；2.号召民众以实际行动挽救中国危亡；3.力图成为各反日团体的积极组织者和同盟者。

中共中央要求"民反"："努力于组织群众的工作，在工人、学生、兵士、贫民以至小商人中间，'民反'应该设法组成他的分会"①，"在工厂、学校、农村中，普遍成立分会的组织……使'民反'成为唯一的反帝的公开领导机关"，"派遣得力活动分子（不论是否同志）到各方面去活动，把学联、工联、学校以及工厂的抗日救国会团结在它的下面"。②

"民反"积极地发展了群众力量，不到一个月，成员由成立时的54个团体增加到300余个。

"民反"既是一个具有鲜明时代特征的抗日组织，又是一个广泛的联合组织，对上海抗日救亡的群众运动，起到了积极组织和宣传的推动作用。作为秘书长的黄洛峰，工作十分繁重，他将全部精力都投入了进去。

1932年1月28日晚，日军突然向上海闸北的国民革命军第十九路军发起了攻击，十九路军在军长蔡廷锴、总指挥蒋光鼐的率领下，奋起抵抗。2月14日，蒋介石命令以张治中为军长的前首都警卫军第八十七、八十八师和教导总队组成第五军，增援十九路军参战。3月初，由于日军偷袭浏河登陆，中国军队被迫退守第二道防线。3月3日，日军司令官根据其参谋总长的电示，发表停战声明。同日，国

① 洛甫（张闻天）：《"民反"目前的中心任务》（1932年1月12日），《斗争》1932年1月21日第一期。
② 山困（杨尚昆）：《一月十日追悼会的教训》（1932年1月12日），《斗争》1932年1月21日第一期。

联决议中日双方下令停战。24日，在英领署举行正式停战会议。

一·二八事变发生后，中共中央当即发出了关于一·二八事变的决议，号召人民组织义勇军和游击队直接参战。党的地下组织通过工会、学生会和各个群众团体展开支前工作。黄洛峰坚决贯彻党的决议，夜以继日、奋不顾身地投入抗日活动，组织"民反"群众团体支援十九路军，支援罢工工人，声援学生请愿示威，发动募捐以及设立伤兵救护站等等。在中国共产党领导和推动下，上海的日资工厂六七万中国工人举行了反日大罢工。工人、学生、市民组成了义勇军、敢死队、救护队奔赴前线，协同十九路军作战。上海军民的英勇抗战，激起了全国同胞和海外侨胞的捐献和大批物资支援的热潮。

一·二八淞沪抗战历时33天，日军增兵达5个师团，8万多人，十九路军和义勇队加上后来加入的第五军抗敌者，最多时不过4万人；日军装备飞机、军舰、大炮、坦克等应有尽有，防卫能力占优，十九路军武器只有长枪、机关枪和手榴弹，官兵斗志和野战经验占优。但最终结果这场战争没有赢家，对于中国人来说，一·二八抗战的意义重大，打击了日本侵略者的嚣张气焰，使中日全面战争延迟了5年，为中国抗战赢得了时间。

在这次淞沪抗战中，商务印书馆被日军的战火焚毁，46万册珍贵的古籍化为灰烬；东方图书馆收藏的数百万册书籍资料，包括"涵芬楼"珍藏的10万多册宋、元版珍贵图书以及清乾隆年间编写的《四库全书》被焚毁或被日军掠走。日本帝国主义对中国经济文化的大焚毁、大破坏，激起全国人民的愤然反抗。

面对如此残酷的战争，黄洛峰曾写道："在'民反'的几个月中，我得到党给我的很多教育,懂得了一些斗争的经验,学到了一些革命知识,真是收获不少啊!"

(二)历经磨难的狱中一年半

1931 年 12 月 25 日,国民政府发出通告,指出"本市近有非法团体,擅自宣言成立,接收依法成立之团体……凡非法之团体,立即严予取缔"①。

1932 年 5 月 5 日,《淞沪停战协议》签订后,上海民众的抗日运动处于低潮,白色恐怖非常严重,"民反"被迫转入地下,无法公开活动。5 月下旬,中共江苏省委决定撤销"民反",同上海反帝大同盟党团合并。

1932 年 2 月底,国民党对外求和,对内加紧"围剿",抗日活动遭到镇压,反日团体被下令封闭。3 月 6 日,黄洛峰一行到"民反"领导下的"上海妇女反日大同盟"去检查和布置纪念三八妇女节的活动,准备组织示威游行。此时英巡捕房突然来查封这个团体,不由分说,当场将黄洛峰等 11 人逮捕。11 人中除黄洛峰与徐伯图是男的外,其余 9 人全是妇女。

当天夜里,普陀路巡捕房审问了一遍被捕者,两天后,黄洛峰和徐伯图被押到提篮桥监狱,9 位妇女被押到英租界法院看守所。

在提篮桥监狱,面对敌人的审问,黄洛峰守口如瓶,机智地与敌人周旋,始终没有暴露共产党员的身份。几天后法院开庭审讯,检察

---

① 《市府党部发出布告取缔非法团体》,《民国日报》1931 年 12 月 25 日。

官所加罪名是"扰乱治安"。组织上为他们聘请了张志让等律师出庭辩护，律师作了答辩，按照当时《刑法》反驳了检察官所加之罪名，张志让提出黄洛峰无罪，要求立即释放。法官置之不理，宣布休庭。

又过了十多天，法院再次开庭，律师和检察官辩论了一次，再次提出黄洛峰等人无罪，要求取保释放。法庭仍不加理睬而休庭。

又过了十多天，法院第三次开庭，法官以"扰乱治安"罪名宣判黄洛峰、徐伯图一年半徒刑，9位妇女各判半年徒刑，就此结案。

在日本的时候，黄洛峰曾坐了第一次牢，时间只有一个月，精神、身体遭受到很大摧残。而在自己的国家里，黄洛峰又一次因爱国而坐牢，时间竟是一年半，法庭不公平的判决，明显是帝国主义走卒的行为，令黄洛峰十分愤怒。

入狱后，一个"老囚犯"告诉黄洛峰：怕什么！这里一不怕"疯狗咬"；二可以交谈聊天，颇不寂寞；三还可以结合自己的爱好去学习。黄洛峰渐渐平静下来，共产党员哪里不是当战场！

同狱的人，比较熟悉的有彭康、曹荻秋、周立波、孟超、徐君曼、桂声涛和徐伯图等。以彭康为首，组织了个"同难互济会"（代号"阿大"），组织起来进行学习，对新来的狱友，因进步言行入狱的，请其作时事报告，交流内外情况。黄洛峰在狱中学习了韦尔斯的《世界史纲》，读史可以使人明智，鉴以往可以知未来。

黄洛峰女儿黄燕生回忆："父亲在上海坐牢的事，我小时候听他讲过。上海的冬天不用火炉取暖，监狱里没有床铺，只能睡在阴冷潮湿的地上。狱卒发给每个因犯两条薄薄的棉毯，这就是过冬的卧具了。一位关押多年的犯人介绍经验，一定要将两条毯子紧紧地包裹住身体，再穿上棉衣，然后把鞋子脱下裹在棉裤里当枕头，两只胳膊伸进裤筒，这样虽然还是冷，但能勉强入睡，不致被冻死。一个新入狱的小偷没有听从劝告，仍按家里的习惯将棉毯一铺一盖，第二天早上，狱友见他总不起来，才发现他已经冻死了。父亲讲这些故事的时候，轻描淡写，好像在说别人的事。但这里饱含着多少艰辛，真是九死一生啊！艰苦的监狱生活，不仅没有使父亲动摇、退缩，反而更加坚定了革命的信念与决心。在上海狱中，他和一同被捕的同志一起学习革命理论，学习文化知识，为出狱后更好地开展革命工作做准备。"[①]

对于黄洛峰而言，坐牢可以作为一个特殊的学习课堂，彼此互相交流。无论是在日本的短期被押，还是在上海的一年半牢狱之灾，都是难忘的经历。

1933 年 10 月，黄洛峰出狱。

（三）奔波在生存与寻觅中

1933 年 10 月至 1936 年底，黄洛峰奔波于上海、北平、南京之间，没有组织的线索，生活的困顿、职业的不稳、思想的苦闷，令在狱中身心已经饱受摧残的黄洛峰处在动荡不安之中。

黄洛峰出狱后发现，在上海原来的住处住着陌生人，而志同道合的同志也消失了。他打听到艾思奇、刘惠之在上海，按照习惯去找人时，最先迎接他的不是艾思奇，而是郑易里。据郑易里回忆："有一天忽然有一个穿得破破旧旧、瘦骨干筋的人来看我。我愣住了，原来

---

① 黄燕生：《遥忆父亲二三事》，载范用、刘大明主编：《出版家黄洛峰》，百家出版社 2007 年版，第 473—474 页。

是多年不见而又时时渴望见到的洛峰同志。"而这时黄洛峰只有 24 岁。

郑易里陪他找到了艾思奇和刘惠之，经过一番挚友相逢的激动之后，黄洛峰了解到，艾思奇还没有参加中国共产党，刘惠之还没有找到党的关系。黄洛峰暂住在艾思奇和刘惠之所住楼房的一间小屋子里，吃饭就和艾思奇夫妇一起。

他们都处在贫困之中，找不到职业解决生活问题。虽然，黄洛峰从在上海做生意的亲戚那里借了点钱救急，也曾经和艾思奇商议合办一个科学杂志，可是没有书店愿意接受；又想去教书，但求职未果。

就这样过了两个多月，这时老家的生意也已经停歇，家庭经济面临困境，长辈要他返回家乡，黄洛峰又不愿意，于是，无奈之下只得暂别这座给他带来牢狱之灾的大城市，到北平另谋出路。

1934 年 1 月，黄洛峰来到北平，先住在云南旅平学会，这是常驻北平的"云南会馆"，一个专为"北漂"的云南籍学生设置的机构。黄洛峰同几十个年轻人住在一起，他们大部分是学生，人员情况较为复杂，思想追求各不相同。

云南旅平学会受到云南当局的关注和重视，并提供日常的经费开支，设有图书馆阅览室，又有文娱活动，学习、生活都很方便，生活较为稳定。黄洛峰一方面加紧学习，有时跟着同乡到学校旁听功课，一有空闲就阅读书刊；另一方面，利用自己懂日语的优势，从日文刊物上翻译点文章，换点稿费，补贴生活费用。

1934 年春，滇缅边境发生了"班洪事件"。事件起源于 1927 年英国侵略者非法进入云南沧源地区秘密勘探矿藏，1933 年开始修筑通向矿区的公路。1934 年 1 月，英国公然派出 250 余名英军士兵侵占佤族班洪和班佬等部落地区的银矿，激起佤族等各族人民的愤怒。

1934 年 2 月 8 日，班洪王与班佬王邀集周围部落剽牛立盟，誓逐英军，并组成三支武装，以长矛、大刀等原始武器，抗击用洋枪洋炮武装起来的英军。虽被英军炮毁十余村寨，仍坚持斗争，终于在当地兄弟民族支援下击退了入侵者，收复了失地。

黄洛峰对英军入侵异常愤怒，他动员进步同乡陆万美、刘御等人，鼓动云南旅平学会会员起而反击，并编辑、出版《学会生活》半月刊，广泛宣传云南边疆人民的抗英爱国斗争。《学会生活》半月刊除分发给在北平的云南籍人士外，一部分寄回云南的学校、团体以及各地的云南学生，还有一部分寄往云南各书店发售。1935 年，刊物内部发生了争夺领导权的斗争，加之在云南被查禁，只好停刊，改出文艺性的《西南风》半月刊。

黄洛峰在云南旅平学会时期比较活跃，然而编刊是纯义务工作，不能靠此为生，翻译文章或写文章的稿费，收入也不稳定。黄洛峰为生活所迫，急需谋取一份职业。

由于编辑《学会生活》，黄洛峰与也从日本留学回国的徐绳祖取得了联系。徐在北平法商学院任教，又在《北平晨报》兼任编辑，他介绍了一份工作：国民政府军事委员会北平军分会要一名日文翻译，月薪 40 元，剪贴、翻译日文报刊资料。黄洛峰为了继续学习日文和解决吃饭问题，就答应下来。具体工作就是从日本东京、中国大连、韩国汉城等地出版的十几种日文报刊上，摘些有关军事的文章和报道翻译出来，其中包括日军侵略中国的军事资料。每半月左右，编辑油印成册，分送有关部门，有的选送上级部门。

1935 年 6 月 9 日，日本华北驻屯军司令官梅津美治郎向国民政府北平军分会代理委员长何应钦提出"觉书"，限三日回答。何与梅经过秘密谈判，于 7 月 6 日复函梅津美治郎，全部承认日方要求，出卖了华北的大部分主权，这就是丧权辱国的《何梅协定》。根据协定，黄洛峰所在的北平军分会解散，酝酿华北五省（河北、察哈尔、绥远、山西、山东）"特殊化"，亲日派和汉奸到处横行，黄洛峰决心回上海另谋职业。此外，在北平，黄洛峰一直没有接上党的组织关系，这也是他离开北平的原因之一。

北平时期，黄洛峰的个人生活发生了变化。黄洛峰认识了同乡王琳，她当时在中国大学英语系读书，在对进步生活的共同追求中，两人相爱并于 1934 年秋结婚。其时，黄洛峰 25 岁。

1935 年底，黄洛峰托在上海的艾思奇介绍工作，收到艾思奇来信，说上海一家电影公司有个秘书的空缺，正好介绍黄洛峰担任。黄洛峰当即先行离开北平，王琳暂留北平。

1936 年初，黄洛峰回到上海。艾思奇信上所说的那个工作不知什么原因告吹了。由于经济紧张，黄洛峰又在艾思奇处借住。在艾思奇的鼓动下，黄洛峰开始撰写时评文章，由艾思奇介绍到《通俗文化》等杂志发表，这也是他以黄洛峰作为笔名的开始，后来一直沿用此名并替代了真名。同时，参加了由艾思奇主持的"哲学座谈会"，这个座谈会由中国共产党领导，是以沈钧儒为首的"全国救国联合会"的组成部分。

艾思奇于 1935 年加入中国共产党，获知此消息后，黄洛峰非常高兴，从此他们有了三重关系：同乡、同学、同志，他们成为终身挚友，一生相互帮助，共同创业，一起成长和进步，成为文化圈的一段佳话。

1936 年 4 月，王琳由北平到上海，黄洛峰从艾思奇家里迁出，另租房居住。5 月，王琳生了个男孩，取名克鲁。此时，一家三口的生活重担压在黄洛峰的身上，微薄的稿费已经无法维持日常开支，急需一份薪水。

1936 年 6 月，黄洛峰遇到了族叔黄绥申，他们曾是成德中学同学。此时，黄绥申任国民革命军八十五师参谋长。黄绥申高中毕业后，于 1923 年考入云南陆军讲武堂第十七期学习，后入黄埔军校第五期学习。1928 年考入陆军大学正则班学习，1931 年毕业，进入军队。黄绥申说："我现在驻南京浦镇，临时兼任工区（国防工事）主任，急需一名会计掌管银钱，你能来相助最好。"

此时，黄洛峰正在编译一本国际关系的小册子，既以正视听又可换得稿费补贴家用。

黄绥申所说的国防工事，是在长江沿线构筑江防工事。这是一个由德国将军亚历山大·冯·法肯豪森提出的抗日防御工事，他在抗战前是德国军事顾问团团长，1933 年 4 月到达中国，对中国的抗战作出了很多贡献。他曾建议中国政府丢掉幻想，对日实行坚决的抵抗。

能为抗日做点事情，黄洛峰当然非常高兴，立刻答应了黄绥申的邀请，也放下了手头的编译。由此，黄洛峰继参与一·二八淞沪抗战后，再次投身中华民族抗日战争暨反法西斯战争中去。

1936 年 8 月，黄洛峰一家三口到了南京浦镇。

根据法肯豪森的计划，抗日防御工事要投入正规军 4 个师、3 个工兵团及若干宪兵，动员民工达 10 余万人，耗资数亿元，到 1937 年春完工。黄洛峰所要去的国民政府军陆军第 85 师就在南京浦镇附近构筑防御工事，属于沪京杭地区 3 个防御区中的南京地区的桥头堡阵地。

　　工区是个临时性的施工单位，办事员不属于部队编制，临时聘请，月薪 50 元，工作辛苦而琐碎。每天凌晨四五点钟起床，到工区内一个又一个施工点，认真做好费用管理工作，收支有度，按时足量将费用结算给劳工和供货商人。黄洛峰还时常跟随黄绶申到工事、掩体等施工现场查看进度，认真负责的工作态度得到了黄绶申的认可，也获得了工区内军人和老百姓的认可。这段不到四个月的工作，使黄洛峰接触到大量劳苦大众，对中国人民生活在水深火热之中的处境有了进一步的认识。

　　1936 年 11 月 23 日发生的"七君子事件"令黄洛峰十分震惊，这几位都是救国会的领袖，是他敬重的人士。这一事件也改变了他的职业生涯。

　　李公朴的被捕，令艾思奇、郑易里共同创办的读书生活出版社遭到政治上和经济上的空前危机，艾思奇、郑易里致信黄洛峰，郑重邀请他担任经理。

　　在黄洛峰看来，这封邀请信是时代的召唤，是时代赋予自己光荣而神圣的使命，他慨然应允。在收到信的两天后，黄洛峰向黄绶申提出辞职。这位族叔兼同学的上校参谋长非常理解，除了黄洛峰应得月薪之外，又多赠了 300 元，资助黄洛峰举家搬迁。

　　至此，黄洛峰、艾思奇、郑易里三位云南文化人在上海聚首，以一种崭新的姿态出现在现代中国的文化高地，对现代中国的文化建设产生了极其深远的影响。

第二章

传播真理

一、在"读社"开辟一片新土地

（一）读书人的一个梦想

黄洛峰这次回上海，出任读书生活出版社经理（后为总经理），回到了"正途"。

在成德中学读书的时候，黄洛峰因受《新青年》、《呐喊》等进步书刊引导，走上了革命道路。考入云南省立一中后，受共产党员李国柱影响，加入了秘密组织"青年努力读书会"，传播进步书籍和刊物，其中包括《向导》杂志，以及马克思列宁主义的著作。担任昆明团市委书记筹办云南书报社期间，也是以开办书店为掩护，推广党的主张，宣传党的政策。当时，他就曾设想：党领导的书店，应当具有什么特色？又怎样吸引青年？他一直认为，好的书刊给人以力量，好的书刊是人类智慧的源泉。

所以，他一直在等一个适当的条件，办起一个刊物，能施展自己的理想和抱负，在"上海民众反日救国联合会"时想过，在北平编辑、出版《学会生活》半月刊时也想过。

可以说，他一直在为有一天能够从事出版工作做着准备，只是，他没想到，这会是他一生最辉煌的一条路。

其实，在他没有到任之前，就已经是《读书生活》创办者之一了。在《读书生活》杂志的缘起、创建和发展为出版社的初期，艾思奇都曾向他详细地介绍过情况，有些框架和构思是他们反复商量的，这不仅是他们之间的同乡情、同窗情所致，而且是他们共同心爱的事业所需要的彼此支持。

《读书生活》的创刊词中说："展现在我们面前是眼花缭乱的世界，艰苦酸辣的生活，我们时时在抗争中，但是我们如何才能维护生存，如何可使生活向上，不仅需要勇气、毅力，尤其需要知识。""我们读书，掌握文化科学知识，是为了提高认识，改革社会。"这段话是1934年11月写的，是黄洛峰十分赞赏、经常和好友谈起的心里话。

当时他正在北平编《学会生活》，也有过类似的呼声，可以说是南呼北应。

对读书的态度，他同艾思奇的想法是一致的，创刊词中说："提倡读书是读活书，是一面为生活挣扎，一面在万分嘈杂中利用一分一分的时间去读书；是把读书融化在生活中。""所以我们提倡读书，但一定要读我们生活需要的书，我们提倡读书，但一定要配合我们的生活实践的读书，我们提倡读书，但一定是有正确方法为指针的读书。"从这里可以看出，《读书生活》杂志一开始就是反对教条主义的，提倡从实际出发。

黄洛峰对很多读书人，也是经常地反复宣传这种读书态度。

因而，这次郑易里、艾思奇想到召唤黄洛峰回来，不是临时起意，他确实是最佳人选。

当他得知读书生活出版社（1939年被黄洛峰简化为读书出版社，社名招牌系沈钧儒的叔叔所写，简称"读社"或"读生"，本书统称为"读社"）面临的困境时，同艾思奇、郑易里的心情一样焦急，为了使这个新生的事业不被扼杀在摇篮里，为了不要随着李公朴的被捕和《读书生活》的被查禁，影响广大读者对进步出版事业的积极性，他在与时间赛跑。

黄洛峰像重返前线的战士，还没有到岗位，就投入了挽救危机的工作中。他知道出版社急需克服经济上的困窘，需要扩大股份，征集新股，以增强经济基础。郑易里已经向他做生意的哥哥郑一斋①求援，顺利得到了3000元股金，热心的读者也在踊跃入股，虽然资金分散零碎，但送来了可贵的热情和希望。

黄洛峰返沪前，族叔黄绥申多给的300元他只留下100元还债，把200元作为新股投入了出版社。他又向黄绥申特别说明了出版社和郑易里、艾思奇等云南老乡们的困境，黄当即答应以800元入股。这样，黄洛峰就带着1000元的股金上任了。

---

① 郑一斋（1891—1942），云南玉溪人，是位爱国的实业家，是昆明大商号——景明号的经理。他交友甚广，多系进步人士，对进步文化、教育事业支持很大。1942年，郑一斋被飞驰而过的美军吉普车撞翻在地，头骨撞碎，次晨便与世长辞了，终年52岁。

黄洛峰即将迈入的上海出版业，如果用一句话概括，正处于"黄金时代"。开埠以后，上海就开始逐渐建立了自己的出版优势，并取代雕版时代的印刷中心，一跃而为新书业的出版中心。1905年科举停废之后，上海作为全国出版中心的地位得到进一步巩固。到了20世纪二三十年代，上海出版业更迎来了鼎盛时代。

何以见得"鼎盛"？

当年全国规模最大实力最强的五大书局，即所谓"商中世大开"，全都集中在上海。"商"即1897年创办的商务印书馆，"中"是1912年创办的中华书局，"世"为1917年创办的世界书局，"大"乃1916年创办的大东书局，"开"系1926年创办的开明书店。这五大书局，特别是商务、中华、世界三大书局的出版物册数就占全国出版物总册数的60％以上。据史料记载，1920—1935年间，上海有出版机构130—140家，良友图书公司、时代图书公司、文化生活出版社等众多书局虽在规模上无法与五大书局相比，但也各具特色，影响力颇大。

黄洛峰即将就职的"读社"，也就是后来闻名中外的生活·读书·新知三联书店（简称三联书店）的一部分，还有生活书店和新知书店。

生活书店成立于1932年7月，创办人是邹韬奋、胡愈之、徐伯昕等，前身是创办于1925年的《生活》周刊。

新知书店成立于1935年，创办人是钱俊瑞、徐雪寒、华应申等，前身是《中国农村》月刊。

三家中，"读社"是创办最晚的，成立于1936年，创办人是李公朴、艾思奇、郑易里等。

后来，人们将黄洛峰列为"读社"创办人，也是业内公认的。可能是基于他对"读社"的功绩和筹办时候的参与度，尽管他到岗时间比另几位晚。

（二）"读社"从《读书生活》肇始

追本溯源，"读社"的前身是《读书生活》杂志，再以前是《申报》总经理史量才委托李公朴在《申报》上主编的副刊《读书问答》。这一副刊是李公朴担任申报图书馆馆长时成立"读书指导部"，以回答读者有关读书问题而设的。《读书问答》每天都要与读者见面，所回答的问题受到广大读者的欢迎，它帮助读者选书，也告诉读者怎样读书。通过这个副刊，编辑和读者之间联系比较密切，来往信件和回答问题非常频繁。随着内容逐日增加，一个副刊的版面已难以满足读者所需了。1934 年秋，经过反复酝酿，着手筹办一本杂志，使《读书问答》有自己更广阔的天地。

这件事得到了史量才的支持，并在 10 月 8 日、9 日、10 日连续三天，在《读书问答》栏宣告栏目停刊，另出《读书生活》杂志，仍由《读书问答》的编辑承编，并且单独发行。

不幸的是，这年 11 月 13 日，积极支持《读书问答》副刊的史量才，在沪杭公路上被国民党特务暗杀，作为杰出的商人、教育家和报业巨子，史量才 54 岁离世，让人唏嘘不已。他是当时中国最出色的报业经营者，是上海的报业大王，他曾经说过一句很著名的话："国有国格，报有报格，人有人格。"由于他思想倾向进步，在数次威逼利诱无效后遂遭忌恨。1932 年 6 月到 7 月，《申报》连续发表三篇时评论

"剿匪与造匪"，尖锐指出"举国之匪皆黑暗之政治所造成"，"政治不清明，民生不安定，虽十次武力围剿，亦必无功"。蒋介石因此批示"申报禁止邮递"，目的就是要逼史量才就范，但他没有弯下腰来，经过交涉、折冲，在不损害报纸独立性的根本前提下，他做了一些人事上的妥协，35 天后得以恢复邮递。随后，在与蒋的一次会面合照时，蒋说："我手下有 100 万兵！"史却说："我手下也有 100 万读者！"[①] 于是，蒋遂下定了去除史的决心。

史量才被刺事件，引起了进步爱国人士的强烈抗议。同时，酝酿中的《读书生活》杂志在这样恶劣的环境下按原定日期创刊了。

1934 年 11 月 10 日，《读书生活》杂志创刊，李公朴任主编，柳湜、艾思奇、夏征农任编辑。刊物甫一问世，收到上千读者来信，有热情洋溢的祝贺，有慷慨解囊的捐助，这让《读书生活》的所有工作人员受到了鼓舞。

这种支持不仅来自读者，还有同行。上海杂志公司经理张静庐看到广告，写来热情支持的信，愿意代为发行。

张静庐，著名出版人，原名张继良，生于 1898 年，1969 年去世。一生致力于出版事业，为新文化运动作出了较大贡献。著有《在出版界二十年》，编有《中国近代出版史料》及续编、补编等。

《读书生活》定位为通俗刊物，目的是帮助广大读者读书，而非一门心思地赚钱。因而压缩篇幅，定为半月刊，以最低廉价格发售，文章精练有力，很快成为广大读者打开知识宝库的钥匙。

后来，黄洛峰总结说，《读书生活》之所以能抓住广大读者的心，

---

① 徐铸成：《报海旧闻》，上海人民出版社 1981 年版，第 13 页。

就是由于它具有两大突出优点，一是通俗化、大众化，二是讲思想、讲方法。它不仅向读者指出是什么，而且向读者解释为什么。他认为，凡是受群众欢迎和支持的刊物，就会牢牢地扎根，任何压力都能够顶住。因为它具有生命力，生命的源泉来自群众。

1935 年 12 月，《读书生活》半月刊出到第三卷第一期时，在静安寺斜桥弄（即现在的南京西路、吴江路）71 号租了两间房子，自办发行，与读者取得直接联系。

现在已经很少有人知道这个斜桥弄了，但斜桥弄一带却是上海滩最早的头面人物的栖身之处，那些豪宅旧影至今还让人惊羡。譬如上海市公惠医院所在之处，曾是"斜桥弄巨厦（Mr.P.C.Woo's Residence）"，建于1932年，出自邬达克设计的西班牙建筑；斜桥弄东端有晚清尚书盛宣怀的豪宅，也有上海道台邵友濂的中西合璧之宅，也有当年上海的"地产大王"周湘云旧宅……

杂志自办发行很顺利，不久，李公朴、柳湜、艾思奇动了办一家出版社的念头，仿照生活书店，使出版社成为作家之家、读者之家，但一时没有找到合适的经营人选。

上海良友图书公司有一位员工汪仑，是主要编辑赵家璧的助手，对出版、发行业务有一定的经验。汪仑也是"左联"盟员，其时党组织指示他要设法到社会上层公开活动，以一种合法的身份，投入抗日救亡运动。经人介绍，汪仑结识了柳湜，在征得赵家璧的同意后，担任了出版社的筹备主任。在大家多次商议后，决定：

一、成立读书生活出版社；

二、成立董事会，由李公朴、陶行知、沈钧儒、章乃器、谌小岑、李芳等组成；

三、李公朴任社长，柳湜任出版部主任，艾思奇任编辑部主任，汪仑任经理兼业务部主任。

社址在斜桥弄71号，添置了若干家具，招聘了两三个发行人员后，于1936年2月开张。特意请沈钧儒先生的叔父沈卫[①]书写了"读书生活出版社"七个字的牌子。

"读社"刚刚开张不久，汪仑被组织调去陕北工作而离社，由柳湜兼做经理。

用"读社"名义出版的第一本书，是艾思奇的《哲学讲话》。这是艾思奇在《读书生活》半月刊上连续发表的《哲学讲话》汇编而成的单行本，出版日期为1936年1月，第一版在一两个月内就销售一空。该书出版不久，即被查禁，于是作者做了一些修改，改名为《大众哲学》于1936年6月再版，依然畅销。《大众哲学》在1938年发行了10版，到1948年发行了33版，一直是支撑"读社"的畅销书。这本书也被黄洛峰称为"专门讲思想、讲方法，引人去读马克思主义哲学"的书。

（三）进步读物成为"读社"的支柱

《大众哲学》一炮打响，极大地激发了"读社"编辑部同人的干劲，他们把《读书生活》中受到群众欢迎的问答文章，分类归纳，结集出版单行本：艾思奇的《知识的应用》《哲学与生活》，柳湜的《如何生活》《社会相》，曹伯韩、廖庶谦的《生活的逻辑》，高士其的《我

---

① 沈卫（1862—1945），曾在1894年中殿试三甲第二名进士，授翰林院编修，1900年放陕西学政。

们的抗敌英雄》，陈楚云的《实践的知识》，李公朴的《读书与写作》等。

"读社"出版的系列"社会常识读本"，包括《帝国主义》、《妇女问题》、《读书常识》、《读报常识》等，在抗日救亡运动中产生了广泛影响。

在一系列好消息的鼓舞下，编辑部在进步作者中组织稿件，出版了一套"角半小丛书"，包括《如何研究哲学》（艾思奇著）、《实践论》（柳湜著）、《救亡的基本认识》（柳湜著）、《联合战线论》（汉夫、吴敏著）、《国防总动员》（章乃器等著）、《世界人民阵线》（凌青著）、《怎样自学文学》（佛朗、黎夫著）、《高尔基论》（罗稷南译）等。

"读社"还组织翻译苏联文艺理论和文学作品，有《苏联文学讲话》（以群译）、《苏联艺术讲话》（葛一虹编译）、《世界文学史纲》（杨心秋、雷蜇译）、高尔基的《在人间》和《给文学青年的信》等。

出版了《近代哲学批判》（沈志远著）等哲学、社会科学著译，《怒吼吧中国》等剧本。

同时，"读社"还出版了一套"少年的书"（凡容主编），原定十二个题目，出版了九本，即《世界现势的故事》（柳湜作）、《人的故事》（依凡作）、《社会的故事》（沈舟作）、《一个孩子的梦》（陈白尘作）、《学校里的故事》（张天翼作）、《好问的孩子》（文若译）、《奴隶的儿子》（风沙译）、《仁丹胡子》（塞克作）、《新少年歌曲》（沙梅作）。此外，崔嵬的《墙》（戏剧）、周巍峙的《少年音乐知识》、高士其的《细胞奋斗史》，因为作者离开上海去延安而未交稿。这是一套观点新颖、文字浅白的少年读物，在当时反响很大。

在《读书生活》之外，又出版了由柳湜主编的《大家看》半月刊，读者对象是识字不多的人，写稿者都是名家，如李公朴、章汉夫、金仲华、恽逸群、陈楚云、林默涵、以群、张天翼、曹伯韩、陈白尘、董纯才、张谔等，有文有图，真正做到了通俗化。可惜的是，它一出版就受到官方的注意，出到第三期，就被查禁了。

"读社"大众化、通俗化的出版物曾受到当时在延安的毛泽东同志的注意，在《毛泽东书信选集》中，有这样一段记载：

> 1936 年 10 月 22 日，毛泽东给当时在西安从事统一战线工作的叶剑英、刘鼎去电："要买一批通俗的社会科学、自然科学及哲学书，大约共买十种至十五种左右。要经过选择真正是通俗的，而又有价值的（例如艾思奇的《大众哲学》、柳湜的《街头讲话》之类），每种类五十部，其价不过一百元至三百元，请剑兄经手选择，鼎兄经手购买。在十一月初先行选买几种寄来，作为学校与部队提高干部政治文化水平之用。"[①]

可见"读社"所出版图书在当时的传播之广。

除《大众哲学》之外，有几本书在当时也起了很大的作用。包括由艾思奇、郑易里合译的《新哲学大纲》，该书原版名为《辩证唯物论》，苏联学者米定·拉里察维基著，是一本系统解说马克思主义哲学的专著，出版后引起很大的反响，不久被列入查禁书目。还有李公朴选、周巍峙编的救亡歌曲集《中国呼声集》，张庚编的剧本选集《打回老家去》，白危编写的《木刻创作法》，曹伯韩写的《五四历史演义》（作者署名"蔷薇园主"）和弹词《国难记》（作者署名"童振华"），

---

① 《毛泽东书信选集》，中央文献出版社 2003 年版，第 68 页。

这些书在救亡运动中发挥了文艺武器的作用，销行很快。《中国呼声集》印了两版被查禁，第三版改名为《民族呼声集》，化名"何立三编，山东歌曲研究会发行"，先后印了几万册。

（四）"七君子事件"改变"读社"

这一时期"读社"内部机构人员大致有：社长李公朴，经理柳湜，编辑部：艾思奇、柳湜（常来办公）、陈楚云、高士其（住在社里）、郑易里、胡绳、曹伯韩、廖庶谦（不在社里工作，是经常撰稿人），出版部：周巍峙、徐逸，营业部：万国钧、张季良、李自强、赵子诚、洪涛、沈淦三，总务：李克金、卜朝义。

当时，编辑部工作人员大多参加文化界救国会[①]，营业部的同志则参加职业界救国会。他们白天在社里工作，业余时间参加一些秘密活动，如读书会、宣讲会，参加游行示威，还参加过鲁迅先生的殡仪活动。他们工资都很低，伙食标准也不高，但大家工作热情都很高。

"读社"没有太多的资金支撑，出版一份杂志是容易的，要出版一系列书籍，就很成问题了。人手少、工作忙，加上专家少，审校跟不上，难免出现一些问题和漏洞。加之政治环境越来越严酷，最初曾有出版社愿意合作，后来也顾虑重重，退缩不干了。屋漏偏逢连夜雨，此时发生了"七君子事件"。

1936 年 11 月 23 日，南京国民政府以"危害民国"罪在上海逮

---

① "救国会"全称为"全国各界救国联合会"，成立于 1936 年 5 月 31 日，由沈钧儒、章乃器、陶行知、邹韬奋等人发起，在上海宣告成立。是一个全国统一的联合救国阵线，以团结全国救国力量，统一救国方针，保障领土完整，图谋民族解放为宗旨。

捕了救国会沈钧儒、章乃器、邹韬奋、史良、李公朴、王造时、沙千里7位主要领导人。由于7人都具有相当的社会地位，因此被称为"七君子事件"。

这一事件激起了国内外各方人士的强烈抗议和谴责。宋庆龄、何香凝、张学良、杨虎城和国际友人罗素、杜威、爱因斯坦等纷纷要求无条件释放沈钧儒等人。中国共产党和社会各界人士在全国开展了广泛的营救运动。1937年6月25日，宋庆龄、何香凝、胡愈之等16人发起"救国入狱运动"，要求入狱与沈钧儒等人一起受监禁。七七事变爆发后，国民政府于1937年7月31日宣布具保释放沈钧儒等7人，并于1939年2月撤销了起诉书。

李公朴既是"读社"社长，又是杂志的主编，被捕之后，《读书生活》立即被查封。这时，《读书生活》出到第五卷第二期，计两年一个月，刚好50期。与此同时，"读社"刚刚出版了三期的《大家看》以及已经出版的《大众哲学》等书刊，均遭到了查禁，租界巡捕还到社里进行了搜查。

这对"读社"的打击是相当严重的。首先是广大订户，如何保证其不致因刊物停刊而蒙受损失；其次是经营处于停滞状态，资金周转不灵；再次是建社时间不到一年，经营管理、成本核算等还不够健全，原已出现的亏空，现在更加突出……

李公朴被捕后，社务由廖庶谦暂时负责，艾思奇、柳湜等勉力支持，共渡难关。正在这个紧要关头，幸得艾思奇的同乡、同学郑易里及郑易里的兄长郑一斋相助，慷慨拿出3000银圆，接济"读社"，并且商定邀请正在南京的同乡黄洛峰来沪出任经理。

无疑，摆在即将上任的黄洛峰面前的是一个棘手的摊子。

二、振兴之路从上任开始

（一）毅然挑起重担

1937年2月6日，黄洛峰从南京带来了在南京亲友中为"读社"筹集的1000元股金，加上郑氏兄弟出资3000元，共4000元。

黄洛峰来到上海静安寺斜桥弄"读社"走马上任。斜桥弄71号是一条幽静的小弄堂。不过在黄洛峰眼里，这是块非常可贵的阵地，是撒播革命真理的阵地，也是组织、团结革命学者和进步作家的阵地，更是广大读者渴求精神食粮的阵地，保卫这个阵地，发展这个阵地，是自己神圣的职责。因而，他不计个人安危得失，不畏工作艰难和风险，毅然决然地挑起了这副重担。

黄洛峰反复思考：如何在这个神圣的岗位上发挥自己的作用，如何突破"文化围剿"，使革命出版成为一支"突围"的新军？首先需要解决的是领导核心问题。

黄洛峰非常看中"读社"的领导核心，他认为这个领导核心是好的。这个领导核心之所以很快地凝聚成坚实的力量，是因为他们在思想政治方面是一致的，都有马克思主义的信仰，都拥护中国共产党的抗日救国主张，又都反对国民党的对外屈服对内镇压的反动政策；其二都是热爱革命出版事业的知名进步人士。就这样，领导核心成员以各自的所长分工，各尽其力，共谋全社事业的巩固和发展。

黄洛峰对"读社"出版发行的书籍进行了调研，发现有些很畅销，如"读书生活丛书"中的《大众哲学》，当然也有不少积压在库房里的滞销书。然而，还有一种书是畅销了却依然亏本，譬如《社会常识读本》和"角半小丛书"当时都非常畅销，可是由于这类书的读者大部分是工人、店员和市民，是勤劳而不富裕人群，他们的求知欲、读书欲很强，针对这部分读者，书价定得很低，印数越大，亏本越多。这种经营方式，使全社资金经常周转不灵，过去靠李公朴筹措、挪借或疏通，现在无论同行或印厂，都概不通融了。企业资金周转不灵，就像人的血流不畅一样，仅此一桩，就可令企业倒闭。

这年，黄洛峰27岁，他斗志昂扬、不知疲倦地工作着，他说："我不仅没有做过书店工作（仅筹备过'云南书报社'），连任何生意经验都没有，马上来负责，心里总是感到怎么干呢，从何处干起呢？""我相信只要我肯学习和实践，很快的便可以成为一个内行。我怎样去学习和实践呢？那就是尽量地去接触各部门的工作，从督促工作，检查工作当中，把自己锻炼起来。"

后来，黄洛峰谈到这段岁月时曾说，多少年都没有这样愉快的心情，虽然工作异常紧张，但情绪高昂，一天工作下来从不疲倦，似乎全身有使不完的劲，感到工作特别有意义。"只有在这里，才真正可以施展自己的才能。"

从此，黄洛峰便同中国共产党领导的人民出版事业结下了不解之缘，为了生产人类的精神食粮，为了传播真理，他创造了令人难忘的业绩。

（二）重整社务

黄洛峰面对着经营管理上的这些困难，冷静地分析和考虑：困难是过去积累下来的，克服困难的关键是找出问题所在及其产生的原因，不能怨天尤人，追究责任也于事无补，而是要使大家提高认识，凝聚克服困难的力量。

黄洛峰直面困难，梳理了眼前的困境：

第一，随着政治压力而来的是经济压力，读者、同行之间的联系日益减少。社址在一个偏僻的里弄，同当时的书店街——四马路离得很远，同读者联系除通信之外，没有便利的手段。尤其是特务的追逐盯梢，增加了更多的困难和障碍。同行也以相隔太远为由，或拖欠债款，或不做"读社"批发业务，一些读者和外地同行委托书店订购"读社"图书，也因此受到影响。

为打破这个局面，增加营业收入，黄洛峰带领大家在斜桥弄71号客堂间，竖起书架陈列所有本版书。同时，把其他进步书刊如生活书店的本版书也摆在书架上，这样也算是搞起个门市了，借此向读者宣告，"读社"仍然存在并且正在扩展营业。后来，《大公报》在四马路开设了一个营业部，来与"读社"商量，愿意联合经营，招牌挂在四马路上，这样对"读社"读者、同行都有了很大的吸引力。

第二，资金周转不灵。原来的会计制度不科学，账目无条理，不易看出盈亏。印制没有成本核算，也无一个定价准则。在发行上，从最开始大放账，到如今对谁都不肯放账，既抓不住新户头，又放走了老户头。

黄洛峰曾说："我们的簿记方法，我们的账户排列，根本不容易看出资产和负债，同样也不容易使我们看出赚钱还是贴本。为了弥补会计上的这种严重缺陷，于是便请人找到一位立信会计学校毕业的先生，来负责我们的会计工作。"还设立了出纳员、簿记员，订立了新的会计制度。

第三，机构增大、人员增多，也使困难增加。当出版社的招牌刚挂起时，实际工作人员只是原办刊物的几个，其余都是兼职的。可是，当又办刊物又出书，而且销路很畅时，原有人员就不足以应付，因而急需增加人员。

这时适逢生活书店裁减人员，于是"读社"趁机招了一批人。这样一来，机构扩大，人员增多，社内开支也猛增。同时，进来的这批人，事前未作认真了解，进店后又未及时进行教育，虽然比较熟悉业务，但是仍沿用老一套的工作方法及工作态度，有的人思想修养较差、工作责任心不强，对工作挑肥拣瘦，稍微繁忙就大喊大叫，这与原有以事业为主的店员就大不相同了。于是，同事间相互意见增多，不团结的现象时有发生。加上原来机构设置不甚恰当，职责分工不清，忙闲不均，互有推诿，影响个人积极性和主观能动性的发挥。纪律松弛，常有不遵守作息时间、不严肃工作的现象。黄洛峰还发现员工业余时间散漫，生活比较单调，缺乏适当引导。这样一来，"读社"原来只有"外患"，而今又增加"内忧"了。

当黄洛峰走进"读社"的那一天起，肩上的负担就是沉重的，有些事确实不如人意。

那时正值年关，债务纠纷相继而来，他们欠别人的债款被紧逼不放，别人欠他们的债款却久拖不还。整个机构处在风雨飘摇之中，同事们生活清苦、惶惶不安。

黄洛峰鼓励着自己：世界上没有不能克服的困难，也没有从天上掉下来的奇迹，克服了困难的人，就是胜利者。

扭转"读社"经济状况的关键是经营管理。他把问题摆在领导集体的面前，经过集体讨论和研究，一致认为应向大家讲明存在的问题和不足，以便全体员工总结经验、吸取教训，改正各自工作中的缺点。让大家明白一个道理：在斗争生活的道路上，谁在苦难面前低头，谁就会灭亡；反之，谁能苦撑下去坚持斗争，谁就能够成功。

经过观察、判断并取得同事的支持后，黄洛峰总结了"读社"存在的主要问题，即出版社除了需要确定一个出版方针和向社会、读者征股用以增加社内资金外，应该立即着手解决以下问题：

1. 机构设置不恰当，职责分工不清；人员忙闲不均，互有推诿，影响个人积极性和主观能动性；

2. 原来的会计制度不科学，账目无条理，不易看出盈利还是亏损；

3. 书籍没有成本核算，也无一个定价准则，什么书应多印或少印，什么书应从低定价没掌握好；

4. 工作纪律松弛，常有不遵守作息时间、工作纪律不严格的现象；

5. 业余时间散漫，没有管理，生活比较单调，没有适当引导。

针对这些情况，黄洛峰首先进行内部机构和人事的调整，使分工明确各司其职。

当时新的机构人员安排如下：经理一人、编辑部主任一人、出版科一人、校对装帧二人、营业部主任一人、批发科二人、邮购科二人、门市部一人、栈务发行一人、进货二人、业务一人、会计出纳三人、勤杂三人。

"读社"员工也有了变化：李自强、洪涛秘密去了延安和新安旅行团，张季良、沈淦三也离社他去，增加了李子清，刘麐、袁奇羊、何大年、张汉清等员工。

经过短期调整，"读社"局面很快稳定下来，全社员工情绪高昂，工作出现了新气象。

（三）一个文化堡垒开始筹划

1937年2月，正值农历除夕前，经过反复协商，"读社"领导集体终于确定了以下几条"改组"原则：

一、旧股金不计盈亏，股款照旧；

二、再招新股，集筹资金；

三、另组董事会，主持社务大计；

四、人事安排，除自己不愿者外，绝不变动，一律团结相处。

确定改组原则之后，正是阴历年除夕。照理关于账务是应该截然告一段落的。但是时间紧迫，安排不及，只是在账户上画条红线，加盖图章，以示新旧之别，就这样交接了。

经过改组扩大之后，"读社"新的领导成员是：郑易里任董事长，艾思奇、柳湜任总编辑，黄洛峰任经理兼做出版业务和全社的经营管理，李公朴尚在狱中，改任董事。此外，还有陈楚云、周巍峙、万国钧、赵子诚、李克金、卜朝义、张汉清等董事。

1937年2月，"读社"在《读书》杂志登出了征股启事，向广大读者吁请"一切同情我们事业的朋友，伸出友谊之手"。

启事登出后，反响热烈，有写信汇钱来的，有亲自送钱到出版社的；有作家、教员、职员，甚至失业者，都是"读社"忠实的读者。

由于社里经济困难，发不出工资，"读社"把员工的工资转为股金，也得到了他们的体谅和认可。

抗战期间，"读社"迁到武汉，到处都能遇到"读社"的股东热情相助。1938年"读社"由武汉撤到重庆时，当地有一位中学教员王泽纯来访，他就是曾经以微薄的教书所得向"读社"入股的忠实读者，保存有全套《读书生活》、《读书》、《生活学校》杂志，还有许多"读社"出版的书，他把这些书刊全部赠送给"读社"作为样书。

郑一斋和他的长子郑瑞之曾先后资助"读社"银圆6000余元，美元3000余元。"读社"原拟在书籍销出后，逐步偿还，但终因战争时期诸多困难而未能了愿，而郑一斋父子则从未再提起此事。

所有这些股东，不论是郑一斋父子、郑易里，还是入股几十元的读者，很少有人向"读社"提出收回本钱，"读社"也不曾向这些股东付过股息。至于艾思奇、郑易里以及周巍峙等人，他们的著作和编的书在"读社"出版，都没有真正拿过版税。

作为后来三联书店成员之一的"读社"，从股金的本源而言，既不是私人经营的合股公司，更不是资本家的出版社，它从一开始就是在部分党员、进步文化界人士、广大追求进步的读者资助下建立起来的革命书店。

黄洛峰认为，若想做好出版工作，任何时候都必须注意既要同作家、学者保持紧密的联系，也要和读者大众保持紧密的联系。这是黄洛峰从事出版工作开始时就给自己立下的服务准则。他认为，任何好的精神食粮，都是作者、出版者、读者三者共同努力的结果。因此，黄洛峰的精力除花在作者和读者身上之外，再就是花在员工身上了。

他到"读社"以后，在办公室的墙壁上，贴出这样的警句：

严肃紧张活泼

今日事今日了

努力工作努力学习

以振奋员工的精神，使社内的环境适合进步出版事业的氛围。

他规定自己要多与员工进行个别交谈，借以了解每个人的思想情况；遇到员工有困难，尽力相助；对员工逐一鼓励，使其为自己热爱的事业而坚持奋斗。

规定每周举行一次周会，倾听大家意见，共同讨论各项业务的进展。

规定每月月终举行同乐会一次，这是最受大家欢迎的，也是大家最活跃的时机。周末或节假日，也会举行茶话会，或组织到郊区踏青，以调剂生活，加深员工间的感情。

此外，在经营管理方面，也进行了多方改进，如制定了审核制度，一切工作不符合要求的便打回去重做，如信件的来往、发票、传票的书写，都须誊写清楚，经过审阅或复核之后，才能收进和发出。这样一来，大家按章程办事，工作效率大大提高，整个出版社的工作逐步走向正轨。大家在不同的岗位上，为着一个共同事业，愉快地努力工作。

黄洛峰以身作则，不仅对工作抓得紧，对学习也抓得很紧；凡是社内规定的措施和制度，他自己做到之外，也要求别人必须做到，言必信，行必果。经过这一系列的整顿，全社精神面貌为之大变，充满了生气，为"读社"的振兴奠定了基础。

从此，黄洛峰以社为家，与员工为伍，共同建设和经营这个出版发行阵地，使它成为一个进步文化的堡垒。

三、打造经典名著

（一）《资本论》中文版整体推出

黄洛峰在出版业务上抓的第一件事情就是制订出版方针和出版计划。

"读社"本来就有办成"读者之家""作者之家"的宗旨，经过现任社领导的多次酝酿，今后的出版方针也定下来了：以传播马克思主义为长远任务和以抗日救国为现实任务。这个方针为"读社"的发展奠定了基础。

出版计划是由黄洛峰和艾思奇、郑易里精心研究之后提出的，计划中最引人注目的是出版《马克思恩格斯全集》，首先要出版的就是《资本论》。

1867 年 9 月，马克思撰写的《资本论》（第 1 卷）在德国汉堡出版，成为马克思主义最厚重、内容最丰富的著作，被誉为"工人阶级的圣经"。

《资本论》在当时被引进中国出版也是非常艰难的：

1930 年 3 月，上海昆仑书店出版《资本论》的第 1 卷第 1 分册（即

第 1 卷的第 1 篇），由陈启修（陈豹隐）根据德文版参照日文版翻译。

1932 年 8 月、1933 年 1 月，北平东亚书店出版了《资本论》第 1 卷第 2、3 分册，由潘冬舟翻译。

1932 年 9 月，北平国际学社出版《资本论》的上册，由王慎明（思华）、侯外庐译。

1934 年 5 月，商务印书馆出版《资本论》第 1 卷第 1 分册（即第 1 卷第 1、2 篇），吴半农译、千家驹校。

1936 年 6 月，北平世界名著译社出版《资本论》第 1 卷中册（即第 3 篇第 8 章至第 4 篇第 13 章）。世界名著译社出版《资本论》第 1 卷下册（即第 5 篇第 14 章至第 7 篇第 25 章），右铭、玉枢译。

……

从 1930 年到 1936 年间，经过京沪两地学者的努力，《资本论》第 1 卷中文版全部出齐。

1928 年，郭大力（1905—1976，经济学家、教育家）和王亚南（1901—1969，经济学家、教育家）已经着手合译《资本论》全三卷，曾几度与商务印书馆等接洽出版事宜，但都未能如愿。经原《读书生活》编辑夏征农介绍，他们找到了"读社"，出乎他们意料，这个财薄利弱又困难重重的出版社当即答应出版《资本论》，并完全同意译者所提出的要求。

"读社"为了保证《资本论》翻译的顺利进行，与译者签订了约稿合同。合同规定：每月由出版社支付郭大力、王亚南各 80 元预付版税。而且为了使这种支付不受日常业务资金周转的影响，特意拿出 2000 元在银行单立账户，专供支付译者预付版税之用。尽管这个单立的专门账户占用全社资金近半，黄洛峰也毫不动摇，宁肯在其他方面更艰苦些，紧缩开支，也不愿失信于辛劳的译者和渴望的读者。他动员全社人员，不管大气候怎么恶劣、小环境怎么困难，都要齐心协力，保证马克思的巨著《资本论》在中国的出版。

这个合同大大增强了译者的信心，这事在文化界不胫而走。可出版界反应大不相同，有的钦佩出版者的胆识，很是赞叹；也有的持怀疑态度，不相信这合同会实现。

正当黄洛峰一展宏图之际，日军侵华的战火烧到了上海。

1937 年，日本帝国主义制造卢沟桥事变，抗日战争全面爆发。日本妄图"三个月灭亡中国"，在侵占平津得手后，企图侵占上海，进而侵占南京。1937 年 8 月 9 日，日本海军中尉大山勇夫等两人驾车闯入上海虹桥机场挑衅，被驻军保安队击毙。1937 年 8 月 13 日开始的淞沪会战，是卢沟桥事变后中国军队为了把日军由北向南的入侵方向引导改变为由东向西以利于长期作战，而在上海采取主动反击的战役。中日双方共有约 100 万军队投入战斗，战役本身持续了 3 个月，日军投入 8 个师团和 2 个旅团 20 万余人，宣布死伤 4 万余人；中国军队投入最精锐的中央教导总队、八十七师、八十八师以及 148 个师和 62 个旅 80 余万人，统计死伤 30 万人。11 月 8 日晚，蒋介石下令进行全面撤退。11 月 12 日，日军侵占上海。

淞沪会战中，日军因遭到中国军队的顽强抵抗而损失惨重，这场战役对于中国而言，标志两国之间不宣而战、全面战争的真正开始，卢沟桥事变后的地区性冲突升级为全面战争，并彻底粉碎了日本"三个月灭亡中国"的侵略计划。

淞沪会战是整个中日战争中进行的规模最大、战斗最惨烈的一场战役。

1937 年 7 月 31 日，李公朴终于被释放回到上海，不久即与柳湜到华北前线慰劳军队去了。这时，艾思奇和周巍峙相继奔赴延安。"读社"领导集体只有黄洛峰、郑易里还在上海。本着"在抗战中求发展"的方针，他们决定将"读社"西迁武汉。先期派万国钧打前站后，黄洛峰力主"读社"随着文化中心移动，前往武汉发展。上海则由郑易里负责，留在租界等待《资本论》的译稿，并处理书刊的其他事宜。刘麞、张汉清等协助他继续坚持出版发行工作，作为后盾。

"读社"的领导集体就这样分向三处：延安、上海、武汉。随着抗日战争的迅速蔓延，整个出版事业都遇到了前所未有的困难，"读社"也不可幸免。但是，《资本论》的出版计划，要继续执行不能改变，这是黄洛峰离开上海前，和郑易里一起向译者作的保证。

郭大力的翻译工作，也受到了战争的严重干扰。当《资本论》第一卷译稿交到郑易里手中之后，郭大力提出，为了人和译稿的安全及后续工作，要逃离战区，撤往他的家乡江西赣州。他的计划得到了"读社"的大力支持，"读社"专门派人陪送他绕道香港等地，安全转移到达目的地。

这样，郭大力在老家译完了第二卷和第三卷（其中部分稿件为王亚南所译）。

郭大力是位认真负责、字斟句酌、忠实原著、一丝不苟的翻译家，他在非常艰苦的条件下，一边翻译，一边用航空信纸誊清，再用航空挂号信件寄给在武汉的黄洛峰，再由黄洛峰分批寄给上海的郑易里。"读社"从汉口迁往重庆后，郭大力就直接将译稿寄给上海的郑易里。

在战火纷飞的年代，为无产阶级提供强大理论武器的《资本论》

译稿在中国的上空传递着，直至 1938 年 3 月。

1938 年 3 月，郑易里拿到了《资本论》全部译稿。为了译文的准确，郑易里对照日文译本校阅了一遍，同时又请章汉夫对照英文原版校阅过部分译稿。郑易里后来还主编过《英华大词典》，发行 100 多万册，是一部影响极广的英汉翻译工具书。他的严谨态度使得他在另外两个领域也颇有声誉，被称为农学家、科技情报专家。

黄洛峰常常以《资本论》出版为例，提醒"读社"的所有工作人员："这就是我们的事业，对伟大人物的巨著，就要具备这样严肃的科学态度，来不得半点疏忽和马虎，因为巨著本身凝聚着科学结晶，参与制作的人，都必须具有老老实实的科学态度。"

当黄洛峰得知《资本论》全部译稿已经过反复校阅可以付印，又了解到上海印刷业因战事而暂时萧条，印刷厂家无活可接，印刷、纸张、材料价格都较为低廉，在上海印制比大后方具有价廉、质优、时短等优越条件后，马上召集会议专门研究以下问题。第一，目前上海已被日军占领，租界已成孤岛，若没有既熟悉上海情况又懂得出版印刷业务的内行去帮助郑易里是不行的。决定派得力助手万国钧专程绕道返回上海，商定版式，联系适当印厂，接洽买纸、资金等事宜。第二，书印制完成后如何从上海运到大后方？战火会烧到哪里，难以预料，必须派出专人探明安全道路。第三，在大后方如何发售预定，如何运往延安，使这部巨著能在中国起到应起的作用？一切都要从长计议。

"读社"请郭大力从赣州回到上海，与郑易里共同主持《资本论》的编辑出版工作。由郑易里、郭大力看校样。在付排时，《资本论》是横排还是直排、用五号字还是用新五号字等问题，通过汉沪两地函电往来，作了较为慎重的商讨，决定用新五号字横排。用了 3 个月时间，突击完成了《资本论》三大卷的出版工作。今天，我们能看到第一版《资本论》书末《译后跋》中印有的两行字："最后，我们应当感谢郑易里先生，他不仅是这个译本出版的促成者和执行者，而且曾细密为这个译本担任校正的工作。"

1938 年 8 月 31 日《资本论》第 1 卷出版，9 月 15 日第 2 卷出版，9 月 30 日出齐了第 3 卷。至此，《资本论》全译本在中国问世了。

（二）《资本论》在延安成为宝贝

1938 年 8 月 31 日，《资本论》第 1 卷在上海出版。

当黄洛峰看到样本时，激动不已，高声喊着："呵！这部光辉伟大的著作，终于在中国诞生了！"他情不自禁地立即给艾思奇写了一封信，告诉他，两年多来多少人为此书付出艰辛劳动，而今终于问世了，这是件多么令人高兴的事呵！①

这部拥有 200 多万字的三大卷精装本巨著，每卷都用黄色中间套红的封皮，封皮上写着闪光耀眼的"资本论"三个字，下面印着"卡尔·马克思著，郭大力、王亚南译"。

生活书店 1938 年 7 月 30 日出版的《店务通讯》第 19 号刊登了《资本论》发售预约的消息：

　　读书生活社在沪赶排《资本论》，译者郭大力、王亚南。全

---

① 马仲扬：《〈资本论〉的出版和发行》，载范用编：《战斗在白区：读书出版社 1934—1948》，生活·读书·新知三联书店 2001 年版，第 231 页。

书三大卷，约二百万字，第一卷二册，第二卷一册，第三卷二册，分四期出书，第一卷八月底出版，下册十月初出版，精装较迟半月。预约截止期，上海八月底，外埠九月底止。预约价：精装全部五元五角（定价十元），平装四元五角（定价八元），邮费另加。

当预售《资本论》的消息一传出去，很多进步学者奔走相告，纷纷到"读社"预定，不少社会知名人士，如宋庆龄、冯玉祥、邵力子等也预定了这部书。

同年 8 月 20 日，《店务通讯》第 22 号刊发的消息却是停止预约：

> 读书生活社在沪发售预约之《资本论》，因预约价错误，不够成本，业已停止预约矣。

接下来，摆在"读社"面前的难题是如何把书运到各地，满足读者的需求。

在战火纷飞的岁月中，要把《资本论》从上海运到重庆和桂林是十分艰险的。当时只能经过香港才能转运内地。第一批 2000 部《资本论》，装了 20 只大箱，费尽周折，绕路运达广州。不幸的是，广州被日军占领，这批书毁于战火中。

黄洛峰为之彻夜难眠，痛悔自己考虑不周，未能保证书的安全运转。于是致电上海，让郑易里专程携带，绕道广州湾（即湛江）内运。

1938 年八九月间，郑易里携带《资本论》全部纸型，由上海经越南海防走滇越铁路到昆明再往重庆出版。当郑易里到达越南海防时，被法国海关人员盘查，打开箱子一看，别无他物，只是一箱纸版，引起海关人员的警觉，不仅扣压了箱子，还要追查持箱子的人。正巧此时刘惠之和乔丕成在河内，郑易里找到他俩，乔丕成法语很好，由他交涉沟通后，说是可以不追查持箱子的人，但箱子不予返还，必须经过当时国民政府驻越南领事馆的同意方准许领取。在此情况下，郑易里、刘惠之、乔丕成三人来到领事馆，对领事馆人员讲，箱子内无物，只是一本谈商品、做买卖的书型，内容没啥问题，于是领事馆派员取回了箱子。郑易里带着大皮箱，乘滇越铁路的小火车到了昆明，与哥哥郑一斋见了一面就匆匆离去。郑易里经贵阳到重庆，在重庆受到黄洛峰的欢迎。重庆没有白报纸，用土纸印了一版。

新中国成立后，译者对该书再次作了校订，由三联书店出版。

《资本论》在大后方的昆明出售，对这一历史事件，云南地下党的一些老同志在若干年后仍然记忆犹新，浦光宗回忆道："还记得抗日初期（1939 年），他们（黄洛峰、冯素陶、陈端仪、郑易里）在昆明华山南路开了读书生活出版社的一个门市书店。……书店内已经陈列着《资本论》的第一个全译本，洛峰同志建议我们买一部，我们立即买了一部（三册），现在还完整保存下来。也作为我们之间战斗友谊的一个纪念吧！"

如何将《资本论》安全送达延安，成为当务之急。通过邮寄肯定会被查扣，于是黄洛峰向中共中央南方局作了汇报，并做了妥善安排：从重庆、桂林，分头运送。

从重庆送达延安，是由南方局转运的。

桂林送达延安这一线路，则安排"读社"桂林分社（与新华日报社合作开设的门市"读者书店"）与桂林八路军办事处联系，适逢该处有卡车往延安送纸张和印刷器材。通过这辆卡车，"读社"的张汉清等几位同志把几十部《资本论》完好无损地送到延安。

送往延安的这批《资本论》，其中一套送到了毛泽东的手上，毛泽东阅读并留下了批注。如在第一卷扉页上有关出版时间原印的是"中华民国 27 年 8 月 31 日"，毛泽东在下边写了"1938 年"，还写了《资本论》原文版本第一次问世是"1867 年"，又写着"在 71 年之后，中国才出版"。到了 1954 年，毛泽东再次阅读此书时，在第一卷目次下又写了"1867 年距今 87 年了"①。1959 年 10 月 23 日，毛泽东外出前指名要带走的书籍中就有《资本论》，可见《资本论》中文版的出版在毛泽东心目中的重要性。毛泽东当年读过的这部书至今仍保存着。

王惠德后来回忆这批《资本论》时说："1939 年，在延安得到了一套《资本论》。能得到这套书，当时的确很不容易。"

陈其五也回忆说："我们在战争年代很困难时，《资本论》一直带在身边，没有丢掉，一直到进城。"②

恩格斯对《资本论》有过这样的评价："本书所作的结论日益成为伟大的工人阶级运动的基本原则，不仅在德国和瑞士是这样，而且在法国，在荷兰和比利时，在美国，甚至在意大利和西班牙也是这样；各地的工人阶级都越来越把这些结论看成是对自己的状况和自己的期望所作的最真切的表述。"③

正因为这部书是马克思主义者学习的宝书，黄洛峰和他的战友

---

① 龚育之、逄先知、石仲泉著：《毛泽东的读书生活》，生活·读书·新知三联书店 2009 年版，第 26、29 页。

② 郑璀、蓝德健：《郑易里，三联书店历史上不应被忽略的人物》，《纵横杂志》2015 年第 8 期。

③ 《马克思恩格斯文集》第 5 卷，人民出版社 2009 年版，第 34 页。

们才甘冒最大风险，包括被捕坐牢的风险，都在所不惜，花费大量人力、物力、财力出版发行，送到读者手里，得到社会和人民的称赞。

当然，在抗日战争的国统区里，一面是为抗战、为团结、为进步进行着紧张严肃的斗争；另一面则是搞摩擦、搞分裂、搞倒退，弄得乌烟瘴气。《资本论》的出版发行，成了双方关注的大事，马克思主义者为之欢欣鼓舞，而仇视马克思主义者则恨之入骨。其焦点都集中在《资本论》的发行人黄洛峰身上。

黄洛峰不顾个人安危，从译文、出版、印刷、运输、发行，一直到送达读者手中，每道工序、每个环节，都刻印着黄洛峰和其他参与者的辛勤劳动和闯关过卡的智慧。这部书的出版发行，集中地反映了黄洛峰和他的同事们作为革命出版家的胆识和魄力。

著名哲学家、近代史专家胡绳在《追怀黄洛峰同志》一文中写道：

> 抗日战争初期……上海的出版工作方面至少有两件值得称道的大事：一是出版了《鲁迅全集》，二是出版了《资本论》的全译本。后者就是洛峰同志主持的读书生活出版社的功绩。……洛峰同志又想方设法，千辛万苦地把印成的书运到了重庆。1939年，我们在重庆拿到在当时说来装帧很讲究的这三大卷书的时候，实在感到高兴。这固然感谢译者郭大力、王亚南两位同志的辛勤努力，也不能不归功于出版者的毅力。①

黄洛峰为我国革命出版事业，创造了一个榜样。

---

① 胡绳：《追怀黄洛峰同志》，《胡绳全书》第 3 卷，人民出版社 1998 年版，第 696 页。

"读社"在黄洛峰的领导下，与《资本论》相配合，出版了《剩余价值学说史》（三卷本）。恩格斯在《资本论》第三卷"序言"中把这部书说成是《资本论》的第四卷。这部书仍由郭大力翻译。还出版了《恩格斯论资本论》、《资本论通讯集》、《资本论的文学构造》、《怎样研究资本论》等。这些书是《资本论》的续篇和必读出版物，对阅读和理解《资本论》有很好的帮助。这些都是黄洛峰等计划出版的《马恩全集》的部分读物或辅助读物，虽然后来没有完全实现计划，但在那种恶劣的条件和环境下，已经是尽了最大的努力。

"读社"出版的马克思主义著作还有：《卡尔·马克思》、《恩格斯传》、《马恩科学的文学论》等；列宁的《唯物论与经验批判论》、《社会主义与战争》、《民族问题大纲》、《列宁论战争》等，以及《列宁传》、《论文艺问题》、《辩证唯物论与历史唯物论基本问题》（高烈编译一、二、三、四册）、《论一元论历史观之发展》、《伊里奇的唯物论与经验批判论》、《新哲学大纲》、《哲学选辑》、《西洋哲学史》、《辩证法唯物论辞典》，等等。这些著作的出版，在宣传马列主义方面起了巨大的作用。

（三）《大众哲学》成为年轻人的精神食粮

"读社"当初的读者定位，是面向具有初等文化程度、正在求索前进的青年。所以从创办刊物，到成批书籍的出版，一直重视编写、组稿通俗化的著作。

在马克思主义哲学通俗化方面，艾思奇做了可贵的尝试。"读社"出版的第一本书便是艾思奇的《哲学讲话》，被查禁后，"读社"把书名改为《大众哲学》继续出版，是一本"专门讲思想、讲方法，引人去读马克思主义哲学"的书。

《大众哲学》很快成为"读社"的畅销书，而且成为各地同行争着推销的热门书，上海、武汉、重庆等大城市的进步青年几乎都传看过。

黄洛峰兴奋地统筹安排出版、印刷、邮购、批发、门市等各个业务部门，要把《大众哲学》发行到中国各个角落，想尽一切办法使各种渠道畅通无阻，公开和秘密互为补充，目的是满足读者的阅读需求。

因为《大众哲学》，"读社"和生活书店、新知书店，像一家人一样，增强了应变能力，也实现了互相支援。

政府图书检查机关的官员们也为这本书紧张起来，既到三家书店的门市去明查，又要盯着读者去暗逼；既明令通知查禁，又追问印数和存货。不知发了多少查禁令，也不知派出多少"鹰犬"去巡猎，可是，他们不是一无所获，就是张冠李戴，以致弄得"最高当局"恼羞成怒，甚至传出：共产党能写出《大众哲学》，你们身为国民党员，就写不出来？

《大众哲学》被查禁，按照当局的意愿是要消除所谓"危险思想"的传播和影响，可是在黄洛峰那里，却变成了不见于报刊的"口头广告"。

他和员工这样说，凡是上门来的读者和采购的同业，只要是要买《大众哲学》的就公开宣布："被政府查禁了！"若问："为什么？"回答："不知道！"凡是得知这一消息的读者，反而会想方设法把书买到手，而且更加珍爱，更加神秘地流传着，越禁销量越旺。果然，同行的批发数量和次数反而大大增加了。

后来，还流传着这样一个故事：一个到"读社"门市部的检查官员，无可奈何地说："就这么一本书，弄得好些青年神魂颠倒，搞得我们坐卧不安，毫无办法！"一个孩子似的小店员，率直地问他："你们为什么要查禁这本书？""上边叫查禁的，而我并没看过它！你说说它写的是什么？""真怪，没有看过就来查禁此书，我倒看过，讲了孙猴子会七十二变，变了一座庙，别的庙旗杆在前头，它的旗杆却在后头，原来是猴子尾巴！""噢？！有趣，你拿来我看看！"小伙计拿出一本给他。"查禁了，你们怎么还有呢？！你这个小伙计，比孙猴子还会变！"就这样他只好回去交差了。

黄洛峰知道这番周旋后，不禁哈哈大笑："对！我们个个都是孙悟空，变得他们昏头转向，就是不能落在如来佛的手心里！"

从 1936 年到 1948 年，在屡遭查禁的情况下，《大众哲学》共发行了 33 版，这在那个时期是罕见的。

20 世纪 30 年代和 40 年代，很多中国青年就是通过《大众哲学》学习马列主义思想，从而走向革命道路的。

正如诗人贺敬之在《放声歌唱》中所写的那样：

> 我，和我的小伙伴们，躲过三青团的狗眼去传递着，传递着"火炬"，我的《新华日报》、我的《大众哲学》、我的《解放周刊》、我的《活跃的肤施》（肤施即延安）……

艾思奇写这本书时只是个 20 多岁的青年，他对同龄人的思想和喜好，是有着深入的了解和分析的，他在书中采用生动活泼的通俗语言，避免了枯燥乏味的说教，开风气之先，所以取得了很好的社会效果。

新中国成立后，艾思奇历任中共中央高级党校哲学教研室主任、副校长、中国哲学会副会长、中国科学院哲学社会科学部学部委员。可惜的是，黄洛峰的这位同乡、同学、同行却英年早逝，1966 年逝世，享年 56 岁。

《大众哲学》的封面题字和朴实大方的设计，出自黄洛峰的手笔。更值得一提的是，这本建功立业的书，作者艾思奇没要过稿费，也不收版税。1946 年 4 月，黄洛峰代表"读社"专门购置了一块进口欧米伽手表，托作为中共代表在重庆参加会议的博古带回延安给艾思奇留作纪念，哪里想到，飞机失事，这块表随着烈士们的遗愿一起消失了。这块手表没能送到艾思奇处，也成为"读社"的一件憾事。

第三章

抗战风云

一、转移武汉布局抗日出版

（一）回归组织接受新任务

1937年10月，上海战事已十分紧张，京沪铁路和苏州河航运早已中断。黄洛峰带领徐逸、赵子诚及一部分纸型、存书，雇一条民船走淀山湖出吴江、苏州、无锡到镇江，一路风餐露宿，不时遇到敌机轰炸扫射，幸好安全到达。再从镇江上轮船去武汉，10月底他们换乘轮船，于11月初到达武汉。

武汉是当时中国的军事、政治、文化中心，"读社"想找个适当的地点落脚，是件非常困难的事情，经过不断奔波，黄洛峰和万国钧才在汉口交通路会文堂二楼租下了一间较宽敞的房子，作为办公场所。至于宿舍和库房，只好凑合了。同时到达的徐逸、赵子诚以及在汉口招聘的几个"小家伙"范用、欧阳章、汪晓光等，只好和经理一起挤在堆满书刊的房屋中，白天吃在一起，夜晚一起打地铺。生活十分艰苦，但精神是振奋的、愉快的。

虽然全国抗战的形势很严峻，但黄洛峰和全国人民一样，充满着抗日必胜的信心。在此形势下，如何发展党的出版事业？如何做好抗日宣传工作？他踌躇满志。

为了更好地开展工作，一个很重要的问题就是恢复党的组织关系。为此，他到八路军武汉办事处找到了云南同乡罗炳辉①，提出要求恢复党的组织关系。在叶剑英、罗炳辉的帮助下，这个问题得到顺利解决。

1938 年 3 月，党组织决定由何伟单线联系黄洛峰，以后又改由长江局凯丰联系。黄洛峰感觉增添了新的力量，随时准备接受新的任务，开展新的斗争。

在黄洛峰的领导下，"读社"成为中共的一个重要联络站，担负了许多鲜为人知的联络工作。多年以后，范用回忆："那时候，许多文化人经常来读社。作家舒群、周立波在读社搭伙。好多位从延安出来，或者去延安的同志，在这里出没，读社好像是中转站。他们很喜欢我这个小鬼。罗炳辉将军几乎天天来，他一来就要我放下工作陪他玩。桂涛声（大家叫他阿桂）寄住在读社，他创作的《歌八百壮士》、

---

① 罗炳辉（1897—1946），原名罗德富，字宿星，曾用名罗南煌，云南彝良人，祖籍湖南邵阳，中国工农红军、八路军和新四军高级将领。

《太行山上》、《做棉衣》等歌词，由冼星海谱曲，先要我和子诚唱给他听。"①

黄洛峰在国统区的知名度很高，许多云南同乡到了武汉都喜欢来找他，"读社"常常聚集着各行各业的人。

（二）策反滇军加入抗日阵营

叶剑英和罗炳辉经过商量和部署，交给黄洛峰一项任务，要他以云南同乡的身份，去做滇军的工作。黄洛峰虽然对军队比较生疏，但云南人是很念乡谊的，而且他对青年的思想动向比较熟悉，就非常愉快地接受了这一统战工作的使命。由于这是一项谨慎而秘密的工作，他长期保密，很少有人知道详情。

1937 年冬，八路军武汉办事处抽调蒋南生等同志加入 184 师工作。蒋南生②回忆："云南抗日部队到达江西，一位领导人到汉口来找共产党，要求派人去帮助工作，问我去不去？他说这是我上前线打敌人的机会，部队是云南人，有乡土关系，容易开展工作，这一次使我下了到前线去的决心，我表示同意，他叫我到汉口读书生活出版社找黄洛峰。""我认识洛峰是 1934 年前后，在北平我读燕京大学，为了编辑云南旅平学会的会刊，我们经常碰头，讨论稿件取舍，他在进步思想方面的造诣是我望尘莫及的，我常常从他的见解中获得启发。"

---

① 范用：《恩师洛峰》，载范用、刘大明主编：《出版家黄洛峰》，百家出版社 2007 年版，第 448 页。

② 蒋南生，云南籍人士，中共党员，曾任国民党 60 军 184 师政治部干事，兼张冲的秘书。

蒋南生后来回忆："洛峰为我讲述了云南部队 184 师师长张冲的政治
倾向，他自大革命以来就和共产党接近并支援过党的事业，现在的政
训处长张致中同志① 就是张冲由监狱里营救出来的老省委同志。他认
为只有接受共产党领导并采取八路军的政治、军事工作的原则及方法
方式，才能保证他的部队的政治素质及战斗的胜利，所以他希望和共
产党、八路军取得联系。现在，184 师驻在江西德安县，张师长派张
致中到汉口就是为了实现这一打算。张致中和洛峰是大革命期间就认
识的，洛峰当然是完成张师长要求的最适当的人。"

　　1929 年 6 月经云南省临委同意，张致中到泸西同乡张冲任师长的滇
军 101 师开展争取滇军的工作。张致中向张冲宣传党的政治主张和民族
政策，与张冲建立了密切关系。1930 年因叛徒出卖，云南地下省委遭破
坏，张致中亦被捕入狱，幸得张冲全力营救，在服刑两年后获释。

　　1937 年 10 月张致中到张冲任师长的滇军 184 师任政治部主任，随
滇军北上抗日。张致中通过黄洛峰联络找到八路军驻武汉办事处，介绍
张冲先后与周恩来、叶剑英、罗炳辉等同志见面，使张冲与共产党建
立了秘密联系，并在 184 师建立了地下党支部，开展党的工作，为后来
184 师在东北海城起义和张冲投奔延安并加入中国共产党奠定了基础。

　　黄洛峰向蒋南生分析了云南部队的情况：首先，这是一支地方武

――――――――――

　　① 张致中（1902—1992），又名张永和，1902 年 5 月出生于云南省泸西县东山区云兴
乡拖格寨。1919 年在北京师范大学附属中学就读期间，亲历了五四爱国学生运动，接受了
民主、科学革命思想影响。1923 年考入南洋大学（上海交通大学）电机科学习。1924 年在
第一次国共合作高潮中，在恽代英等共产党人的影响下，加入了国民党，任国民党交大区
分部常委。1924 年加入了中国社会主义青年团，1925 年 4 月转为共产党员，成为上海交通
大学第一个团员、第一个党员。1929 年 1 月 19 日，云南省临委在昆明召开扩大会议，改选
了临时省委，张致中当选为省临委常委、省临委书记。

装，有一定的独立性，国民党的党化工作不易透入，特别是战士和中下级干部都来自农村，思想单纯，作风质朴，正义感强，又英勇善战，对共产党一致抗日的口号非常认可。同时，他们大多文化水平和政治觉悟较低，亟待加强思想政治工作，所以是大有可为的。蒋南生接受了黄洛峰的意见，决定到184师去。当天晚上，黄洛峰就带着蒋南生会见了张致中，蒋南生当即随张致中一起去了江西。

蒋南生回忆说："洛峰不仅为安排共产党人到184师工作尽力，而且还安排了党的领导人和张冲同志的会见。我记得，徐州会战后我们突围出来，到了武汉，张冲同志去德国医院治病。有一天洛峰陪着周恩来、叶剑英、罗炳辉一齐来到病房，和张师长做了长时间的会谈，这一安排是很巧妙的。"

后来，周恩来派中共党员薛子正任张的秘书（后任参谋长），开展滇军的工作。

据蒋南生回忆，1938年6月，到达汉口后，"读社"几乎成了他们党支部活动的后方了，他说："我们到汉口的时候，就住在那里……我印象最深的是1938年6月，我们从徐州突围出来，到了汉口，就是在他书店的楼上卧室，召开了一次支部大会，参加的有张致中、张天虚、周时英、薛子正和我，以及从延安来的张子斋同志，我们总结了前一阶段的工作，分析情况，归纳经验吸取教训。我们汇报之后，洛峰提出我们的工作有左的倾向，只注重战士而忽视干部，发展下层，忽略上层。他认为我们开展了政治教育、纪律教育、战地鼓动、战地通讯等，鼓舞了士气，赢得了战斗的胜利，特别是突围的胜利，这都是成绩。但是，旧军队封建作风浓厚，还必须注意到干部思想上的进步、抗日意识的提高，逐步走向军队民主，做到官兵一致、军民一致，我们的工作才能开展，否则，进步的战士、落后的干部，对工作不利。另外，洛峰提出，为了更广泛、更全面提高部队的抗日情绪及政治觉悟，应该采取活泼、多彩、形象化的形式，容易为群众所接受，他建议我们约请当时在武汉地区活动着的演剧队到部队去演出，既进行了教育又丰富了文娱生活，这一意见十分正确、及时。"

会后，蒋南生找到演剧队到部队驻地演出，效果很好。由于这一演出影响，张冲决定成立自己的演剧队，并指定蒋南生负责组织，在黄洛峰的帮助下，组成了184师随军工作队，其中就有程浩飞、段大浩等，为184师播下了革命种子。蒋南生认为："184师后来在解放战争中，在海城举行了著名的震动中外的起义，从此走上光辉的历程。推源溯始，和洛峰的存在是分不开的。"

1949年，黄洛峰在北京与张冲久别重逢，分外高兴。黄洛峰妻子孙幼礼在《怀念洛峰》文章中有这样一段记载：

> 记得新中国成立不久，一天晚上，家里突然来了几位客人，其中一位披着黑色披风，拿着长水烟袋，进门就大声欢笑，经介绍知道他是著名的滇军184师师长，台儿庄抗战的指挥将军，曾是绿林好汉的张冲。另一位行动沉稳，两眼炯炯有神，目光锐利，经介绍知道他是有名的原云南省省主席龙云。还有一位好像是蒋南生同志。张冲常来我们家，只要他来北京，就会来找洛峰，并带些云南辣菜等土产，有说有笑没完。①

---

① 孙幼礼：《怀念洛峰》，载范用、刘大明主编：《出版家黄洛峰》，百家出版社2007年版，第454页。

张冲后来任云南省副省长。巧的是，这两位云南同乡是同一年离世，仅相差五天。张冲在前，1980年10月30日去世，享年79岁。黄洛峰在后，1980年11月4日，享年71岁。

在黄洛峰的革命生涯中，策反滇军这件事是很值得书写的历史。对于滇军同我们党最初的联系，中共中央文献研究室编撰的《周恩来年谱（1898—1949）》（中央文献出版社、人民出版社1989年3月版）也有如下一段：（1938年）2月下旬"在武汉期间，还曾会见滇军第185师师长张冲，并派中共党员薛子正任张的秘书（后任参谋长），开展对滇军的工作，以后张冲秘密参加中国共产党。这些工作对解放战争后期川、滇将领的起义起了重要作用"。（这里所说的"滇军第185师"，应系184师。）

黄洛峰从到达武汉起，同滇军之间的联系就一直没有断过，特别是与滇军中一些中高级军官之间的友谊，始终是密切的。可是，他对别人却一直保密，说他们只不过是自己的同乡或是同学，到一块儿叙叙旧聊聊乡情而已。他周围的书店员工中，也很少有人知道他的这段使命的详情。

（三）发行《群众》传播抗日时讯

"读社"迁往武汉后一年中，战局发生很大变化，政治、文化、出版方面也都受到了很大影响。在这个时期，黄洛峰对有些问题困惑不解，因而感到苦闷。

1937年11月12日，毛泽东发表了《上海太原失陷以后抗日战争的形势和任务》，文章中强调：今日的抗战，"在党内，反对阶级对阶级的投降主义","在全国，反对民族对民族的投降主义"。毛泽东再次强调了共产党在统一战线中的独立自主原则，明确指出："这个原则的说明、实践和坚持，是把抗日民族革命战争引向胜利之途的中心一环。"黄洛峰读到这篇重要文章时，感到振奋，他认为这是我党今后领导抗日的策略方针。可是，这一正确观点却遭到了王明的批评。王明打着共产国际的旗号，说他带来了国际路线，认为毛泽东提出的在统战中坚持独立自主的原则、反对新投降主义是错误的，是同国际路线对立的。大谈特谈要"一切经过统一战线"、"一切服从统一战线"，这一思想的实质，是要求我党一切服从国民党，服从蒋介石。

这是两种截然不同的观点。在党中央为什么出现了两种不同的声音？当时黄洛峰无法理解，直到他同叶剑英、罗炳辉进行多次交谈，接受多次帮助，最终明辨了是非真伪。

1937 年 12 月 11 日，《群众》周刊①在汉口创刊，由"读社"总经销，这是中国共产党在国民党统治区内出版的第一个公开刊物。

"读社"把《群众》周刊批发给各地书店代销，还把它直接按期寄给几千个原来《读书生活》、《读书》、《生活学校》的订户。

李公朴出狱后，同柳湜去华北前线慰问抗日军队，曾到太原、大同、徐州、连云港、济南、德州等地，写过多篇论文结集为《全民动员论》在汉口出版。在太原时，经周恩来同意，创办了全民通讯社，太原失守后转到汉口，并与沈钧儒、柳湜创办《全民周刊》。1938 年

---

① 《群众》周刊是中国抗日战争时期和第三次国内革命战争初期在国民党统治区公开出版的中国共产党机关刊物，由中共中央南方局领导。以宣传中共抗日救国十大纲领和全面抗战的路线为宗旨。1938 年 10 月因日军进犯武汉，被迫停刊。同年 12 月在重庆复刊。1947 年 1 月曾创办香港版，开展对海外的宣传工作，并以伪装封面在国民党统治区发行。1949 年 10 月 20 日出至第 143 期停刊。

3月，李公朴去陕北安吴堡青训班参观访问，与胡乔木、冯文彬等畅谈了抗战教育问题。4月回汉口后，又将访问所得写成《抗战教育的理论与实践》一书，交"读社"出版。

1938年1月11日，中国共产党在国民党统治区的公开报纸《新华日报》在汉口创刊，潘梓年担任社长。

黄洛峰在这个时期，经常处在兴奋之中，参加进步文化出版界的一些活动，从会议上和报刊上，几乎每天都可以得到启发和教育。他组织员工学习和讨论周恩来于1月8日发表的《怎样进行持久抗战》一文。文章指出："只有持久抗战，才能争取最后胜利，这是抗战五个月中最主要的教训"，并提出八项具体办法。① 这些学习提高了他和"读社"员工的思想认识，黄洛峰引用周恩来鼓励"孩子剧团"要有"救国、革命、创造"精神的话来鼓励社内员工，并把"一手打倒日本帝国主义，一手创造新中国"的口号，当作推动工作的动力。

3月14日，"中华全国文艺抗敌协会"开幕，27日闭幕，选出郭沫若、茅盾、老舍等为理事，周恩来、孙科、陈立夫为名誉理事。由这个协会出版的《抗战文艺》三日刊，委托"读社"发行。同时"读社"还发行了：杨述主编的《战时青年》半月刊，张申府主编的《战时文化》半月刊，章泯、葛一虹主编的《新演剧》半月刊，加上由"读社"总经售的《群众》周刊，共有5种刊物。

这使黄洛峰和"读社"所有员工，像前线战士一样紧张地战斗着，白天为工作而忙碌，晚上不是学习讨论，就是接待来来往往的朋友。

---

① 周恩来：《怎样进行持久抗战》，《群众》周刊第一卷第五期。

4月7日，武汉成立了"中华民族解放先锋总队"，黄洛峰动员所有员工参加了这一中国共产党领导的组织。这样，工作越发紧张了，真的"人不分女老少，地不分东西北"，团结一致抗战了。

（四）苦乐并存的"战时"生活

1938年7月7日，在抗战一周年的时候，邹韬奋、柳湜主编的《全民抗战》三日刊在武汉出版，由《全民》和《抗战》两刊合并而成，柳湜就此调整了工作岗位。

"读社"除经销刊物之外，从上海运到汉口的几十箱书，都随着群众抗日救亡情绪的高涨，很快就销售一空。在不到一年的时间里，"读社"又出版了20多种图书。首先是周恩来、叶剑英等人撰写的《怎样进行持久抗战》；还有两套丛书：一套是潘梓年主编的"抗敌救国丛书"，其中有《救亡的理论与实践》（任涛著）、《争取抗战胜利》（潘梓年著）、《当前的几个实际工作问题》（柳乃夫著）、《抗战与民生》（许涤新著），另一套是章泯主编的"新演剧丛书"。这些书刊在当时都鼓舞了民众抗战的决心。

这一时期，"读社"急缺人手，所有业务都由黄洛峰负责，编审工作则由他找了《新华日报》章汉夫、许涤新、吴敏等人商量。

"读社"由于很多书畅销，资金较前好转，身为总经理的黄洛峰决心进一步扩展业务，于4月派万国钧去广州设立分社，因人手不够就在武汉吸收了一批青年。这些青年大都是从战区流亡到汉口的，有的还是从难民收容所物色来的，如欧阳章、刘田坤，就是看到他们在马路上摆地摊，样子比较老实。范用、汪锡棣（汪晓光）当时刚从小学毕业不久。年纪稍大的有孙家林、郑权（郑树惠）、刘少卿（刘耀新）、陆量才（陆家瑞）、程嗣文等，也都是20出头。

为了使他们能尽快承担任务，黄洛峰在紧张的工作之余，对新进员工既抓政治思想的培训，又抓业务上的训练。

黄洛峰和这批年轻人一起工作，一起学习，早饭前读报，开读书会；晚上一起睡在桌子上、地板上。几个年轻的同志还都加入了民族解放先锋队和青年救国团等党领导下的群众团体。他们写壁报，参加歌咏队，参加游行，虽然经常有敌机空袭，但大家热烈、紧张而又镇定，这就是"读社"的战时生活。

值得一提的是，这批年轻人在业务实践中得到了锻炼，逐渐成为出版社的骨干，为"读社"以后的发展做了准备。

这些青年员工中有一位后来成为杰出的出版人——范用。他上小学时就爱好美术，进"读社"后，耳濡目染，对书籍装帧产生浓厚的兴趣。社里没有安排他设计封面，他就下了班偷偷地干。一次黄洛峰看他写的"抗战小学教育"（杭苇等合著）几个美术字还像样，就用上了，当时范用才15岁。从这件事也可以看到黄洛峰对社里年轻人的培养与鼓励。此后，"读社"的很多图书封面都由他设计，他用"叶雨"作为装帧书籍的署名："叶雨"，业余爱好也。

1938年6月初，李公朴为汉阳兵工厂工人被军警逮捕一事去找兼卫戍司令的陈诚说理，遭到陈的扣押，引起社会各界关注，黄洛峰为此各方奔走。6月8日，周恩来亲自与陈诚交涉释放李公朴事宜，不久，李公朴获释。

"读社"在武汉期间，发生过一个小小的插曲。张执一写了一本

《抗战中的政党和派别》，由俞鸿模①办的海燕出版社出版，"读社"总经销。谁知招来了亲国民党的文人胡秋原的不满，在汉口的日报上刊登启事责问作者和出版社。当然这是吓不倒"读社"的，"读社"也在报上刊出启事予以驳斥，最后不了了之。但胡秋原未曾料到，他等于为这本书做了"义务广告"，书销得更多，一版再版。

此时，表面上看，国共合作了，形势很好，但国民政府对此并不甘心，他们先是捣毁了正在筹建中的《新华日报》印刷厂，继而又在《扫荡》报上发表诬蔑"八路军封建割据，游而不击"的文章。之后又下令解散了"民先"、"青救"、"蚁社"等抗日救亡团体。对出版界则又祭起"中央图书杂志审查委员会"，进行压制。

为争取取消国民党对图书杂志的审查制度，"读社"和生活书店联合商务印书馆、中华书局等书业同行，直接上书蒋介石，陈述这种审查制度必须取消，否则不利于抗日宣传。此事虽无答复，但也造成了一定的社会舆论。

1938年7月之后，日军逼近武汉，"保卫大武汉"的呼声虽然急切，可是由于政府抗战不力，正面战场很难坚持，有的地区节节失利，为形势所迫，"读社"不得不做撤离武汉的准备。黄洛峰先派出刘少卿带了大批纸型去重庆做筹备工作，而后安排人员、财物陆续开赴重庆。

当时有一个特殊情况，《资本论》在上海出版在即，还要出版印

---

① 俞鸿模（1908—1968），福建福清人。1936年毕业于日本明治大学。1938年回国后赴延安，任新华社翻译。同年在汉口创办海燕书店。后任香港、上海新知书店经理，上海海燕书店经理。新中国成立后，历任上海新文艺出版社副社长，教育图片出版社、古典文学出版社经理，上海出版文献资料编辑所主任。中国民主促进会会员。著有《海燕十三年》。

刷一批辅导学习、研究《资本论》的书籍，上海仍将是"读社"今后长期的不可或缺的重要出版基地。在上海把书印出后，通过广州发往内地是最理想的途径。因此如果武汉不守，"读社"重点南迁广州，似乎更为现实。

最后，黄洛峰决定"读社"下一步工作重心是向粤不向渝，于是派赵子诚搭乘中央银行便船去重庆，将先期运到重庆的纸型转运到广州去，等黄洛峰他们大队人马南下。

然而，战局难料，赵子诚乘船还未到宜昌，日寇已于 10 月 12 日在广州大鹏湾登陆了，10 月 21 日广州沦陷。"读社"南下、赵子诚转赴广州的计划完全不能实现，最后赵子诚在宜昌发电报请示黄洛峰，得到"可迳赴渝，去粤作罢"的回电，汉社迁渝，已成定局。范用等随后到渝，陈楚云东调鄂西工作。黄洛峰和陆量才离开汉口时搭的船，已是西去的最后一批轮船了。

此时已是 10 月下旬，黄洛峰搭上船，面对滚滚长江，感叹不已。

他们刚撤离不久，汉口于 10 月 25 日失守，紧接着 10 月 26 日和 27 日，武昌、汉阳相继沦入敌手！

二、在重庆开创"读社"新格局

（一）发行杂志，提升影响力

黄洛峰一行从武汉撤出后，沿长江而上，途经宜昌，获悉《新华日报》的一批撤离人员在船上遭到日机轰炸而牺牲的不幸事件，其中有几位是相识的同志，不禁潸然泪下。

1938 年 11 月，黄洛峰一行达到重庆，此时，分批入川的其他成员也都陆续到达，租用武库街（今民生路）新生书店二楼办公。比起汉口，地方小得多了。发行业务主要是做批发，没有设门市部。

重庆是我国大西南的重镇，抗日战争时期的政治、经济、文化中心，是国民政府的陪都，同时也是中共中央南方局[①]所在地。

黄洛峰在撤离武汉前，党的组织关系由何伟转到由凯丰单线领导。到重庆之后，凯丰又将他的关系转给了南方局文委徐冰。黄洛峰在重庆前后住了八年，自 1939 年到 1946 年，都由徐冰直接联系。他在"读社"内，不发生横向的关系。党的隐蔽精干的方针，对于避免组织遭到破坏是非常必要的，却给领导公开的革命进步出版机构增加了难度，这是黄洛峰深有体会的："读社"是个公开的合法机构，可以利用合法的身份进行合法的斗争，可自己又是秘密的共产党员，在国统区里要宣传党的方针和政策，怎么样巧妙地结合起来，采用什么方式，怎样才能使革命出版事业得到发展？

幸运的是，黄洛峰在南方局的领导下，特别是在具有丰富经验的周恩来、叶剑英、董必武等的亲切指示下，卓有成效地完成了交给他的每项任务，又富有创造性地发展了他直接领导的人民出版事业。在他的一生中，重庆的八年，是他最为活跃的八年。

"读社"和生活书店、新知书店三家协同，分别在冉家巷找到了宿舍和办公地点，"读社"的总管理处设在冉家巷 13 号，这也是黄洛峰的住处，更是文化、艺术界朋友聚会的地点。后来三家也都在民

_____

①　中共中央于 1938 年 9 月撤销武汉长江局，1939 年 1 月成立中共中央南方局。周恩来、博古、凯丰、吴克坚、叶剑英、董必武为常委，周恩来为书记。

生路上找到了门市部。"读社"与《新华日报》营业部相距只有几米，与新知书店更是斜对门。这样相互之间可以随时取得联系，互相照应。

重庆的印刷条件比汉口差，印书的纸，也从白报纸改为土纸。而更为困难的是国民党对进步出版事业的迫害越来越厉害。1937年8月，国民党即以"书籍杂志审查暂行办法"来钳制言论。1938年7月，又公布了一个"战时图书杂志原稿审查办法"，进一步摧残出版事业。其主要迫害对象，除《新华日报》外，就是生活书店、新知书店和"读社"。

国民党重庆市党部、社会局、图书杂志审查委员会，还有军警联合处，宪兵特务等，随时会到书店门市检查。没有审查过的书要抄查，经过审查且在书上印了审查证号码的书，也照样查禁。"读社"迁到重庆后出版的《大众哲学》、《通俗社会科学二十讲》、《社会常识读本》、《陕行纪实》、《五月的延安》、《陕公生活》等书，统统上了"禁书目录"。

1938年10月，读书生活出版社在重庆成立总社，并且把社名定为读书出版社，先后在桂林、贵阳、昆明、香港、成都设立分社。

"读社"在出版经典读物之余，重视杂志出版，先后出版和发行了15种杂志。

黄洛峰经常向员工讲解杂志对革命的重要作用。谈到马克思主义和十月革命在中国的传播、影响，必须从《新青年》谈起，可以写部现代中国革命出版史。谈三家书店的创办，则必须从《生活》周刊、《读书生活》、《中国农村》谈起，因为三家书店正是从这三份杂志发展起来的。

黄洛峰认为，杂志是作者、读者和出版者紧密联系的桥梁和纽带，是出版者的苗圃和前哨，只要条件允许，应当紧紧抓住不放。"读社"在各个历史时期，创办和发行了多种期刊，虽经许多艰苦，遭到不断查禁，但又野火春风，禁而又生。在黄洛峰看来，反查禁是一种"文化突围"，是同查禁者斗争的艺术，"读社"之所以能够发展，就是善于同"文化围剿"者进行灵活而巧妙的斗争。

1937 年 2 月，因为《读书生活》遭到查禁，不得已由柳湜约请与各方面关系都比较好的陈了展出面编辑改名后的《读书》半月刊，但只出了两期又被查禁。隔了一个月，又以《生活学校》名义继续出版。《读书》和《生活学校》都保留《读书生活》的特点。每期的"读书问答"、"大众信箱"仍由艾思奇负责回答，"哲学讲话"继续连载，重要文稿他也参与审定。刊物的内容，也更多地与形势结合，曹伯韩写了"时事问答"、"时事座谈"；张健甫、黄芝冈写了"国难史话"；还有讨论救亡问题的"特约稿"、"专论"。每期都发表救亡歌曲、木刻或漫画，作者有冼星海、任钧、周巍峙、沙梅、施谊、马达、丁里等。

"八一三"炮火打响时，《生活学校》半月刊刚出到第 7 期，为配合形势需要，改为《战线》五日刊，它同以前的刊物不同，是以鲜明的战斗姿态出现的，是宣传群众、动员群众起来抗日救亡的。编委是章乃器、艾思奇、章汉夫、夏征农、王达夫、刘惠之、吴敏、陈楚云，后又增加夏衍、羊枣、恽逸群、郑易里、肖月宸，执行编辑为陈楚云，黄洛峰也参与编辑工作。在创刊号中，刊登了八路军总指挥朱德、副总指挥彭德怀的就职通电。第 4 期上，发表了《中国共产党发表宣言共赴国难》等文。黄洛峰也曾以黎洛的笔名在《生活学校》上发表文章。

1937 年还出版了由艾思奇主编的《认识月刊》，这是一本大型理论刊物，是以马克思主义哲学为武器的战斗刊物。第 1 期是"思想文化问题特辑"，发表了艾思奇、胡绳、何干之等人的论文。第 2 期是"中国经济性质特辑"，刊登了薛暮桥、孙冶方、沈志远、骆耕漠等人的论文。

同时，出版了由柳湜主编的通俗刊物《大家看》半月刊，编者在创刊号的《见面的交代》里说："我们要大家看什么？看我们自己生活中的形形色色，看我们今日生活着的世界和中国，看敌人的屠刀和我们的抗争，我们日常生活中的一切受苦受难的同伴。""我们要求大家看，自己看了，要别人看，自己认识了世界，还帮助别人也把眼光扩张。""不仅看，还要干！挺起身子来把天下兴亡担，大家都如此，中国就有希望。"这是一本有诗、有文、有图的刊物，李公朴、金仲华、章汉夫、林默涵、以群、张天翼、曹伯韩、陈白尘、董纯才、张谔等都为它写稿。可惜的是，不管群众怎么欢迎，出到第三期，就被查禁了。

这些都是在上海"读社"创立初期的刊物。

在武汉，发行了《群众》、《抗战文艺》、《战时青年》、《战时文化》、《新演剧》5 种杂志。

在重庆，出版了《学习生活》半月刊，由陈楚云、赵冬垠主编（后为陈翰伯、高集主编）。又出版了孔罗荪主编的《文学月报》和李凌、赵沨主编的《新音乐》。

在重庆时期，"读社"历尽艰难。审查图书杂志的官员们成了扣检删挖稿件的黑手，不是全篇扣押就是对某段删挖，而编者则以"开天窗"为对策，向统治者进行无声抗议，也是对国民党当局压制言论自由的一种控诉。

1940年在上海，还出版过胡曲园主编的《哲学杂志》（季刊）。

"读社"先后出版和发行了15种杂志，生活书店出版发行了30种杂志。

黄洛峰对这种期刊活跃的形势，感到特别兴奋，他认为这才是出版工作者喜欢的局面，虽然工作紧张，心情总是愉快的。他经常对"读社"的人员说要向兄弟书店学习，期刊标志着出版业的活力和生气，标志着出版事业的繁荣和美好的前景，我们注视着它，我们的统治者也盯着它！在这个焦点上，它集中了双方的爱和恨。邹韬奋办期刊的精神，是革命出版工作者的榜样，他能在荆棘丛中，踏出一条路来。我们的事业，是为真理而奋斗的事业，真理是不会因被剿被堵而失去光芒的，相反会穿过"围剿"，更加为人珍爱。

（二）做好服务，成为读者良友

"我们的出版事业，切莫忘记为读者服务！谁忘记这一点，谁就忘记了根本！我们并不主张只亏不盈，但我们首先考虑的是为读者提供精神食粮，而不是腐蚀人们灵魂的精神鸦片。"

这是黄洛峰常对员工讲的话。

他认为出版事业兴衰成败的标志，并不仅仅表现在出版物的数量、规模、机构、分布上，而是更加突出地表现在为读者服务的质量上。从组稿、编辑、修改、增删、付印、校对、纸张、设计、装订、开本、字体、定价等等，每个细节都要考虑到读者；还有门市、邮购、批发、进货、广告等发行各环节，也要考虑到读者。

因此，他注意抓每一个相关细节。

要有一个方便读者的门市部——这是作为"读社"总经理的黄洛峰一直积极争取建立的机构。因为门市部是读者交往汇集的地方，也是出版物集中展览供人选购的场所，它既是文化市场，又是公开的阅览室，可以从这里考察读者对书刊的需求，也可以观察各种读者的思想动向。有些读者把"逛书店"看作一种享受，当作乐趣和嗜好，把书店当作追求真理、吸取精神营养的园地。

黄洛峰和他的同伴们，一到重庆就到处物色理想的门市部。先在街面租了一个门市，可当装修竣工即将开张时，不料遭敌机轰炸，成为一片瓦砾！民生路办公的地方也被炸毁。后来他们终于在民生路找到了一个可意的门市部，很快就开张营业了。

黄洛峰将这个门市部看作重要的阵地，一有时间，就到门市部去，看看读者需求，或者回答读者的提问，他认为这是直接接触读者的机会，能结交新朋友，能观察新事物，也能引出新选题。若是在门市部里遇到了熟人或同行，还可以得到各种信息。

他也在门市部处理过突发的"意外人"的纠缠和麻烦。

有一次，他遇上一个书刊检查者和书店店员发生争执，前者要把《新民主主义论》一书拿走，后者则不准拿走。

他了解之后，对检查者说："本店出版的书刊，都印有发行者姓名，专向社会负责，凡本店经销的书刊，都印有图书审查委员会通过的证号，都受到政府应有的保护，没有明文查禁的书刊，谁都不能随意拿走，书刊和人一样，应当受到法律保护，本店人员和经销书刊，同样也不例外，是受法律保护的。请看，本店律师是著名的沈钧儒先生。"

他指了指店堂中悬挂的用镜框装着的"律师证书",使得检查者很尴尬,无言以对,而围观的读者皆怒目而视。

黄洛峰又以缓和的态度继续说:"这本书早在《新华日报》上公开刊登广告了,你可能没有看到,你若想看这本书,可以和其他读者一样购买,若随便拿,店员只能干涉了,如果你没有钱买,我可以买了送给你,我们也可以交朋友了!"

弄得那人奋拉着脑袋连声说:"是,是,我们是朋友,我不看了。"

一场虚惊过去了,在场的读者和书店员工,高兴地看着他灰溜溜地走了。

黄洛峰对读者友善,对检查者智斗,对自己员工要求严格。他觉得员工的待人接物、工作作风和书店风格、政治方向,都是从门市部展现出来的,这里折射"读社"的各个方面。新进员工往往要从门市部做起,在这里练兵。从门市部的工作中吸取基本知识,边干边学,日积月累,这样才可学得扎实可靠,不会浮漂虚夸。

邮购部是为外地读者服务的专门机构。黄洛峰把邮购工作当作"读社"的传统项目来抓。

黄洛峰认为,为读者服务必须开展邮购工作,关于向读者服务的具体方式,除门市部直接回答读者的提问外,只有通过邮递书刊或写信件才能满足读者的需求。"读社"的前身《读书生活》就是从"读书问答"办起来的。这是同读者谈心的思想阵地,没有一定的思想文化水平,还不能承担这项工作。

由于读者散布在各地,而书店只开在若干城市,因此,要让读者都能够满意地购买到书刊,就要做好邮购,包括回答读者书刊之外所遇到的各种问题。邮购工作者的处理信件和回答问题工作,是繁多而复杂的。为了慎重起见，回答问题往往是由书店负责人进行复核和签署意见之后，才能着手处理和发出。

"读社"的邮购工作一直是受到读者称赞的，因为这项工作做得非常认真细致。凡是读者来信，一律要登卡立档：读者姓名，地址，职业，年龄，平信，挂号，内容摘要，汇款多少，要什么书刊，提什么问题，是新户还是老户，所要书刊是本版还是外版，是欠款发寄还是存款发寄，读者是集体还是个人，等等，都列档摆出来，真是相当可观的"读者阵容"。

同样，还要把读者来信集中起来分类摘编，按内容分列：书刊评论，思想信箱，理论探索，疑难问题，大后方见闻，奇谈怪论，分裂与倒退，革命何罪，呼吁与呐喊，抗战之声，团结与进步，青年生活，等等，这又是多么富有吸引力的"思想杂志"。

黄洛峰对社内的"读者阵容"和"思想杂志"是颇有兴趣的。他常讲，从这里可以认识广大的读者，也可以认识我们工作的意义。实际上，这是我们自办的"社会刊物"，它既使我们加强了同读者的紧密联系，又摆脱了图书杂志审查机关的束缚。邮购工作，是几千读者的总代办处，除了邮寄书刊和回答提问之外，读者委托代购药品，代探亲属，甚至代办其他事务，"读社"也都尽量一一办到。这使读者感到，"读社"既是谈心人，又是好朋友。

黄洛峰把邮购工作同南方局号召的群众工作要实行"三勤"（勤业、勤学、勤交友）结合起来，使"三勤"落在实处。这一点，既锻炼了自己，也帮助了群众。他落实党的号召，不仅熟练自如，而且把合法和秘密结合得恰到好处，给邮购工作者留下了极为深刻的印象。

要使更多的读者得到"读社"出版的书刊，一项很重要的工作，是与同行联系，做好批发业务，也就是借同行的力量，多推销自己的书刊。

对于"同行是冤家"的说法，黄洛峰是持批评态度的。对进步的出版业来说，同行不是冤家，也不会成为冤家。相反，既是同行，就有共同点，应该共同奋斗，互相支援，友好、团结。若说矛盾的话，那是目标不同，读者不同。这就应该发挥各自的长处，利用各自的优势，各自创造发展自己的条件，而不是给同行设障碍。

黄洛峰和他领导的"读社"，就是这样对待同行的。批发业务，也是这样扩大和发展起来的。门市不足、分店不多、邮购不普遍，批发工作可以填补这些不足。"读社"通过批发和进货工作，同自己的同行相互联系、相互支持，也通过批发把自己的出版物，大批地送给同行去发行。除本市之外，外埠同行同样成为外地发行点和发行网。这样，无数同行都好像在帮助自己，将成批的邮件发往各地，把单一的渠道变成了辐射的网络。这样一支发行大军的力量，是不可估量的。

（三）关心同人，密切与作者的联系

在黄洛峰看来，作者是出版社健康发展依靠的支柱。无论在什么环境中，遇到什么困难，都要首先考虑作者和作品，要使作者感到出版社所给予的支持和友谊。

黄洛峰认为："我们社应当是作者之家，我们与作者之间，不是两家人，而是一家人。"

郭沫若、翦伯赞、郭大力、王亚南、章汉夫、吴敏、平心、沈

志远、石啸冲、刘惠之、吴清友、张申府、邓初民、曹孟君等，既是"读社"的作者，也是"读社"的常客。

对于来自南方局或新华日报编辑部的朋友，黄洛峰都热情接待，比如凯丰、徐冰，还有董必武、许涤新、潘梓年等，他们既是作者却又不同于其他作者。

黄洛峰在向社里工作人员讲话时，特别强调：

> 我们应有各种不同层次的作者，各种不同专业的学者、专家，也要有不同的作家和诗人，千万不可实用主义，今天给我们写书，我们就联系，书一出版，就成路人。过河拆桥，不是出版工作者应有的态度，出版工作者和作者之间，是互相支持的，不是一方有求于另一方，把一般商人的做法，搬到人民出版事业中，那就不对了。出版工作者若不体谅、不照顾作者的困难，就不可能有好的作品给读者。我们的产品是精神食粮，是对人的灵魂有益的营养，如果老在钱上打算盘，我们的《资本论》就不可能出来，出版家是应当学会经营、学会管理的，但不是克扣作者的稿费和版税，不是从作者身上打主意，而是要和作者一起为出好书、办好刊物而斗争。这个凝聚力越大，我们取得的成果也就越大。①

因此，很多作者，如戈宝权、张友渔、侯外庐、胡绳、以群、臧克家、艾芜、李凌、赵沨、章泯、陶行知、姚雪垠、茅盾、夏衍、孔

---

① 辛锋、王思懿：《出版家黄洛峰》，云南人民出版社 2017 年版，第 135—136 页。

罗荪、曹靖华、邵荃麟、冯乃超、胡风、陈翰伯等，都和"读社"、黄洛峰有着密切联系。

作者每次到了"读社"，都像到了自己家一样，感到分外亲切。

通过范用的文章《在独秀峰下》，也可看出出版社和作家的亲密关系：

> （1944年）我路过柳州，听说有一批桂林撤退出来的文化人住在柳州中学，就去探望，看到艾芜、周钢鸣、韩北屏等作家，多是一家人携儿带女，不少人病了。我离开桂林时，将存纸全部卖了，换成钱带在身上。看到这种情况，就把钱分送给几位作家。我不知道这样做到重庆如何向社里交代，会不会受批评，没有把握。后来我把受款人名单送给洛峰，他看了说："你做得对！"心上的一块石头才落地。1976年我去成都拜访艾芜，他还提起。他在一封信里又提到这件事："我们忘不了，日寇侵略我们的祖国，逃到柳州，在困难时期，您给我们的帮助。"其实这样的事不自我始，读社对于生活困难的作家、老朋友，向来尽可能帮助。①

可见，黄洛峰领导的"读社"对作家的关爱之情，由此也可以理解，为什么"读社"以及后来的三联书店如此受作家、学者的拥戴。

李公朴是"读社"的创始人，也是著名的社会活动家、"救国会"领导人和"七君子"之一。他一直是黄洛峰敬重的好友、"读社"的

---

① 范用：《在独秀峰下》，载范用编：《战斗在白区：读书出版社1934—1948》，生活·读书·新知三联书店2001年版，第318页。

带头人与合作者，被黄洛峰称为"李公"。

"读社"的所有成员，凡同李公朴接触者，无不敬之为长辈。李公朴平易近人，谈笑风生，不论年长年幼都喜欢他。抗日战争结束之后，黄洛峰和李公朴一起，参加了"反内战争民主"的一系列活动。较场口惨案之后，1946年李公朴回昆明继续办沧白堂北门书屋和北门出版社，不久竟然遭到国民党杀害。

艾思奇是"读社"的创办者之一，虽然于抗战之初即离开"读社"，但他的《大众哲学》为"读社"立下大功。他在延安还经常为"读社"组织书稿，是全社人员亲切而熟悉的"引路者"。

郑易里也是"读社"的创办者之一，同时是私人股份最大的股东，他的哥哥和侄子的入股，都是通过他邀约的，他们是特殊的股东，只有投入，而对红利和股本从未索取，分文不要。不仅如此，郑易里的译著由"读社"出版，他也像艾思奇一样，一概不要版税、稿费。

这都是黄洛峰常常赞叹的人。在白色恐怖时期，也有人曾经猜测：黄洛峰可能还有秘而不宣的隐事，怎么连郑易里的哥哥也如此奉献？

黄洛峰曾做过这样的解释：马克思主义出版事业本身是具有强大吸引力的，它在具体发展过程中，会得到多方面的帮助，往往有些帮助者，其投入奉献精神，比有的共产党员还突出、还英勇。

以上几位都是"读社"的创办者，他们既是作者，又是黄洛峰和"读社"的好友。柳湜、夏征农、周巍峙、曹伯韩、廖庶谦等是读社最早的编辑和作者，离社之后，也是来往密切的社友。"读社"无论在上海、在武汉、在重庆以及其他地方，客人之多是出了名的，特别是文化界的学者、作家、诗人和名流，大部分是黄洛峰的朋友，足见其社交之广泛。

1940 年 9 月 6 日，国民政府发布《国民政府令》，"明定重庆为陪都"，明确了重庆"战时首都"的法律地位。

重庆作为陪都期间，文化事业还像有待开发的荒漠，正是文化出版事业大有作为的时期，中国共产党抓紧这一时机，加强对书店员工的教育培养。

范用是从 15 岁就入店的小鬼，他在《重庆琐忆》中写道：

> 1939 年我入党，关系先在市委，后来转到八路军办事处（当时不知道有个南方局）。……后来听说凯丰调回延安，改由徐冰同志同我们联系……他比凯丰同志还要随和一些，使人感到亲切。从曾家岩到民生路，徐冰同志来回都是步行，一路上有特务跟着。有一回，他回到曾家岩，干脆走进巷口的一家茶馆，招呼跟在后面的那个小特务："你跟了我一天，坐下来歇歇脚。"特务未曾料到这一着，只好坐下。徐冰对这个特务开导了一番，告诉他为什么特务不是人干的道理。说得对方低下了脑袋。……徐冰每次到读书出版社，先同担任总经理的黄洛峰同志联系，再到我住的三楼小阁楼，谈完了工作，他总抓紧时间对我讲讲国内形势，上一课。

范用从打包、送信、邮购等杂务开始干起，一直到批发、门市、会计、出版、编辑，出版社的每个环节范用几乎都一一经历过。他曾辗转汉口、重庆，南下桂林又北上京城，几度坎坷，亲历了"读社"挣扎、奋斗与崛起的时代。

黄洛峰指导"读社"的年轻人练笔学习写文章，办油印刊物《社务通讯》，范用和赵子诚（刘大明）、刘耀新（少卿）下班以后通宵达旦刻印。在黄洛峰的支持下，《社务通讯》一共出了三十几期，成为这段历史时期我党文化工作的重要见证。

黄洛峰不仅在工作上对员工手把手培养，还在生活上对他们关怀备至。"读社"员工唐棠回忆："1942年春，我的第一个儿子出生了……他（黄洛峰）路过桂林时，让新光书店派人陪他来到住在月牙山脚马坪村的家里来看我。他平易近人，一点也没有领导人的架子。……临走时，亲了亲孩子，放下一叠十元一张的法币。"黄洛峰嘱咐唐棠：在月子里要注意保养好身子，无钱买贵重补品，就每天用花生煲牛骨汤，营养很好，又有奶喂孩子。他说："有困难组织上有办法帮助解决，你个人，困难就难于解决了。"①

黄洛峰还关心同志们的安全，将从云南捎来的白药，分发给大家一人一瓶，以备不时之需。

三、三家革命书店尝试互补

（一）中央指示"三店"方向

1938年12月，毛泽东在延安会见了专门访问延安的"读社"创始人之一李公朴。这是一次很重要的会见，它关系着生活、读书、新

---

① 唐棠：《无尽的思念》，载范用编：《战斗在白区：读书出版社1934—1948》，生活·读书·新知三联书店2001年版，第501页。

知三家革命书店的重大开拓。

据参加这次会见的谷军回忆：

在一天晚饭后，接到毛主席要来招待处会见李先生的通知，李公朴夫妇兴高采烈，赶忙到窑洞外迎接。毛主席笑容满面，欢迎李先生来延安访问。李先生接着把夫人张曼筠和我向主席作了介绍，主席亲切地同我们握手。

当毛主席了解了国民党统治区的多方面情况，也包括革命书刊受到群众欢迎的情况之后，作了极为重要的指示，他说："敌人在攻陷粤、汉之后，还要继续进攻西安、宜昌、衡阳、南昌、韶关以及粤闽的几个重要城市的。这些地方，在目前虽然不会立刻失掉，但迟早终不免要失掉的。这样，将来我们的后方更要缩小，可以利用的后方更小。因此，书业界的工作便不得不向游击区去谋发展，同时也是适应那边的需要。工作的地域大概可以分为华北、华中与华南三区，每区的游击根据地，可以作为经营的中心地点。工作必须与当地军队取得联络，与自己在后方的店取得经常联系是不可能的了，因为交通太困难。所以各战区的工作又必须是独立的，自印自卖，印出的书本，应该也只能是薄薄的了。"

这段话是谷军的记录，在邮递极为困难的条件下寄往重庆，并于1939年3月18日刊登在生活书店《店务通讯》上。在李文、邵公文的回忆文章中，都引用了这个重要指示。李公朴回到重庆，就将同毛主席会见的情况向黄洛峰等负责人传达，自然在生活、读书、新知三家书店负责人中引起强烈的反响，认为这是有科学预见的号召，也是对三家书店向敌后抗日根据地发展这一出路的指引。

1939年是日本侵略者极力威逼国民政府投降、倒退的年份，国民政府的彷徨、软弱、动摇，抗敌不力激起了民愤。

同时，生活、读书、新知三家书店接连遭遇不幸事件。随着日机对重庆狂轰滥炸，造成了几千人死亡，生活书店和"读社"的房屋被炸毁，损失极大。生活书店在3月至6月短短三个月中，被封闭和勒令停业的分店达11个之多。

对书业界进行集中摧残，很显然是国民党的统一部署，其矛头绝不会仅限于生活书店，而是针对整个进步文化出版事业的。黄洛峰和几位负责人的认识是完全一致的。

与生活书店的遭遇一样，"读社"也被视为传播"危险思想"的出版社。审查图书杂志的机关和人员随时会到"读社"门市部随便指几本书作为"禁书"而拿走。如《大众哲学》、《通俗社会科学二十讲》、《社会常识读本》、《陕行纪实》、《五月的延安》、《陕公生活》等，都成了他们"禁书目录"中的猎取对象，有的人拿出"禁令"唬人，有的人没有任何凭证，就说是"奉命"而来，既不写收条，也不写借条，拿着书刊就走，若店员阻挡，就要连书带人一起"跟着我走一趟"！

有一次，一个审查"老爷"带着警察到门市部，指着宋庆龄著的《中国不亡论》说是"禁书"，拿着要走，店员告诉他们这是孙夫人的著作，他们便蛮横地说："上面让我们来查，不管谁的，也得拿走！"结果还是不写字据就拿走了。

正如当时一位目击此类事件的读者写下的一副对联："天空敌机滥炸，地上特务横行"；横批："百姓遭殃"！

1939 年秋，"读社"收到由南方局转来延安出版的《中国青年》和《中国妇女》两本杂志的纸型，拿到市郊的一个小印刷厂，好不容易印了出来，以为可以躲过特务的追逐，没有想到特务闻到了味道，守候在印刷厂送书的路上，全部拦截没收。幸好纸型已经提前取回，没有被抄走。

黄洛峰面对这种斗争形势，作了如下布置，租了几个地方做秘密仓库，疏散存书、纸型；人员分散住宿；本社人员来往包括写信，都要十分警惕，写日记也要注意保密，不可暴露内部情况，以免落入敌手。在业务上，为了把书刊发行到读者手中，大力开展邮购业务，编印目录寄发读者，既可吸收一些存款，又可向读者推荐好书。为了躲过邮局检扣，无论在包扎上还是地址上，都要"装潢"得不被注意，像李六如从延安天主教堂寄来的书单，邮寄起来就容易通过，其实，这是毛主席的购书单，每当收到之后，邮购部的同志就特别兴奋。

鉴于 1939 年 4 月之后，生活书店西安分店等被封闭，国民党统治区的进步文化事业处境日益困难，周恩来在重庆曾家岩 50 号先后约生活、读书、新知三家书店负责人邹韬奋和徐伯昕、黄洛峰、徐雪寒商量：一是有些人员难以在国民党统治区生存下去，有必要撤退的问题；二是三家书店今后派人到华北等地建立华北书店的问题。

黄洛峰觉得这些部署和措施是非常有力的促动，积极与有关同志磋商、研究，他还认为这是三家书店合作的一个新的开端。三家书店从政治方向、出版方针、经营作风以及人员组成上来说，都是党领导的为人民服务的革命书店。从此之后通过具体合作，团结得更加紧密了。尤其在面对如何抵制国民党的摧残和迫害、在曲折的道路上如何发展等问题上，三家更加一致了。

1940 年夏，正是生活、读书、新知三家书店各地分支机构，大部分被查封、停业，工作人员被逮捕，倍受摧残的时候，周恩来在红岩村又一次约了生活书店徐伯昕、"读社"黄洛峰和新知书店徐雪寒谈话，指示他们以民间企业的形式去延安和华北敌后开展图书出版发行工作。

（二）走进根据地

按照这一指示，三家书店负责人立即研究，具体落实，共同决定"生活"派出李济安（李文）、"读社"派出赵子诚（刘大明）、"新知"派出陈在德（王华）去华北开办书店。

赵子诚（刘大明）后来在回忆文章中写道：

> 其时，黄洛峰说：准备派你去太行山开办书店，你意如何？"三家书店"在党的领导和关怀下，几年来为党做了许多工作，拥有许多读者。为了保护这支进步力量，周恩来副主席和韬奋同志谈过，生活、读书、新知，可以联合起来，筹集一部分资金和纸型，到延安和敌后去办书店，把精神食粮送到前线去，敌后军民是非常欢迎的。[①]

黄洛峰又向赵子诚谈了三家书店准备的情况："经过韬奋、伯昕、

[①] 刘大明：《记太行山华北书店》，载黎方新浪博客（黎城县地方志红色文化资料博客），2014 年 1 月 17 日。

雪寒和我四人商量，生活已定李济安同志去，并由他当负责人，新知则定了陈在德同志，他已在衡阳出狱，不久即来重庆，读书就派你去了。你们三个人到时候可以碰碰头，做些准备，什么时候启程，到什么地方，再告诉你。"①

三人碰头时，李济安同志说：

> 我们将去的地方是太行山八路军野战总部所在地，也即朱总司令所在的地方。……我们将要办的书店，已经决定叫"华北书店"，将来延安也要去人。其他地方视发展情况再定。我们何时北上，要等重庆八路军办事处安排，时间不会太长的，要随时准备出发。②

在他们动身之前，邹韬奋对李济安说：

> 去延安和敌后各抗日根据地开展出版事业，早就有些打算。从抗战形势发展的前途来看，也是很有必要的。这次你们去，是第一批。去敌后是比较艰苦的，要有克服一切困难的勇气和决心。今后与总管处的联系，因交通不方便，暂时是有困难不能办到。要依靠当地党组织的联系，要依靠广大群众的帮助，为人民大众服务，在人民大众中生根；你们三个人是为生活、读书、新知三家联合成立的三联书店去的，互相间要很好团结，要同心

---

① 刘大明：《记太行山华北书店》，载黎方新浪博客（黎城县地方志红色文化资料博客），2014年1月17日。

② 新华书店总店编：《书店工作史料》，中国书店1979年版，第134页。

同德，有事共同商量，把共同的事业办好。①

8月的一天，他们三人终于得到启程的通知。凌晨，他们离开了冉家巷，到达八路军办事处时，才知道还有十来位同志同行。他们乘坐一辆大卡车，改换上八路军战士的服装，佩戴上了胸章和臂章，坐在一个个汽油桶上，成了一批"押运兵"。为了安全，他们把名字改了：李济安改叫李文，赵子诚改叫刘大明，陈在德改叫王华。这三个名字，后来一直沿用着。

送走了他们三人之后，黄洛峰感到这项任务才刚刚开始，今后如何发展，还有待奋斗和努力。他认为这是三家合作的开端，共同在新的地区为出版事业开拓新的阵地。有了第一步，也就会有相继而来的第二步和第三步。

1941年元旦，华北书店在太行山敌后根据地桐峪镇开张了。

（三）两封家书彰显家国情怀

华北书店在彭老总、罗瑞卿主任、杨秀峰主席等军政首长亲切关怀及太行《新华日报》何云社长等具体支持下，1941年元旦在边区"首府"桐峪开始营业。

由于关山阻隔，敌顽封锁，纸型始终未能自重庆运达。边区物质条件极端困难，书店自己动手油印了多种文艺小册子，如《阿Q正传》、《狂人日记》、《海燕》、《我是劳动人民的儿子》、《第四十一》等，

---

① 新华书店总店编：《书店工作史料》，中国书店1979年版，第122页。

得到了边区军民的欢迎。

刘大明身居四面受敌的敌后抗日根据地，最惦记的是怎样得到总社黄洛峰的指示和蒋管区同志们斗争的情况。但始终未能联系上。明知邮途艰险、邮检严密，刘大明还是抱着宁愿把信丢失也要试一试的决心，给黄洛峰写了一封信。

1941 年年底，刘大明终于收到了朝思暮想的黄洛峰的亲笔回信。信是自香港发出的。"烽火连三月，家书抵万金"，刘大明回忆：我那时欢悦的心情，岂是万金可以买得的。可以想象到，他的回信，是经过了如何艰难的历程。为了要对付"邮检大员"罪恶的眼睛，洛峰同志在复信中，十分巧妙地用了许多暗语。透过他洒脱雄健的笔锋，字里行间洋溢着丰富的感情和崇高的友谊，对蒋管区同志们的艰苦斗争，有生动的叙述。而对我们事业的胜利则充满了自信和乐观主义，给了我极大的鼓舞和慰藉。何况我那时才是仅仅 20 岁的小青年。40多年过去了，此信一直由我珍藏着，尽管历遭日寇的"扫荡"、蒋军的"突袭"，"四人帮"的抄家等，这封"家书"竟然保存下来。

黄洛峰的原信如下：

大明吾弟：

九月二十八日信收到了，真是欣慰不已！

诚如你所说，总怕收不到信，就没有给你信。因为很久没有给你写信了，一想起来，总是难过不已，而今千言万语，从何说起呢？

春天曾发一电，因为你常走动，正不晓得已否得接？（此电系谈纸型不能发运事，由八路军总部转到。——大明注，下同）

文兄去陕，已得知（李文于 1941 年 4 月 4 日奉命去延安，与已自重庆赴延办第二个三家联合书店的柳湜同志等会商今后大计，后留陕未返太行），因为各种原因，辰夫（柳湜）、崇基（艾思奇）他们也一直没有通信，所以辰夫（柳湜）的情况怎样，也就不大知道了。

家林一直还在病着（孙家林在贵阳被捕一直未获释），汉清的一个小弟弟最近又病了（和张汉清一道在曲江工作的倪子明被捕）。窦府（读社）真是多灾多难，但是窦大哥（读社领导）精神还好，虽然事情不大如意，此病彼病，他还是很精神的挣扎下去，这是我们大家引以为慰的。（读书生活出版社真是多灾多难，不是这里被封，就是那里被抓，但我们事业的领导中枢仍然在顽强的坚持着，我们的总经理黄洛峰就是我心目中的窦大哥，他精神一直很好。）

量才、少卿，合开了一店（陆家瑞、刘耀新在桂林合开了一个文具店作为副业），生意还好，下月量才就要出来办货（陆家瑞要到香港一带进口文具用品，以抵书刊营业之亏空）。老万带着他的小用宝要回家，不久即可到此（万国钧偕同范用、丁仙宝准备回上海，不久可到香港）。阳章同文彬在文彬家乡开了一个文具店，最近因为生意不好，公司要集中钱，做进口生意，他们那个店收歇了，阳章不久就到少卿那儿去（欧阳章和岳文彬在昆明开了一个文具店。最近因为书刊发行受到阻碍，总社要集中资金，做进口生意，以弥补出版上的亏空，他们那个店就收缩了，欧阳章不久也就要到桂林去）。

郑权到缅甸做生意去了（郑树惠也到缅甸去搞文具进口生

意）。他们公司以后打主意多做点南洋方面的生意，因为那边好做，钱又值钱。这些就是一些老朋友的消息，我想你是很喜欢听到的，所以不嫌噜嗦地说了一串了。

我们的渝店（重庆分社门市部），今年又遭炸，三楼塌掉、修补修补，又用掉几千，生意还可以，只是货物少。锡棣帮同一个吴兄在做（由汪晓光帮同吴毅潮负责）。吴虽做生意不久（吴虽参加读社工作不久），但年龄比锡棣大，经验多，也还可以做下去，上海造过的货，他们重新仿制翻造（重版书籍）。一个月多少出点货色，也还有些买主来照顾（上海出版的书籍，在重庆翻印，一个月多少可以出些书，还是受到读者欢迎的）。

……

好久不通信，等于隔了几十年一样。以后，我想多给你信。专此祝你

安好！

远昭（洛峰同志化名）卅年[1] 十一月十二日

来信交：香港邮政信箱 1048 号可也。[2]

华北书店油印小册子从每版 500 本，发展到能铅印各种较大的书籍，每版印数达 2000 本甚至上万本不等，还在麻田、河南开设了分店。1943 年冬，经党的北方局决定：华北书店与新华书店合署办公，一个实体，两块牌子，继续出了不少书。1945 年日寇投降后，刘大

---

[1]　卅年，即民国三十年，即 1941 年。

[2]　刘大明：《两封"家书"》，载范用编：《战斗在白区：读书出版社 1934—1948》，生活·读书·新知三联书店 2001 年版，第 486—488 页。

明奉调冀鲁豫新华书店工作。1946 年春在冀鲁豫，他又给黄洛峰去了一信，所幸又得到了黄洛峰的回信，不过跟上次来信，已经相隔五年之久了。

黄洛峰回信如下：

大明兄：

在三月廿三日来信收到了，几年来没有通信，突然收到你的信，真是喜出望外。一直想详详细细的复你一封信，却老为事忙，没有写成，压至今天，我只好先简简单单的复你了。

去年胜利后，钧兄一如撤退时，先行东返（日寇投降后，万国钧一如 1937 年自上海西撤到武汉一样，先行东返上海），接着少卿、老郑(刘耀新、郑树惠) 也都去了。他们已造出好些货(出版了好些书籍)，你看到没有？地址老地方可以交到。老地方做了宿舍，还有人住在那儿（即上海静安寺路斜桥弄 71 号，原是读社办公、营业所在地，现在做了宿舍）。

用宝(范用、丁仙宝) 有了一个小宝宝，很可爱，他们下月即离此去沪。

此间三记合设，地点在森记原址（重庆我们三家书店现合并办公，地址是在生活书店原址），经理你不认识了。

辰夫（柳湜）兄月前来此（由延安到重庆），或仍返沪，影兄（柳湜爱人徐培影）长得很胖，使我们重庆人大大的羡慕。

我大概要五月底才能回到上海，我希望你在五月底、六月初务必回上海一趟，大家见见面，叙叙几年的阔别。阿桂（桂涛声，《在太行山上》歌曲的词作者）也回到上海了，老孙（孙家

林）也来此转沪。我希望六月间，我们一班老朋友能够在上海大
团圆。

　　匆祝

健

　　　　　　　　　　　　　弟洛　卅五、四、廿二夜。

　　刘大明后来回忆："1949年冬，洛峰、范用、家林、耀新等同志
都调北京工作，我也因开会，自冀鲁豫边区到了北京，大家得以阔别
八年后欢聚首都、畅谈离情，不亦悦乎！我们未能如洛峰同志所希望
的在1946年6月间在祖国半壁河山的情况下于上海作团聚，但我们
终于在1949年的开国大典后不久，在伟大首都北京来了个真正的大
团圆。"[1]

（四）社内学习奠定发展基础

　　把干部派往延安和敌后开辟新的领域之后，黄洛峰的主要精力集
中在抓"读社"内部工作上，首先是抓学习，以奠定思想基础。黄洛
峰到达重庆后就反复考虑，这里既不同于上海，也不同于武汉，要把
革命出版工作搞好，有其优势，也有难点，来不得任何麻痹大意，来
不得任何骄傲自满。只有站稳脚跟，奠定基础，方能发展。作为向人
们提供精神食粮的出版社，应当自己先了解精神食粮的内容和意义，
这就要提高人员素质，做好思想工作，把每个人的积极性调动起来。

---

　　① 刘大明：《两封"家书"》，载范用编：《战斗在白区：读书出版社1934—1948》，生
活·读书·新知三联书店2001年版，第489—490页。

对共产党内部文件和方针政策的传达学习，作为党员是按照组织系统的布置和要求进行学习的，作为一个进步出版社，又当怎样学习呢？黄洛峰经常考虑和思索这一问题，他认为应当紧紧结合社内成员的各自情况，既有统一部署，也有个别安排。

1939年7月7日，在抗日战争两周年之际，中共中央发表了《为抗战两周年纪念对时局宣言》这一重要文件。当时日寇正侧重于以政治诱降的阴谋来达到降伏中国的目的，因而宣言中响亮地提出了"坚持抗战到底，反对中途妥协；巩固国内团结，反对内部分裂；力求全国进步，反对向后倒退"三大政治口号。重庆《新华日报》为纪念抗战两周年发行特刊，特刊全文刊登了这一宣言，同时还登了毛泽东、周恩来、洛甫、王稼祥、刘少奇、博古、凯丰、董必武、吴玉章、叶剑英、邓颖超等撰写的文章。

黄洛峰把这一特刊看作是重要文件，是每个共产党员的行动指南，不仅自己反复研究和学习，也组织"读社"全体工作人员学习和讨论，让大家深刻领会这一文献精神。

为了加强"读社"成员的学习，黄洛峰倡议建立了学习制度，规定必须阅读《新华日报》和《群众》杂志以及本社出版的《学习生活》中的重要论述，要求紧紧结合现实生活中发生的重大事件进行学习讨论，并进行定期的时事测验。他也和大家一起，参加测验和讨论。

"读社"员工的理论学习，都以马克思列宁主义为基本素材。黄洛峰对哲学学习特别注意，无论选书还是讨论，他都参与，认为这是直接影响人生观和世界观的大事，《大众哲学》之所以受到广大读者的欢迎，形成时代思潮，绝不是简单的市场现象。出版发行工作者应从出版物的根本意义上去理解，即从世界观上去分析，和读者在思想上沟通起来。

政治经济学方面的学习，黄洛峰主张先学习《资本论》入门的通俗著作，如果一开始就啃《资本论》这种大部头书，往往使人却步，他还请些专家如《群众》的主编许涤新来作讲解。

其他的学习，如历史、文艺，可根据各人的兴趣，自选自学。黄洛峰一再强调，"读书出版社的人员，一定要养成读书的习惯，一定要结识读书的朋友，这是我们的传统。我们社就是由《申报》的'读书指导部'演变而来，开创的第一个刊物叫《读书生活》，我们自己若不认真读书，那真愧对读者，愧对我社创办者李公朴和艾思奇。我们不能读死书，也不能死读书，因为这同革命者是不相称的。读书不是目的，是为国为民而读书，为国为民而出书和读书，谁不了解这个根本点，谁不抓住这个根本点，谁就会走到邪路上去！"①

为了理论学习的深入，"读社"内部出了墙报，名叫《哨岗》，是读书习作园地，既有时论，也有诗歌，黄洛峰是经常的投稿人，署名"岚"，和大家一样，是这个园地的普通耕耘者。

新华日报社、生活书店那时经常组织报告会，"读社"员工大都参加，先后听过周恩来、邓颖超、董必武、博古、徐特立的报告，中苏友好协会请郭沫若等作报告时大家也积极参加，受到很好的政治教育。

一个进步的出版企业，要它的成员热爱这个事业，以主人翁的态度参与这个事业，首先要使大家了解它的历史发展过程。身为总经理的黄洛峰，经常以本社的创立和经历的磨难来教育新人和老员工，尤

---

① 辛锋、王思懿：《出版家黄洛峰》，云南人民出版社 2017 年版，第 139 页。

其是把自己摆进去讲社史，生动具体，比干巴巴的说教好得多。

各个业务部门负责人，也会现身说法，讲自己工作上的体会、经验和教训，以某件事为例来说明怎样做是对的、怎样做又是错的，这是学习业务的有效措施。邹韬奋的《事业管理与职业修养》是黄洛峰指定的学习课本。黄洛峰认为，邹韬奋对出版社的经营管理和服务态度的经验，是值得学习的，虽然谈的是生活书店，却值得每一家书店学习，要在强调自己店的特色的前提下，取长补短，相互促进。

通过学习，员工之间的关系更加亲密了，事业心和责任心更加强了，每个人都有了自己的收获。正如唐登岷在一篇文章中所说："的确，读书出版社是一所革命的学校。"[1]

黄洛峰在《迎接一九四一》中写道："从明年开始，希望加强我们的劳动强度，剩余的时间努力用在学习上，每天至少要有四个小时读书的时间。"[2]

要求员工每天拿出至少四个小时来读书，在任何行业都是少见的。可见黄洛峰的严格，难怪从他手下走出了那么多出版骨干，这些人成为后来出版人中的佼佼者。

为了使总社和各地分社之间的联系加强，黄洛峰还创办了《社务通讯》，通过这个内部刊物，下边的情况可及时地反映到总社，总社的决定也可随时下达分社，上下贯通，对工作起了很大的促进作用。

---

[1] 唐登岷：《热血播红花　丹心染晚霞》，载范用编：《战斗在白区：读书出版社1934—1948》，生活·读书·新知三联书店2001年版，第520页。

[2] 黄洛峰：《迎接一九四一》，载范用、刘大明主编：《出版家黄洛峰》，百家出版社2007年版，第365页。

（五）黑暗时期的隐秘抗争

1940 年 9 月 10 日，中共中央发出《关于发展文化运动的指示》，对于在国民党统治区发展抗日文化运动的作用、意义以及如何发展这一运动作了明确的指示："……它不但是当前抗战的武器，而且是在思想上、干部上准备未来变化与推动未来变化的武器。因此，在国民党统治区域的党（敌占区大城市亦然）应对发展文化运动问题特别提起注意，应把对文化运动的推动、发展及其策略与方式等问题经常放在自己的日程上"，"是能够动员各阶层知识分子、各部门文化人与广大青年学生加入这一运动的"。南方局决定由周恩来、凯丰负责文委工作，在文委的组织领导下，开展抗日文化运动和文化统战工作。

黄洛峰在南方局文委领导下的书店组开展工作，对于这一指示反复领会。几乎同时，他也听到了国民党下达的一个"密令"。

这个"密令"是国民党中央党部于 9 月 9 日向各省党部下达的，比中共中央的指示还早一天！这是个取缔中共刊物、捣毁其销售书店的密令。密令说："共产党实施宣传政策，自办新华书店外，复利用各书商推行书籍。今后对付之方法：一、对以营业为目的之书店，应以威胁方法或劝告方式，使其停止推销。二、对共产党书店应派人以群众面目大批收买而后焚之，或冲进该店捣毁之。唯事先应布置周密，与当地军警宪主管机关取得联系，接洽妥当，对外绝对保密，以免对方借口。其进行情形，随时呈报。"①

---

① 南方局党史资料征集小组编：《南方局党史资料·大事记》（全6册），重庆出版社1990年版，第 106—107 页。

黄洛峰对这个"密令"非常痛恨，认为这是反动统治的暴露，也是封建军阀的行为。而生活、读书、新知三家书店的现实，已经完全证明，国民党的这种黑暗勾当在"密令"之前，早就肆无忌惮地进行了。

黄洛峰并没有被这个"密令"所吓倒，而是积极地采取斗争措施。他提醒大家：读书出版社、新知书店同生活书店一样，是特务们盯视的目标，我们应当有心理准备，对于三家书店的消息要随时通报，以提高警惕。

他介绍了邹韬奋对国民党中央宣传部部长叶楚伧和潘公展的一段对话。韬奋说："叶、潘二先生曾以西安国民党省党部的报告说，发现生活书店有与延安通消息的嫌疑，当面告诉我。我说本店并不为同人设立邮电检查所，私人的来往信件向不检查，亦无权检查，而且他们里面有可能有亲友在延安就学，即有通信，我们亦无权禁止，当局如发现个人书信内容有违法之处，尽可依法办理，不应不分个人和机关的界限。如当局发现这是本店的计划，不是个人的行为，请拿出证据来，本店自当负责，受法律制裁。"[1] 这段有理有据的讲话，弄得他们狼狈不堪。

国民党在军事上加紧制造摩擦，在政治上和文化上也加紧制造事端。特别是处在国民党统治区的核心——重庆的文化出版界，成了特务们挑起事端的敏感区，往往为了极寻常的小事而大做文章，广大进步人士感到义愤填膺。

1941 年 1 月 5 日，国民党蓄谋制造的皖南事变发生了，叶挺率

---

① 《韬奋文集》第 3 卷，生活·读书·新知三联书店 1978 年版，第 285 页。

领新四军军部等九千余人，奉命由安徽泾县云岭启程北上，次日行至茂林地区，遭到国民党七个师八万多人的伏击，新四军被迫还击，激战至 13 日，除突围一千多人外，全部壮烈牺牲或被俘。这是震惊中外的重大事件。

黄洛峰得知这一不幸消息后，无限沉痛，满腔愤慨。

1 月 17 日《新华日报》揭露皖南事变真相的报道没有通过国民党新闻检查机构的检查，报纸要连夜付印，补稿已来不及，周恩来急中生智，以极其沉痛和愤慨的心情写下："为江南死国难者志哀"、"千古奇冤，江南一叶，同室操戈，相煎何急？"避开了新闻检察官，登在被扣稿件留出的显著位置，读者一看便知事情的究竟。报纸冲破了国民党的重重封锁，到了重庆人民群众和关心中国时局的国内外人士手中。《新四军皖南部队惨被围歼真相》的传单，也随报纸秘密散发。

黄洛峰和"读社"员工，反复阅读《新华日报》上的沉痛题词和密传的《新四军皖南部队惨被围歼真相》的传单。黄洛峰向大家传达，不要单独外出，因在我们的宿舍和门市，已有特务专门在监视。谁都不要慌张，我们各自要注意安全。不违法，国民党就不能无故捕人。我们的事业，是人民的事业，人民是支持我们的。引起警惕是应当的，为此惶恐是大可不必的，我们应照样进行工作，一切由社里来负责，他们要找就来找"老板"好了。

在黄洛峰的领导下，大家坚持工作和学习，一切往最坏的方面考虑，防备着国民党特务对"读社"对个人的袭击。

黄洛峰在"社史大纲"中，关于这一时期的标题叫"狂风暴雨"，结合"读社"的遭遇，把皖南事变叫"二月事变"。在这个标题下，写着这样几个小标题：

1. 二月事变与当时形势

   A. 内战危机

   B. 一个黑暗时期的来临

   C. 文化事业在风雨飘摇中

2. 怎样准备

   A. 减低存货

   B. 清理文件

   C. 谨慎同人行动

   D. 准备打击的到来

3. 封门及其经过

   A. 各社先后被封了

   （蓉社——2月8日、滇社——2月20日、筑社——2月21日；桂社——3月2日）

   B. 合法路线的争取

   C. 保存力量

   D. 疏散的部署

4. 文化战线的临时撤退

   A. 撤退完了

   B. 向海外发展去

   C. 重新拓展沪社任务

5. 总结

   A. 分社对指示了解不够，执行不力

B. 个别同人的动摇、恐怖

C. 资金分散与周转不灵

这是 1942 年黄洛峰在社内业务训练班上的讲授提纲。虽然没有留下全文，这个提纲已经很清楚地反映了他的思想和行动。

黄洛峰把皖南事变以后的一段日子称为"黑暗时期"。不但"读社"成都、昆明、贵阳、桂林分社被查封，而且生活、新知两店在国民党统治区所剩分店，也一一被查封。三家书店，除重庆各自保留一个分店之外，全被封闭了。仅存的重庆分店，也是国民党为了应付国内外广泛舆论、遮掩摧残进步文化的法西斯罪行而保留的。

1941 年 2 月 22 日，大批军警特务砸开贵阳分社（读新书店）店门，冲入店内，声称奉滇黔绥靖公署之命前来查封书店，不由分说，逮捕了以孙家林为首的全体工作人员，并劫去全店公私财物。

同日，生活书店分店经理周积涵，自力书店经理张志新也被捕。后来蔡铣等四同志被交保释放，但孙、周、张三经理，先被押到贵阳市警察局，后又押到宪兵第七团、贵州省保安司令部。由于读新书店干部和员工全部被捕，连对外报信的人都没有，还是好心的读者将消息传到重庆。黄洛峰闻讯，当即赶赴贵阳营救，除了把孙家林的妻子刘瑛以家属名义暂留贵阳，其余工作人员一律立刻撤离贵阳。

黄洛峰在安置好各方事宜后返回重庆，正好沈钧儒先生有见蒋介石的机会，黄洛峰托沈老向蒋质问。蒋当时虽然口头答应给贵阳发报，但孙、周、张三人始终未能获释。他们在押期间，曾经多次被提审，均不结案。后来把他们押到战时青年训导团贵阳收容所。入狱三年多，至 1944 年 4 月，在刘瑛机智的策应下，三人始得机会越狱脱逃。孙刘二人随即到昆明，得到了在昆明的李公朴先生的照应。周张则安全到达桂林。

生活、新知两店被查封的分店中，也有不少被逮捕者，甚至还有惨遭杀害者。

1941 年 2 月 25 日，邹韬奋因为国民政府对生活书店的迫害行为，愤怒发表声明，辞去国民参政会参议员，出走香港。

随着"读社"在各地的分社被封、多人被捕，乌云笼罩着国统区，黄洛峰在重庆已难以立足，正当"读社"讨论他的去留而难以决断之时，发生了这样一个情况：上海寄来的陈学昭《延安访问记》一书的纸型，被特务发觉了，图书杂志审查委员会为此"请"黄洛峰去"谈话"，实被扣留，逼迫交出纸型。

形势已不容黄洛峰再留重庆。1941 年 3 月，黄洛峰在南方局指示下，秘密离开重庆，途经贵阳、桂林到达香港，重庆的文化工作骨干，分别向解放区和香港疏散。生活书店徐伯昕也撤退到香港。

"读社"和生活书店的总管理处，也随之迁到了香港。三家书店各自留下少数人，坚持营业和继续斗争。

黄洛峰在赴港途中，心情极不平静，写下：

清平乐·磨剑

（1941 年春渝筑道中）

江南血战，巫峡妖氛漫。

踏破娄山云一片，风雨声声磨剑。

乌江无语东流，怒涛千载悠悠。

重整旗鼓去也，会看星火神州。

黄洛峰到了香港，党的关系由廖承志直接联系，不与其他党员发生横向的关系。

黄洛峰和生活书店负责人商定，生活、读书两家合开"光夏书店"，出版发行本版图书，并通过有关同业，大力向新加坡、缅甸等南洋地区推销，以求在海外发展。

黄洛峰在香港度过九一八事变十周年时留下《临江仙·九一八》一词：

烽火辽沈还故国，义旗大众高擎。

浦江反日志成城。

如今鏖战急，南北凯歌声。

倏忽十年思往事，蹉跎岁月堪惊。

自笑因何不胜情。

欲学万人敌，九龙看天明。

黄洛峰在重庆、香港这一段生活中，一直与妻子王琳分居两地，因情感破裂，于1941年9月离婚。

1941年12月，太平洋战争爆发，日军攻占了香港，"读社"在港的家产损失一空，在经济上遭到沉重的打击。

在廖承志的领导下，黄洛峰和留在香港的一批文化界知名人士一起，于1942年初由东江纵队接迎并护送，离开香港到了东江游击区，经过曲折途径，转移到桂林，后返回重庆。

四、雾夜山城中的战斗伙伴

（一）战斗集体中的患难伙伴

1942年春，黄洛峰回到了被他称为"雾夜山城"的重庆。

重庆是著名的雾城，常年雾气缭绕，难以见到晴朗天空。这虽是自然现象，可黄洛峰常常使用"雾"喻作当时的政治气候，这反映了当时他的思想和感情。

邹韬奋离开香港之后，被东江纵队护送到了解放区，徐雪寒早已奉调别处做经济工作，生活书店、新知书店的主要负责人都没有再返回重庆。在中共中央南方局文委领导下，生活、读书、新知书店的出版工作由黄洛峰统一协调，以适应当时斗争形势的需要。三家书店遇到重要问题，很自然就由黄洛峰主动约另两家负责同志处理，用他自己的话说："经常在一块磋磋。"生活书店、新知书店的同志，像薛迪畅、仲秋元、方学武和沈静芷、岳中俊等都很高兴地参与这个碰头会。

当时，三家书店既在政治上保持一致，又在业务上保持各自的传统和特色，有合有分。以三家书店为核心，发展进步力量，争取中间团结对象，孤立打击顽固势力，使整个出版战线活跃起来。这就是黄洛峰当时运用的斗争策略。

他在自己卧室里的办公桌前，张挂着自己书写的条幅：

我以我血荐轩辕

春末返渝，出版界之艰苦如昨，我社也已非昔比，重读社讯，感慨无已！爱借鲁翁语遣怀，并志如上。

洛峰三十一年端阳

这豪言壮语不仅是激励自己的，也是激励伙伴的。在白色恐怖的险恶环境中，没有这种献身精神，是不能进行战斗的，也不能带动其他人一起行动。

黄洛峰对坚守岗位的"读社"员工，称赞不已。不经风雪不知松柏之可贵，他常常称读书出版社是个战斗的集体，自己是这个集体中的一员。虽然大家都称他为"黄老板"，但谁也没有把他同业主、资本家联系起来，这是一个亲切的称呼，就像新华日报馆称熊瑾玎为"熊老板"一样亲切。

在这个战斗的集体里，黄洛峰有几位共患难的伙伴：

郑易里（1906—2002），云南玉溪人。早在昆明成德中学读书时，就是黄洛峰的学长。他的哥哥郑一斋是云南的知名人士，是聂耳的岳丈，曾在"读社"最困难的时刻，慨然支援，先后拿出7万多元。郑一斋先生于1942年被美军吉普车撞翻在地，不幸辞世。黄洛峰和"读社"员工无不痛惜和悼念。郑易里是"读社"的董事长，却从不索取股息，也不摆老板的架子，他和"读社"的其他成员一样奔忙和艰苦。在抗日战争期间，郑易里一直留在上海"孤岛"，为《资本论》出版作出了贡献。之后又主编《英华大辞典》，读者往往以"郑易里辞典"相称，累计发行超过100万册，是一部影响面很广的英汉翻译工具书。他发明的郑码，全国通用，促进了当代科技进步。

陈楚云（1907—1961），原名郑亮，福建福安县人。1929 年参与指挥"三一八"纪念示威游行队伍，被国民党特务认为是重要人物，于 4 月间被捕入狱，遭受严刑拷打，致留终身疾患（每受精神刺激便引起脑疼痛）。后因无实据，1934 年"闽变"后取保释放，经组织决定转赴上海，改名陈楚云，与柳湜接上党的关系，进"读社"工作。

1936 年春，在艾思奇领导下，陈楚云具体组织秘密的"哲学研究会"，认识了黄洛峰，后与黄洛峰在"读社"长期共事，成为出版社主要编辑之一。在此期间，陈楚云参与柳湜主编的《大家看》半月刊，并成为其主要撰稿人。在武汉期间，陈楚云写了《陕行纪实》一书，将他在陕北的真实见闻解放区人民抗日和建设的情景，如实地反映在笔下，该书遭到了当局的查禁。陈楚云和赵冬垠于 1940 年 4 月创办《学习生活》半月刊，其内容和形式都使人想到是《读书生活》的再现，受到广大读者的欢迎，成为当时畅销的刊物之一。

万国钧（1906—1974），浙江嘉兴人。"读社"人员中的兄长，比黄洛峰大 3 岁，1936 年参加"读社"，长期主管财务。早在 1928 年，万国钧就加入了中国共产党，同年因参加罢工而被捕，党组织遭到破坏，万国钧与党组织失去了联系。万国钧是行政业务的行家里手，不仅精于内部管理，而且长于商界经营，是位难得的好管家，社内社外一致赞誉他为实干家。

万国钧同黄洛峰共事最久，黄洛峰长于开拓，万国钧长于治理，对外一致，对内协调，相互既有分工，又能联合经营。万国钧工作起来，一丝不苟，有口皆碑。新参加工作的店员，常常以"妈妈"的代号称呼他。"读社"的年轻员工还称他和黄洛峰是对好搭档，是社里的"星星和月亮"，谁也离不开谁。

吴毅潮（？—1949），1939年由陈楚云介绍到"读社"，原是山东济南第一乡师的学生，15岁上二年级时，因散布"危险思想"，被当作"共产党嫌疑犯"抓进了监牢。抗日战争爆发，吴毅潮被提前释放，加入了流亡学生的队伍，成了山东流亡学生联合学校的学生。

吴毅潮在鄂北抗日救亡活动中认识了陈楚云，一道进川，进入"读社"重庆分社工作。除了防备日机轰炸之外，国民党的宪警和特务成了主要应付对象。在这种形势下，他勇于挑起重担，支撑着艰难局面，并且从重重困难中开拓出新的途径。吴毅潮熟悉各种业务，善于经营管理，热爱出版事业，勤于学习，勤于思考，又别无牵挂，整个心血浇灌在工作上。黄洛峰尤其对他带病坚持工作及表现出的坚强毅力，称赞不已，也给予他充分信任。吴毅潮后来被派往东北工作，在迎接全国解放之际，在工作岗位上病逝。

唐登岷（1918—2015），云南保山人。原是中共云南省工委宣传部长，1940年到重庆向中共中央南方局汇报工作时被留在重庆，于同年秋天到"读社"担任编辑。同时，社内学习也由他主管。社里规定学习制度，每个人参加一个专业小组学习，其中有哲学组、经济学组、文学组，还有文化组。"读社"员工在那个艰苦的环境里，都安于自己所从事的出版事业，而且都为社内的团结友谊而自豪。这与唐登岷的细致而耐心的工作是分不开的。大家把这位学习和生活的顾问称为"学长"是很自然的。

其他如孙家林、郑树惠、刘耀新等分社负责人或业务骨干，均是黄洛峰从实践中提拔上来的，推动了"读社"的发展。

"读社"还有一大批青少年员工，如范用、倪子明、欧阳章、汪晓光、丁仙宝、马以光、汪静波、金思明、谢仲明、余潜、刘川、陈青聆、陈一昆、袁伯康、李存德、黄坚、吉健生，等等。这批员工都是因仰慕"读社"和黄洛峰之名而来的，多半都是出身贫穷、经历苦难的孩子，虽然来自四面八方，但都为着共同的理想汇集在了一起。他们充满朝气，渴望学习，在工作岗位上严肃认真，在业余生活里活跃非常，有时唱歌，有时朗诵，经常有人模仿《屈原》剧中的《雷电颂》，喊出被压抑者的心声："我们只有雷霆，只有闪电，只有风暴，我们没有拖泥带水的雨！这是我们的意志，宇宙的意志。鼓动吧，风！咆哮吧，雷！闪耀吧，电！把一切沉睡在黑暗怀里的东西，毁灭，毁灭，毁灭呀！"开始往往是个人朗诵，很快就变成了齐声的颂歌！

夜晚的冉家巷，是三家书店员工汇集的地方，几乎每天都这样沸腾。即使有几个特务在周围像老鼠一样探头探脑，也没有使这里的歌声笑声减少。

黄洛峰和大家亲如手足，关心每个人的进步和学习，对个人的爱好，也尽力支持。中国剧艺社排演郭沫若的《孔雀胆》时，缺扮演孩子的演员，于是他就派刘川和陈一昆去支援。有人学俄语，他鼓励；有人学世界语，他也支持；有人爱写诗，他找诗人帮助。这都是大家永不会忘怀的事。

黄洛峰也关心生活书店、新知书店的员工。1944 年春节，黄洛峰倡议，组织三家书店的全体工作人员到南山旅游，并且各出节目，自演自唱。大家尽情地演出、跳舞，就地野餐。100 多位年轻人，是个不小的文艺团体，旅行演出，玩得兴奋，跳得痛快。那天的欢乐情景，使众人流连忘返。

当然，"读社"也有离职、辞职的员工，黄洛峰在《社务通讯》

以《新人问题》为题逐一分析离职人员的情况后，写道：

> 总起来说这些走掉的新同人中，文化水平较高的人，以救亡
> 为志的人，他们是错认了我们这个事业了，即是说他们太不了解
> 文化生意，只以为进到社里来，既可以吃饭又可以随便爱做什么
> 便做什么。这种心理上的乌托邦，可以说是有些人必然离去的重
> 大原因。①

同时，他在文章中也表示：

> 一个新同人进来后我们实在是太少和他接近了。旧同人是彼
> 此厮熟了的。一个新来者、新同人则因大家都陌生，而又多少有
> 些客气，便不大表现出自己的意见、需要、感想，结果形成了一
> 道新旧的鸿沟横亘在新旧同人中间，往往使新同人感到孤寂、失
> 望，甚至对一切都怀疑起来。使大家的生活工作，都得不到应有
> 的协作和共鸣。
>
> 待遇太低不能使某些新同人满足生活上的需求，或则他明知
> 报酬低，但他是不得已来混混暂求安身之所呵，因之时时刻刻都
> 是心不在焉，甚至是如坐针毡了。
>
> 我们没有看到很好的开展集体生活——从学习业务技术到研
> 究学问，业余娱乐等等。使得某些有满腔热血的人感到莫名的
> 失望。

---

① 黄洛峰：《新人问题》，载范用、刘大明主编：《出版家黄洛峰》，百家出版社 2007
年版，第 308 页。

待遇方面因为每个新同人进来之前，我们都事先声明请他考虑，所以为此而走的，在成分上说比较少些，多数是因为和同人隔膜，和不愿意做事务工作而离去的。除掉待遇方面明年度将再度增加，使能适合一般的生活情形外，其他几点深望各地同人，尤其负责人深深的留意到。①

"读社"员工的工资在当时是菲薄的，物质生活是非常艰苦的。

这些员工大多是没有家属的单身汉，可每月的零用钱还是相当紧张的。每当三五成群吃喝着有人"请客"的时候，也就是刚刚拿到工资"捉大头"的时候。所谓"捉大头"，就是让工资高的到街头请吃，但也只能吃上一碗"担担面"，这就算一次"打牙祭"了！

有一次欧阳章自告奋勇充当"大头"，到国泰剧院附近的"大三元"请客，于是汪晓光、倪子明、杨一凡、马以光等作为应邀"宾客"蜂拥而至，每人虽只吃了一碗汤圆，但也心满意足了，这就是少有的"高级消费"了。

平日的伙食很不好，当时重庆的大米和菜油，都是从投机奸商手中买的，没有挑选的余地，大米掺沙掺水，菜油也掺假，菜碗里常常是单一的空心菜。黄洛峰、万国钧和大家一样，"端起饭碗就倒胃口"。

为此，黄洛峰专门进行了考察和比较，按周恩来指示红岩村和新华日报馆的办法，改变了一天三餐标准，每餐要有定量的油盐，每周一次定量的肉食。这样，才保证了大家起码的营养和健康。

三家书店员工的物质待遇，在重庆进步文化界是有名的，"精神

---

① 黄洛峰：《新人问题》，载范用、刘大明主编：《出版家黄洛峰》，百家出版社2007年版，第308—309页。

生活很丰富，物质生活很清苦"。周恩来对这一点是相当清楚的，他曾向徐雪寒说，你们的底薪制远比根据地的供给制更艰苦些，很难设想大家是怎样熬过来的。

（二）关心病者，眷恋战斗友谊

"读社"员工生病，黄洛峰都要亲自安排从速治疗，并严格要求病人注意休息，还指定专人陪同疗养。

石泉安从桂林逃难到重庆，为溃烂日久的冻疮所缠，黄洛峰亲自将他送到医院就诊。

吉健生流鼻血不止，黄洛峰力主寻求高明医生，连续三次转院，中西医结合就诊，并动员全社员工给他输血。黄洛峰说："需要什么药品，无论花多少钱都要买到。"吉健生终于脱险，逐渐康复。

年纪较小的袁伯康，考入中学，黄洛峰把他看作孩子，送钱送物，考虑学校伙食不好，每周他回社，黄洛峰都吩咐伙房专做些肉菜，交袁带往学校。

在范用有了孩子后，妻子的奶水不够，黄洛峰就嘱咐社里给孩子订磅牛奶，又通知厨房，产妇在中午可吃两份菜。

对不幸病逝的店员，黄洛峰的付出和哀悼，全社员工为之感动。1944年"读社"内刊《哨岗》上，发表了洛峰的若干篇日记，摘抄如下。

李平同人之死

（李平又名李存德）

——我对李平同人知道得还不多，一时也写不出什么纪念文章来。

为了聊表悼念，抄几天的日记，作为我对他的哀思吧。——

四月十五日

前夜就寝后，周、陈突来告，得宽仁医院刘小姐函，存德病突重。决定翌晨即上歌乐山——到宽仁，进房一看，大骇一跳，存德瘦得不像样子了。为安其心，只好佯作欢笑，温言慰之。心中老是跳着："死神在召唤他了。"

请唐家树细察病历，知从三月二十日入院到现在，温度始终在39°上下，白血球已增至16000，腹胀，不思饮食，老睡不着。

出来找高大夫，他与唐都说据临床状况，断为结核性脑膜炎，什九已属无救。两位医生的悲观论断，使得我一阵一阵的心酸。几经磋商，决定到上海医学院附属医院交涉转院，先找孙某，继找肖某；结果肖一面答应转一礼拜，一面反劝我说，据病情什九无望，还是以不转为宜。唐亦附和其说，看来上医医生，亦不过尔尔，即不再坚持转院。

在饭馆吃饭时，唐一再劝我作后事打算，不要再找其他的医生。我坚持非找周纶来看看不可。他对我不信彼等诊断，似稍不快……

今晨，李精神稍好，神志清晰一如昨日；心稍慰，又对他安慰了一番，留周逸萍在山照拂，我与唐八时搭车返。

四月十六日

晨起后，偕万（国钧）到兴文借车，先找周秉极，允帮忙……约定十时半来听回话。……十一时许，知兴文车借不到；我们便去挂号"问疾"。周纶亦谈，如确为结核性脑膜炎，则属不治之症，医亦惘然。此时，只好假定为不是，另求急救之方。彼亦主改医院，先做一番仔细诊查功夫，再决定是否前去。旋写信介绍我找其世交吴君接洽帮忙。

……回社，理杂事毕，已四时，匆匆忙到七星岗，挤得到小龙坎车票。下车后，立叫黄包车赴新桥。

到卫生署，遍查职员名录，无吴名；询诸人事科长，亦无此人；怅怅返高滩岩，借宿唐处。他又劝我勿再找吴。

十七日

在高滩岩等车不是办法，又到新桥……九点前，听着叫号，跑去，还轮不到我便完了……无法，叫了一乘滑杆上山洞。

到山洞，无黄包车，只好步行。到新开寺，见有市立肺病疗养院牌子，进去问问，不期吴君就在此。……他慨允帮忙；转院事，他以无病床，一再致歉。辞出……

走到宽仁，先找该院工友老周问问，存德神志已昏，好几次发"他骂我""他打我"等等谵语。老话说，病入膏肓，即此。想温慰他几句，恰巧他入睡了，在病房门口望了一下，他瘦得不成样子。……快到四点，辞出，购得四点半票。坐上车，计算着后事如何办法……

又发一电给伯超，报告李病益重。

十八日

早上东西买齐了，又向静芷借用陈秋翘同万去帮忙，我决翌日清晨上山。

十九日

早上处理了些零碎事体；八点多赶到七星岗，九时半开车到歌乐山正十一时左右，下车后，与万同赴新开寺访吴……

今天情形更不妙了。屡与万商是否要他留点遗言。其已入昏迷态……在庭前石阶上，坐坐又走，走走又坐，心绪极不安。

约莫两点钟，该院加请的陶大夫姗姗而来了。我也随着进病房看他诊查……他出来了，由万问他，他仅说已少希望。

医生走了；我们又恳托一下汪大夫，即行下山。决定欧、陈本晚上山在医院守候。

二十日

天亮不久，欧、陈来旅馆打门，直觉感到病人已离此浊世而去了。

呜呼！存德在昨夜十一时三十几分断气了。……看棺木，走出这家，走进那家，回头又走入这家，结果看得一副白松木料的，价五万四千元。……我们都怀着一颗铅块重的心……爬上宽仁医院去了。

……开始装殓，看着他穿好衣服，看着替他铺好那长眠的窄床，看着把他抬在里面，看着他那半睁的眼睛安详的躺在那里，看着盖上盖子。……我有说不出的难过。此刻又能说什么呢？完了！他从此离开我们而去了。

昨晚……"回光返照"，他清楚的认识欧公，欧问他："要不要找你爸爸来？"他答："不要。""要不要找你妈妈来？""妈妈已经死去五年了。""要不要黄先生来？""叫黄先生来嘛"，"叫黄先生来嘛"……

存德！我对不起你，我虽在歌乐山，却没有听到你临终的遗言，没有亲眼看着你归去。这又成为我的一个永远的憾事了!……

呜呼!他默默的来,又默默的去了……

谈定了明天下葬的各事,决定欧到磁器口租船,万、陈留山,明晨跟灵柩走,我回城布置送葬及看坟地各事。

发悼启,三电伯超……

二十一日

六点多钟起来,偕张、何匆匆赶赴军埃滩市立第一公墓,首先选定坟地……

十二时许,灵柩快到了。我跑到山嘴上去,看着那送葬的行列,跟着慢慢爬上来,又是一腔说不出的难过。

午后二时下葬,覆土;简单的举行了一个葬仪,我也说了几句话。三点左右,28个送葬者搭船返城。

存德!你安息吧!

以上几天的日记,颇为沉重,如实地展现了黄洛峰的奔波和心情,也反映了全社为抢救一个年轻员工生命的辛勤付出和眷恋不已的诚挚友谊。这幅动人景象,使人难以忘却。

(三)危难中织就防护网

对遇有危难的同志,黄洛峰或挺身掩护,或积极营救。

《学习生活》主编陈楚云 1940 年底被特务机关盯上,黄洛峰获悉后立即安排陈迅速转移,躲开敌人的魔爪。

马以光(马仲扬)的遭遇,几乎成了"读社"集体对付特务逮捕的斗争剧。那是 1944 年 8 月的一天下午，溽热的雾城，使人坐卧不安，一个特务在保长的陪同下，闯到了冉家巷"读社"宿舍，声言要找老板，黄洛峰从楼上下来，保长介绍后，特务蛮横地问："你们这里有姓马的吗?"

"有!"洛峰上下打量着，来者的不善面孔和那副墨镜，使他有所警惕。这时马以光就站在特务一旁，黄洛峰马上断定特务不认识马以光，不知道他长什么样，便机智地与特务周旋。

"把他交出来给我们带走!"

"这里只有一个姓马的，他半个月前就离开了!"

这时，马以光看到黄洛峰两眼直射的光芒，眼神似严肃的命令，逼他躲开这个凶恶的特务。特务从腰间拔出勃朗宁手枪对准黄洛峰，黄洛峰对这种野蛮架势采取了极为轻蔑的态度，更加坦然地应对。

"他的铺保是哪家?"特务气急败坏地问。

"我们这里不管财务的，不要铺保，他没有铺保。"

"他是怎么来的?"

"报考进来的，考试合格录取的。"

马以光离开宿舍之后，就往民生路门市部去了，他在门市部交代收银柜上的余潜："倘若有人来找我，就说不在，早离开了!"然后就到楼上去处理读者来信了。不久，谢仲明惶恐地跑上楼来，对马以光说："你怎么还在这里办公?! 黄老板要你赶快离开。特务又到了楼下门市部，可能会上来。"

谢仲明很着急，于是楼上的同志立即设法掩护，马扮作批发书籍的同行，抱着一些书下楼到了门市。

特务在威吓余潜："他到哪里去了?"

余潜是位年轻的姑娘，她毫不畏惧地说："我哪里知道，你去问老板嘛！我早就没看到他上班，早走了！"

这时，马以光再一次从特务面前走过，到新知书店门市绕了一圈，欲窥对门的"读社"门市部未了的风波。尾随其后的谢仲明，督促他离开。

黄洛峰派来的掩护人唐登岷陪同马以光到了一家商号（这是"读社"和新华日报馆合开的一家纸行），告诉马以光，黄洛峰要他在这里更衣化装后，立即到乡下躲避，并同其他人割断联系。就这样，马以光安全地转移了。特务扑空而去。

黄洛峰后来说，这真是一场遭遇战。一方突击抓人，一方临时防护，从虎口中抢救脱险，结果我们胜利了。"读社"的员工们在黄洛峰的领导下建起了一张无形的防护网，从宿舍到门市，从指挥到联络，万国钧、唐登岷、谢仲明、汪晓光、汪静波、余潜、郑树惠都参加了。这件事证明，这确实是个战斗的集体，充满着团结友谊和同志之爱。

第四章

联合作战

一、联营谋求生存之路

（一）开辟三条路线互为补充

1942 年，周恩来在重庆对三家书店负责人黄洛峰等说，书店务必要划分二三条战线，以便生存和斗争，避免更加严重的损失。

根据这一指示，三店采取了新的策略、新的斗争方式，调整布置自己的阵地，以适应新的要求。在重庆，生活、读书、新知三家书店的招牌继续坚持，出版发行革命和进步书刊，在第一线进行斗争；在其他地方，原来的机构已不复存在，就另起炉灶"改名换姓"，出版与第一线内容不同而对人有益的书刊或工具书籍，建立文具和副业，开辟财源，以补正业之亏损；或同别的出版社合作，另建出版和其他机构。这就是第二线和第三线。

经过黄洛峰统筹、策划，第二线、第三线逐渐开辟并活跃起来。派范用夫妇在桂林开设了新光书店，改头换面出版"读社"已出的读物，主要是文艺读物，像《星海歌曲集》、高尔基的《海燕》、奥斯特洛夫斯基的《暴风雨里诞生的》、契诃夫的《草原》、左拉的《萌芽》、苏联康敏学院文艺研究所辑集马克思、恩格斯著作及书信中有关文艺的论述而编的《科学艺术论》，以及《高尔基与中国》、《高尔基二二事》、《鲁迅的创作方法及其他》、"文学月报丛书"和"学习生活小丛书"等。

在合作出版方面，派汪晓光主持重庆自强出版社，投资立信会计图书社。

派"读社"的张汉清、倪子明和新知书店的孙逊夫到广东曲江开办中南图书文具公司；派刘少卿、陆量才到桂林开设建业文具公司；派郑权到仰光开办书店；派岳世华在昆明开金碧文具店并经营副业。当郑权从仰光回来后，又让他以"义聚公"字号的名义，在重庆做起桐油、烟叶和碘酒的生意。

这时的"黄老板"和他的同人可以说文武兼备，"黑白两道"通吃。

为了突破国民党当局对纸张的垄断，解决新闻出版用纸问题，"黄老板"和新华日报馆经理熊老板（熊瑾玎）筹划决定，"读社"与新华日报馆合办一个文华纸行，"读社"的工作人员有郑权、刘少卿、陆量才，后来还有王人林、欧建新等。新华日报馆则有张建群、苏国华、何忠发等。为了办好纸行，"读社"员工经过组织批准，和地方纸行老板结拜了兄弟，参加了"袍哥"，又通过同学关系，结识了地方上的一些实力人物，因此工作比较顺利。特别是在纸张运输过程中，沿途遇到关卡阻拦、敲竹杠等，均因利用了这些地方关系，得以顺利通过。由于这个工作做得好，大大缓解了党报的供纸紧张难题。国民党的《中央日报》有时纸张供应不及而求助，出于政治上的全面考虑，也会供应他们。

抗战胜利后，回到上海，黄洛峰开始做上海与山东烟台的进出口贸易；并租用贸易轮"宝通号"渔船，从事上海到苏北、胶东、天津、大连之间的运输和贸易。1949年帮助一批文化界人士从香港到天津转北京，就是通过"宝通号"运送的。参加这一工作的有王泰雷、曹健飞、刘建华等。在副业战线上，由于穿梭于两种地区，要冒极大风险，除了具有应变机智的能力以外，特别需要勇敢沉着、坚贞不屈和牺牲精神，原"读社"张汉清就是在从苏北运货到宁波港途中，不幸被捕而英勇牺牲的。

这些开辟第二线和第三线的做法，对国民党所给予的孤立、打击和封锁，是有效的反击和突破，对于革命出版事业，是个另辟途径以求保存实力和发展的方式，既保存和掩蔽了干部，又蓄积了再起的力量，使困难的出版事业得到了经济支援。

在这种实践斗争中，黄洛峰更深刻地懂得了"东方不亮西方亮"的道理。他认为，一个革命的地下工作者，既要坚定地把握政治方向，又要灵活地运用各种时机，才能变被动为主动，这的确是门斗争艺术。他在反复实践中，逐步地掌握了这门艺术。

（二）合作发行，尝试联营并存

1942年，黄洛峰对整个出版战线进行了认真的考察和分析，认为必须团结所有受压制而对现状不满的出版社和书店，使大家以适当的形式组织起来，同国民党当权者进行合理合法的斗争。于是，黄洛峰下定决心改变出版界困窘窒息的局面，使它逐步活跃起来。

黄洛峰后来曾回忆：为了打开局面，我们着重在出版界搞统战工作，以"出版分工，发行合作"的口号团结和争取中间书店，同国民党作各种合法斗争。

黄洛峰以生活、读书、新知三家书店为核心，开展了统一战线的工作。

开始时，黄洛峰以交朋友的方式约出版界同人座谈，联系倾向进步或同情进步的书店负责人。座谈会每月两三次，每次围绕着一个中心问题，与会者各抒己见，畅所欲言，发言长短不一，有谈笑，有争论，有时像好友谈心，有时慷慨激昂，每次座谈都由黄洛峰主持和组织，会议内容也由黄洛峰拟定。会议内容从国内抗战形势到出版界的困扰，从反法西斯的国际形势到出版界的发展出路。

黄洛峰的引导和谈话内容，结合亲身体会的事例，宣传党"坚持抗战，反对投降；坚持团结，反对分裂；坚持进步，反对倒退"的主张和相关政策。这样既提高了大家的认识，又激发了大家的兴趣，从而凝聚了大家的力量。

这样一来，参加座谈的成员，由最初时上海杂志公司的张静庐、作家书屋的姚蓬子、教育书店的贺礼逊、建国书店的唐秉彝、五十年代出版社的金长佑、文化生活出版社的田一文等十多人，逐渐增加到23家出版社和书店。

1943 年冬，务虚座谈逐步变成筹建经济实体。由黄洛峰倡议，以三家革命书店为核心，通过反复酝酿，在自愿的基础上，建立了"新出版业联合总处"，组成了联营书店总店，黄洛峰被推选为董事长，张静庐为总经理，唐性天为监事，为加强总店业务，薛迪畅和万国钧为协理。

正如新知书店的沈静芷所说，实际上，一个以三家党的出版机关为核心，以黄洛峰同志为代表的陪都新出版界民主爱国统一战线的组织已告形成。同时，开设了重庆分店，继而又去成都开设分店。

"新出版业联合总处"这个组织成立之后，黄洛峰的主要精力放在扩大其影响、增加其吸引力上。除了顽固派官办书店、根本与新文化无关的书店以外，凡要求抗日、团结和进步的书店和出版业，都是争取团结的对象，欢迎参加联营，共同合作，一起振兴新出版事业。

黄洛峰在与同业接触时，无论摆问题还是谈形势，都因势利导，使其感到孤立无援就难以生存。因此，到抗日战争结束的 1945 年，已有 35 家书店、出版社参加联合总处。胜利之后，联营书店又到武汉开设了分店。到 1949 年，参加的书店达 54 家之多。

黄洛峰广交朋友，在文化出版界的声望与日俱增。众多出版同人都愿意同他接近和攀谈，接受他的意见。从黄洛峰那里，大家得到了很多帮助，因此亲切地称呼他为"我们的黄老板"。

其间，生活、读书、新知三家书店的大批骨干，在黄洛峰的领导和调配下，都积极地投入了这个新组织的建设，包括孙明心、仲秋元、方学斌、范用、倪子明、马仲扬、欧阳章、吉少甫、孙逊夫、刘建华、刘起白、邓晏如等。

（三）联合同业，呼吁改变管制

"新出版业联合总处"形成规模、走上正轨之后，就在黄洛峰的领导下向文化出版界乃至社会各界连连发声，扩大了影响力。

联合总处在报上公开呼吁排除出版业发展的障碍，要求取消邮寄限制、平价供应纸张等，迫使国民党召开座谈会听取意见，参加的出版社和书店达 50 多家。

黄洛峰与张静庐、金长佑、姚蓬子、田一文、唐性天联名以"读者投函"方式在 1944 年 4 月 15 日桂林《大公报》上发表《出版界的困难》，反映重庆出版业的恶劣境遇和出版界的焦虑，列举了当时纸张、印刷工价狂涨(纸张、排、印、装、铸等价格分别上涨）等情况，向政府提出要求供应平价纸张，印刷价格应由同业公会公开评定，取消增加印刷品邮资的寄递办法，命令国家银行设立出版业文化贷款等。此函见报，得到了广大社会人士的同情和支持，但是国民党当局置若罔闻。

1944 年 6 月 14 日，"新出版业联合总处"以生活书店等 29 家出版企业名义在重庆《新华日报》、《大公报》用广告形式发表了《出版业紧急呼吁》。7 月 12 日，又向国民参政会递交了一份"出版业为文化危机向参政会的紧急呼吁"，并以呈文形式报国民政府行政院、国民党中央宣传部。第二天，《新华日报》全文刊登了这份紧急呼吁书。

出版业的呼吁

记者足下：

贵报三月廿七日社论《物价与文化》一文，空谷足音，语重心长，关怀战时文化之热忱，溢于言表，吾人从事出版事业者，拜读之余，弥觉感奋，愿略抒目前出版事业实际情况，以供关心战时文化人士之参考。

贵报所言："在物价动荡的浪潮中，最受打击的除了公务教育人员及薪给生活者之外，便要算文化事业了。"诚一针见血之论，读之潸然；目前吾人自不必远溯武汉撤退前之全盛时期，即以29年（1940）之情况相较，其间悬殊令人感叹。试问今日每月出版之新书几何？每书印行之数量几何？初版书售罄后能再版者又几何？诚所谓每况愈下，情势日艰；故目前从事出版事业者，能勉维开支已属难能可贵，其中大多数或濒破产，或将休业于无形。即一时称为"文化城"之桂林，其业务繁荣，真如昙花一现，今已早成陈迹。至各地刊物亦多纷纷停印，即勉能维持者，大半均由月刊而季刊，由季刊而年刊，呈空前之窘状矣。

数量如此，质量复如贵报所言，日益低落，茶余饭后消遣之低级读物遂充斥市面，市侩主义已无形萌芽于某些出版家心中，而作家逼于生活威胁，再加其他种种条件所限，有学术价值之优良作品，势难产生，即尔杀青，亦难问世。上述情形，吾人亦非无动于衷，焦忧正寝后人。吾人自信，真正从事文化出版事业者，即在任何艰苦情势下，自不能忘其道德与良心上对国家民族应尽之责任。至贵报所云："出版商业不欢迎有学术价值的不投机取巧的著述"，吾人虽不敢武断无此种行为不幸之同业，而其最初出发点，是否即以服务文化为目的，亦为吾人所深疑也。

目前文化出版事业之所以萧条衰落，症结所在，贵报亦有论列，敢再赘陈一一，以补阙疑。

一、物价不断飞涨，社会购买力普遍低落；学生公教人员维持必需生活，已感不给，自无闲钱买书。另方面，出版业自身亦受物价高压影响，难于喘息。物价高，成本亦高，而书价则不能比例增加。如以书价与物价作一比较，则现在物价平均较战前涨五百倍，而书价较战前仅涨百余倍；同时，自书业营业税由资本额改征营业税额后，实际已濒喘息之出版业，更一再加重无法肩负之重荷。而此种负担，又不能再转加于读者；因购买力已低落至不堪想象之程度，即欲增高书价，亦徒使书籍愈成一种"奢侈品"而已。无已，若干出版家唯有乞援于高利贷一法。此固饮鸩止渴，然舍此之外，实无别途可循。困苦如此，言之慨然。

二、一切出版物必须事先经过审查，其间困难重重，又兼邮寄困难，而邮资之高，几与书价相等。书刊寄递，复受极大限制。普通印刷品超过一百公分者，即须作小包寄递，邮费朝夕增变，读者及书店负担日益加重。且有时停收，或数月不达，有时则中途失落，查无踪影。上述行为是战时文化日趋衰落之主因，如不予遏止及补救，我国文化将濒不可想象之衰微，长此以往，何以图存？盖文化为立国之本，文化之兴衰，实决国族之隆替也。

改善办法，吾人甚赞贵报意见，兹就管见所及，再加补充：

一、甚希望我贤明当局，广开言路，提倡自由研究自由读书之风气，以挽颓风，而振文运。

二、著述者作家每虞生活不给，应请政府平价供应日用必需品，以减生活重压，遇病号另由主管机关特予救济。

三、诚如贵报建议之第一点意见，拟请政府仿工农业贷款办法，对经营出版事业者，举办文化贷款，同各出版家径向四联总处申请借贷。闻此项办法，过去曾优惠若干同业，至希一视同仁，予以扩大。

四、凡属书刊寄递，应受优待，除力减邮费，取消寄件限制，并在时间上，尽量赶先。

五、出版事业与一般商业性质不同，而其遭遇，又与一般商业迥异。吾人愿一再向我财政当局呼呈，所有书业营业税，请仍依过去办法，按资本额征收，以苏商困。

六、纸张市价，如以白报纸而论，已较战前涨两千倍以上，如以一般土纸与战前外国报纸比较，亦涨一百五十倍以上。闻重庆一部分报馆得享受平价纸张之供应，出版业亦应请援例嘉惠。

七、印刷工业已濒破产，除公立印厂，或享有米粮优待之各报馆印刷所，勉能维持外，余多奄奄一息，亦应请予救济优待，免致文化食粮生产无门。

感想所及，缕述如上。尚希惠予披露，俾得广聆社会人士教益。出版事业幸甚，中国文化幸甚，专此，祈颂撰祺。

张静庐、金长佑、黄洛峰、姚蓬子、田一文、唐性天同启

1944.4.5

这篇呼吁书，情深意切，如实反映了当时出版业的境遇，同时提出了摆脱困境的起码要求，得到了广大社会人士的同情和支持，也受到了各地同业的响应。

"新出版业联合总处"这个新的阵地，既是比原来生活、读书、

新知扩大了的经济实体，又是比原来舆论界更加扩散开来的社会论坛，是重庆出版界力量的重新集结：生活书店、读书出版社、新知书店、学艺出版社、致用书店、自强出版社、大地图书公司、上海杂志公司、五十年代出版社、大时代书局、中外出版社、文化供应社、文化生活出版社、文光书店、文风书局、文仪书局、文聿出版社、正风出版社、北门出版社、光明书局、作家书屋、东方书社、美学出版社、建中出版社、南天出版社、耕耘出版社、峨眉出版社、国讯书店、教育书店、华中图书公司、复兴书局、群益出版社、建国书店、万光书局、新亚书店等。

黄洛峰将这支队伍组织起来，有助于中国的新文化出版事业的兴起。它是与摧残文化的反动势力作斗争的一个有力结盟，对各单位的参加者传播了中国共产党的主张和政策，并组织了各种形式的一系列斗争。

（四）追悼韬奋，化悲痛为力量

1944 年 7 月 24 日，著名记者、出版家邹韬奋不幸逝世于上海，终年 48 岁。10 月 1 日，由宋庆龄、沈钧儒发起的邹韬奋追悼大会在重庆召开。

作为一直敬重邹韬奋的战友，黄洛峰积极参加了追悼大会的筹备工作，董必武、郭沫若、邓初民等 800 人出席了大会，黄洛峰和生活、读书、新知书店的大部分人员，都以悲愤的心情痛悼自己的领导和战友。自"九一八"之后，黄洛峰对邹韬奋的钦佩愈益深入，认为他的文章和主编的刊物，道出了人民大众的心声，唤醒了千百万青年起来投入救国运动，特别是在出版战线上，独树一帜，高举抗日救亡大旗，使生活书店成为宣传革命进步的文化堡垒，成为继之而起的"读社"和新知书店患难与共的"兄长"。黄洛峰既是共产党员又是救国会成员，这就同邹韬奋的关系更加密切，尤其是在出版战线争取言论出版自由的斗争中，他们接触频繁，配合默契。邹韬奋的逝世让黄洛峰感到失去了一位好兄长，失去了一位尊敬的战友，他无比悲痛，挥笔写了一副对联《挽韬奋》：

  唤起救亡，拘上海，囚苏州，为民族解放，留得精神千古在；

  笔炳春秋，走百粤，入涯海，怀三户亡秦，长昭壮志薄海悲！

这次追悼会也是一场控诉国民党顽固派的大会，使与会者了解了邹韬奋遭受的迫害及其所进行的斗争，鼓舞大家的斗志。因此，这不是一般的追悼会，听一听郭沫若在会上的讲演，就知道是怎样振奋人心的了。郭沫若说：

  韬奋先生：你是我们中国人民的一位好儿子，我们中国青年的一位好兄长，中国新文化的一位好工程师。你的一生，为了人民的解放，为了青年的领导，为了文化的建设，尤其在抗日战争发动以来，为了争取反法西斯战争的胜利，你是很慷慨地、很热诚地用尽了你最后的一滴血。……你是活着的，永远活着的，从中国的历史上，从我们人民的心目中谁能够把邹韬奋的存在灭掉呢？（鼓掌）你的武器，你最犀利的武器也交代在我们手里来了，我们每一个人的身上都有你的武器，这就是这么一枝笔，你依靠着这枝笔，为人民的解放，为反法西斯的胜利战斗过来；我们也应该仗着这枝笔，为人民的解放，为反法西斯的胜利战斗过去。（大鼓掌）这是一枝不折不扣的名实相符的钢笔，有了这枝笔存在的地方，便是民主存在的地方；没有这枝笔的地方，便是法西斯存在的地方。（鼓掌）像德国日本这样的法西斯国家，它们的笔是没有的，是变了质，变成了刷把（鼓掌）替统治者刷浆糊（鼓掌）刷粉墙（鼓掌）刷断头台（鼓掌）刷枪筒（鼓掌）甚至刷马桶（鼓掌）。这样的刷把，迟早是要和法西斯一道拿来拖进茅厕里去的（鼓掌不息）。

从录音记录中，可听到当年这场演讲赢得了数次鼓掌，掌声掩盖着悲伤。黄洛峰和三家书店的同志，都参加了这次学习韬奋的誓师大会。黄洛峰认为，邹韬奋不仅是新闻出版战线的楷模，也是我国文化界的楷模，生活、读书、新知书店的员工应当切实继承邹韬奋的顽强意志，把他创办的光辉事业更加发扬光大。

二、针对言论枷锁而拒检

（一）呼吁出版言论自由

当时，让文化出版界进步人士感到最痛心的问题，是言论出版的不自由。出版界和文化界议论最多、体会最深的莫过于国民党当局所强加给出版业的"绳捆索绑"——"图书杂志审查",这简直成了出版业的"刑枷"。

抗战以来,从国民党及政府当局对于出版业颁布的新规定、新办法来看,矛头一直是对着革命文化出版事业的。

1937年,国民政府公布修改后的《出版法》,其中规定,"有关政治之传单或标语,非经地方主管官许可不得印刷发行",并规定凡出版品"意图破坏中国国民党或违反三民主义者","意图颠覆国民政府加害中华民国利益者",都要受到处罚,并判处"发行人、编辑人、著作人及印刷人一年以下有期徒刑、拘役或一千元以下罚金"。

1938年,又公布了《修正抗战期间图书杂志审查标准》,对所谓"谬误言论"、"反动言论"作出处罚规定。

1940年,国民政府公布《战时图书杂志原稿审查办法》规定,各出版单位和书店之图书杂志须将原稿送审,而擅自出版者,则"依法处罚其编辑人印刷人与发行人"。

1941年,国民政府公布《杂志送审须知》;1942年公布《图书送审须知》;1943年公布《书店、印刷店管理规则》;1944年公布《修正图书杂志剧本送审须知》和《战时出版品审查办法及禁载标准》……

这些法规的制定者,既不征求出版文化界的意见,也不顾国民参政会的提案,把任何不同意见都视为"谬误"主张、"反动言论"、"为奸党张目",看成大逆不道。相反的是对那些主张与日"和睦亲善"、"共存共荣"的汉奸言论,则不严加干涉。他们不顾一切,把黑手伸向受到广大群众欢迎的报刊和图书如《新华日报》、《群众》杂志,以及以生活、读书、新知书店为代表的进步书店和出版社。

他们派出的审查人员和军警特务每次出现，书业人员都闻风而动，奔走相告，防于前骂于后，想尽一切办法进行抵制。在此期间，书业界因此加强了联系和团结，不仅看法一致，而且行动配合默契。

黄洛峰把这些法令和措施，作了认真的分析和研究，对三家书店各地被查封的分支机构所作的报告也进行了考察，认为进步的文化出版事业所遭到的摧残，今后只会日益加剧而不会有所缓解，其根本原因，在于当局的顽固思想及其所制定的政策。不根除这一枷锁，言论自由之说便无从谈起。

这也成为"拒检运动"的源头。

徐伯昕在《在艰苦战斗中建立的团结》一文中写道："1944年5月，日寇向我湖南、广西发动了新的进攻，国民党军队仓皇溃退……国统区广大人民对国民党的反动统治普遍地不满，重庆、昆明、成都等城市掀起了广泛的民主运动。……以黄洛峰同志为首的三家书店留渝同人，……在党的领导下，团结重庆的书业界，针对国民党的独裁统治以及在文化出版方面推行的高压政策，展开了攻势。""理直气壮地向国民党反动政府及其御用书店作斗争。一方面反对垄断印书用的土报纸配售额和不合理的印刷费用的涨价，进行经济方面的斗争，要求保障小书店的利益。另一方面进行政治方面的斗争，五月三日参加了重庆整个文化界要求取消新闻、图书杂志和戏剧演出的审查制度的斗争。"

徐伯昕所说的就是重庆文化界50余人在百龄餐厅举行的茶会，会上讨论了言论出版自由等问题，拟定了《意见书》，全文如下：

重庆文化界对言论出版自由意见书

国民参政会，宪政实施协进会，各省市参政会，全国各报馆，各法团暨文化界人士公鉴：

溯自敌寇大举侵占我国领土，摧残各地文化设备以来，成千成万的文化战士或死或伤或流离失所，被困在沦陷区的千百万同胞，受尽了敌寇法西斯文化的荼毒，这样，就造成了我国亘古未有的文化危机。

要根本克服这种危机，只有动员全国人力、物力，在蒋主席的领导之下，迅速进行反攻，驱逐敌寇出中国，我们文化工作者的责任，则是坚执自己的武器，动员国内一切反攻力量，击破敌伪的精神麻醉，以服役于民族的战斗而达成历史所赋予的艰巨任务。

然而，时至今日，追溯既往，瞻望前途，我们所不能已于言者，即七年以来，言论、出版、学术研究、戏剧公演等所受之限制，实至繁且苛。数年以来，禁出著作及禁演戏剧不可胜计，许多翻译名作，学术专著，以及描写战时现实或过去历史之文化作品，虽绝无违背"抗战建国纲领"及妨碍国家民族利益之处，亦均在"不合国情"、"不合国策"或"不合抗战要求"等等笼统批驳之下，遭受禁止出版并扣留原稿，致使作家深感动辄触禁之苦。其已准出版者，更在再版时复审而遭禁止，或甲地审讫通过之书，运至乙地又被查禁没收；而各地党政当局及军警人员任意干涉书刊发售之事，亦不一而足，致使书店蒙受无穷之损失。尤以杂志期刊一项，近年吊销登记禁止发行之纯正学术文艺刊物，更不胜列举。上述种种事实，其阻碍国家文化之发展，限制人民言论出版之自由，实至深且巨。环顾欧美各民主国家，虽在战时，对人民之民主权利（言论、出版、集会、结社）亦莫不竭力保障。盖民主权利之享有，正是民主国人民虽舍身破产，为国牺牲亦所不惜的根据，也正是民主阵线必然战胜轴心国家的理由。

我国为同盟国主要支柱之一，际此全世界的反侵略战争即将胜利的今日，自应加倍尊重人民民主权利，解除所加于文化、出版、研究、公演之一切限制，以促使文化的武器发挥更大的作用。因此，我们为民族前途计，也为文化前途，特请示政府根本废除图书杂志审查制度，开放言论、出版、研究及公演之自由。

近年来，出版数量锐减，造成全国精神食粮之恐慌现象，过分严苛之图书杂志审查制度之存在，实为其主要原因之一。此对于今日民族解放战争，对于未来的民族文化建设都是莫大的损失，我们谨以国民的忠诚，热望政府当局考虑我们的要求，社会人士支持我们的意见，则民族前途幸甚，文化前途幸甚！

这一《意见书》，是经黄洛峰组织、筹划并与其他人共同商讨、整理和拟定的。同时，还向国民党十二中全会直接提出意见，拟成《请愿书》，联络了文化界和出版界的更多人。《请愿书》提出：

一、取消图书杂志及戏剧演出审查制度。

二、杂志一面出版、一面登记，在登记证未发下以前一律准行邮寄。其既经出版，不得借故吊销登记证，或停止发行，过去因故停刊之杂志，亦得复刊。

三、书刊出版之后，非经法律手续，不得禁止发行，各地军政当局不得禁扣书刊，干涉演剧。

四、严令各地当局切实遵守法令，保障言论出版自由。

五、以前未经通过而被扣留之一切著作、戏剧，除破坏抗战建国，违反民族利益者外，应请一律发还原稿，并解除禁令。

在《请愿书》上签名的共 78 人，有郭沫若、茅盾、老舍、洪深、曹禺、臧克家、姚雪垠、沈志远、侯外庐、潘梓年、胡绳、张友渔、夏衍、胡风等著名作家、学者，出版界签名的有黄洛峰、张静庐、姚蓬子、金长佑、唐性天、贺礼逊、祝公健、薛迪畅、仲秋元、唐秉彝等。

《意见书》和《请愿书》如鼓声，对加强文化出版界的团结，揭露国民政府摧残文化出版界的卑劣行径，起到了巨大的作用。

1943 年 3 月初，蒋介石的《中国之命运》由正中书局出版，国民党所有宣传机关大肆宣扬，"人人必读"，从地摊到各个书店到处都有。

黄洛峰认为，此书名为蒋介石著作，实际上是他的侍从秘书陶希圣的手笔，陶希圣本与汪精卫一起叛逃，成了南京汪伪政权的显赫人物，现又依附于蒋介石并成了他的笔杆子。这种书名为"中国之命运"，实为"中国灭亡之命运"，读书出版社拒绝出售此书，生活书店和新知书店一样拒绝出售此书。新华日报馆营业部和许多进步书店也采取了蔑视态度。

7 月 20 日，《新华日报》刊载了陈伯达的《评〈中国之命运〉》，揭露了蒋介石的本质，从思想上、理论上对其进行了尖锐驳斥。此文单印，广为散发，无论街头还是进步书店，读者都随处可见。

黄洛峰要求"读社"门市部员工大力推销《评〈中国之命运〉》一书，甚至只要有人要，即可奉送。生活书店、新知书店也是如此。

《中国之命运》的出版，是国民党失去中国精英知识分子的一个前奏，到抗战胜利、内战顿起时，又将失去一大批知识分子的支持。

（二）危机之时扩大发行规模

1945 年 6 月，重庆《新华日报》刊出了《出版业紧急呼吁》，文中指出：

> 战时出版业因受物价狂涨影响，已濒毁灭，无法继续维持，我人敬向政府、社会、读者，提出沉痛之呼吁！自开年以来，出版界成本一再飞涨，土纸价上涨七八百倍，印刷工价更见惊人，一月之内数度调整，一书所需动辄百万，名帙巨著，更非三四百万莫办，姑不问我人无此经济能力，即令勉强出版，真不知如何定价，售与何人。今若依照成本定价，则全国向学之士将无读书之机会，我人自身之生命亦将从此断绝矣（按：排工较战前涨两千倍、印工涨三千倍、纸型五千倍、装订三千倍、浇版八千倍、熟料土纸与报纸涨三千倍，而书籍定价约只涨七八百倍）。试问成本定价悬殊若是，出版何以维持。且精神食粮之充盈、健康与否，果为衡量一国文明之标准。物质生产落后之中国，在战时更需要精神武器之支持。我人被迫在出版岗位上总撤退之前，敬向政府提出下列紧急要求：
>
> 1. 请经济部明令日用必需品管理处对各出版家一律供应平价纸张，以利文化事业。
>
> 2. 印刷价格应由出版业同业公会会同印刷业同业公会公开评

定，不得无限制狂涨，甚至巧立名目，制造黑市。

3.请交通部明令邮政当局恢复印刷品寄递办法，取消教育图书小包及100公分小包，以减轻读者负担。

4.财政部明令各国家银行，设立出版业文化贷款，俾得周转资金，以延残喘。

以上四款，倘政府重视文化事业，关系国家百年兴衰，应请立予俯纳，俾此最后一缕之呼吸，得以苟延，以待战后之发扬光大，否则我人敢预言正当之出版业，势必从此死灭，而泛滥于市场者皆将尽为腐蚀国家生命之色情低级读物矣。临颖迫切，痛不忍言，敬惟政府、社会人士及读者鉴察之！

在这篇慷慨陈词的呼吁书上签署了29家新出版业单位：生活书店、读书出版社、新知书店、上海杂志公司、大时代书局、中外出版社、五十年代出版社、文化供应社、文化生活出版社、文光书店、文风书局、文信书局、文聿出版社、正风出版社、北门出版社、光明书局、作家书屋、东方书社、美学出版社、建中出版社、建国书店、南天出版社、耕耘出版社、峨眉出版社、国讯书店、教育书店、华中图书公司、复兴书局、群益出版社。

同时，出版业还为此文化危机向国民参政会发出了紧急呼吁。

1945年7月6日，《新华日报》全文发表毛泽东在中国共产党第七次全国代表大会上所作的政治报告《论联合政府》，重庆群众争相购买，文化出版界人士更加踊跃。黄洛峰进行了认真学习和研究，认为这是重要的斗争依据，增加了胜利的信心。

1945年8月，抗日战争胜利，新的文化出版事业有新的发展和要求，生活、读书、新知三家书店共同决定，首先在发行上联合起来。10月，在重庆成立了三联书店，由三家并为一家。这时正是政治空前活跃、期刊纷纷出版的时期，三联书店承担了22种期刊的发行和经销。

在重庆出版的有17种：

1.《重庆杂志界联合三日刊》（各民主党派联合主办）

2.《民主星期刊》（周刊，民盟办，陶行知、邓初民主编）

3.《民主生活》（月刊，救国会办，沈钧儒、宋云彬主编）

4.《自由导报》（月刊，民建办，苏东主编）

5.《中华论坛》（半月刊，农工党办，章伯钧主编）

6.《再生》（半月刊，民社党办，张君劢主编）

7.《民主教育》（月刊，陶行知主编）

8.《中原、希望、文哨、文艺杂志联合特刊》（半月刊，郭沫若、胡风、邵荃麟、叶以群主编）

9.《现代妇女》（月刊，曹孟君主编）

10.《职业妇女》（月刊，职业妇女联合会编）

11.《青年知识》（月刊，青年知识社编）

12.《科学与生活》（月刊，蒋一苇主编）

13.《萌芽》（月刊，邵荃麟、何其芳主编）

14.《抗战文艺》（月刊，文艺界抗敌协会会刊，老舍主编）

15.《人物杂志》（月刊，张志辛主编）

16.《故事杂志》（月刊，苏东主编）

17.《中国学术》（季刊，中国学术工作者协会主编）

在外地出版，委托三联书店承担在重庆发行的有5种：

18.《民主》（周刊，上海出版，郑振铎主编）

19.《民主周刊》（昆明民盟办）

20.《经济周报》（上海出版，许涤新主编）

21.《希望》（月刊，成都出版，胡风主编）

22.《呼吸》（月刊，成都出版，胡风、方然主编）

这22种期刊中，三日刊1种，周刊6种，半月刊3种，月刊11种，季刊1种。由于周期不同，创刊有先有后，停刊先后不一，经常发行的约18种。每月发行的约50期杂志，平均每周10多种。可以想象得出，此时门市陈列的出版物非常丰盛。

（三）日本投降，拒检胜利

1945年8月11日，《新华日报》大标题："日本政府无条件投降"。8月15日，日本天皇裕仁以广播正式宣布无条件投降。

抗战胜利结束了，这是震动全国人民的大好消息。1945年8月14日、20日、23日，蒋介石致电延安，三次邀请毛泽东赴重庆商谈日本投降后的国家大计。24日，毛泽东电复蒋介石，他将偕周恩来赴渝，同蒋直接谈判。

8月28日，毛泽东和周恩来、王若飞在赫尔利、张治中的陪同下由延安飞抵重庆。

此时，兴奋中的黄洛峰紧抓言论出版自由、取消送审原稿不放，继续组织出版文化界起来斗争，后来发展为"拒检运动"。

这要从黄炎培撰写的《延安归来》说起。

1945年7月1日，应毛泽东邀请，著名的民主爱国人士黄炎培和冷遹、章伯钧、褚辅成、傅斯年、左舜生等飞抵延安商谈国事，7月5日返回重庆。

黄炎培回到重庆，将他访问延安的情况，以日记体裁写成书稿《延安归来》，如实报道了中共中央所实施的各项政策和取得的成就。以黄炎培这样的身份，将亲身经历写出来，公之于国人面前，对国民党的长期诬蔑和造谣，自然是个无情的揭露，具有巨大的政治意义。

据经手出版此书的尚丁同志回忆：

这部书稿如送去审查，估计很难通过，于是，我就去找洛峰同志。他的手在额头上拍来拍去，终于提出一个极为大胆的设想：他要我和黄炎培商量，索性不送审查而自行出版，并用这本书打头阵，开展一个不把文稿送审查的"拒检运动"。如果黄同意这样做，他保证新出版业的几十家书店一定跟上，并发动重庆的出版界、新闻界和文化界立即相应支持。我当然很赞成这个办法。但为了慎重起见，我又找了石西民商量，还向张志让等请教，他们也都认为是个好办法，并认为发动这样一个"拒检运动"的斗争有很大的政治意义。洛峰同志这个主张确实是很有胆识的，以大无畏的精神，造国民党的反！

我先把这部书稿送审的命运向黄炎培陈说了，他同意我的估计；我又根据黄洛峰同志的意见把拒检的设想提出来，他沉思良久，最后决然同意这样做，并愿意冒这个风险和承担可能发生的后果。黄炎培认为，只此一书还不足以把"拒检运动"发动起来，因此，他决定通过重庆杂志界联谊会（他是联谊会的召集人，我是干事），把重庆杂志界动员起来同时行动。于是，我一方面立刻把《延安归来》的书稿发到润华印书馆去突击排印，一方面把情况告诉洛峰同志。他非常高兴，立刻配合行动起来。同时，黄炎培也约了张志让、杨卫玉和傅彬然，起草了一个重庆杂志界宣布"拒检"的联合声明，组织重庆杂志界发动这个"拒检运动"。①

大家准备好迎接即将到来的爆发，将各种后果都做了必要的设想。尤其是黄洛峰，加紧了内部联络和磋商，日夜都在精心布置和配合这一斗争。在他的脑海里，头炮一响，接连的战斗就不会自动停止，既然干起来，就要干出个名堂来。

《延安归来》印得快，宣传得快，从而组织发行并动员相应地也快。8天时间印出，这是当时非常罕见的。广告在《新华日报》头版登出两天，紧接着就是8家杂志开会研究发表联合声明，公开宣布：从9月1日起我们8家杂志一致拒不将文稿送审。这8家杂志的声明，像颗炸弹投到了国民党的图书杂志审查委员会，使那些审查"老爷"们气急败坏，乱了阵脚。因为这正是日本投降的第三天，国民党当局正忙于更加重要的舆论中心：如何迎接人民渴望的中国和平局面。蒋介石面对着强大的共产党，发电邀请毛泽东到重庆和平谈判，这一时机千载难逢。

黄炎培先生的勇气，是出版业为之敬佩的。他以自己的名义把8家杂志联合声明，正式函告国民参政会、国民党中央宣传部和宪政实施协进会。

这8家杂志是：黄炎培、张志让、杨卫玉办的《国讯》和《宪政

---

① 尚丁：《〈延安归来〉与拒检运动》，《新闻研究资料》1983年第5期。

月刊》；民盟总部的机关刊《民宪》（左舜生主编）；钟天心主办的《民主世界》；第三党的《中华论坛》（章伯钧主编）；民社党的机关刊物《再生》（孙宝毅主编）；陈翰伯主编的《文汇周报》；开明书店的《中学生》（傅彬然主编）。

8家杂志并声明发行联合增刊。商务印书馆的《东方杂志》，妇女界的《现代妇女》，张西曼的《民主与科学》等一批杂志立即加入，还于9月6日举行联谊会，采取一致行动，拒绝送审。9月8日，成都《新中国日报》、《成都快报》、《华西日报》、《华西晚报》、《现代周刊》、川康通讯社、自强通讯社等十多家新闻文化团体联名致函重庆杂志界，积极响应这个运动，一致拒绝送审。其他城市如昆明、桂林、西安等地，新闻界、出版界、文化界亦纷纷起来响应，整个国民党统治区，掀起了一个波澜壮阔的反法西斯文化出版和新闻检查制度的拒检运动。

迫于强大的各界压力，国民党中央宣传部长吴国桢、参事张平群于9月13日举行记者招待会，宣布从10月1日起，废止战时新闻检查制度，拒检斗争取得胜利。

正如尚丁所说："在这个斗争过程中，洛峰同志做了许多深入的动员和细致的组织工作。他还不时的鼓励我，并时刻关心我的安全。"

对于这个胜利，黄洛峰当然感到由衷的高兴，当他得知国民党中宣部长公开宣布废止检查制度时，说："我们为之奋斗多年的一个斗争，终于胜利了，这是我国出版史上一曲响亮的凯歌！"

对于这场斗争的胜利，黄洛峰却未就此高枕无忧，他从南方局文委得知国共谈判的进程和多年积累的经验，知道同国民党当局打交道，不能光看它宣布什么，重要的是看它怎么行动。拒检运动之所以很快取胜，并不是他们突然心慈手软，而是受毛主席到达重庆之后民主要求的热浪冲击，舆论高压手段无助于粉饰国民党的"民主形象"，于是放出了废止检查的气球。天时、地利、人和的交接，才取得了拒检运动的胜利。

三、反对内战，迎接新自由

（一）递交出版界意见书

国共双方经过 40 多天的谈判，终于达成协议，签署了《双十协定》。毛泽东在张治中的陪同下，于 10 月 11 日从重庆飞返延安。

10 月 12 日，重庆、延安同时发表国共两党《会谈纪要》（即《双十协定》）。同一天，中共中央向全党发出《关于双十协定后我党任务与方针的指示》。指示说，这一协定奠定了和平建国基础，取得了我党与国民党平等的地位，并为人民争取了许多民主权利。但也指出，这还只是纸上的东西，我们绝不可松懈。这就提醒全党不要麻痹在和平幻想中。

在两党开始谈判的第一天，即 8 月 29 日，何应钦就密令各战区印发蒋介石在十年内战期间编印的《剿匪手本》，加紧反共内战动员。《会谈纪要》发表的第二天，即 10 月 13 日，蒋介石密电各战区司令长官，命令遵照他的《剿匪手本》，对共产党和抗日的人民军队"努力进剿、迅速达成任务"。正是在密令的督促下，国民党集结兵力达80 万之多，欲向解放区进攻。

1945 年 10 月 19 日，重庆文化界人士在白象街西南实业大厦举行鲁迅逝世九周年纪念大会。周恩来、冯玉祥、邵力子、郭沫若、柳亚子、沈钧儒、许寿裳、叶圣陶、茅盾、巴金、曹靖华、冯雪峰、胡风等 500 余人到会。周恩来在会上发表讲话，他说：

> 抗战胜利了，民主革命的任务尚未完成，每个文化工作者，在这大时代中，跟政治跟革命的进展是息息相关的，是无法分开的。文化建设是重要问题，在协商国是的时候，应有文化界的代表人物参与发表意见。我们希望文化界朋友能有意见和主张提出，希望能听到这种意见并反映到即将召开的政治协商会议之中，以至能反映在将来的施政纲领和宪章中去。

最后他号召，文化战线要扩大，文化工作者要用愚公移山的精神去动员广大民众为新民主主义的文化而奋斗。

周恩来的这一讲话，极大地鼓舞了文化界人士，他们纷纷集会，积极响应这个号召，一致要求：政府当局应立即取消对文化出版界的种种限制和束缚，扶助其蓬勃发展。并请政协代表郭沫若将意见带到政治协商会议上去。重庆出版界，由"新出版业联合总处"集会共议，决定以出版业名义向即将举行的政治协商会议提出建议，并公推黄洛峰主持这件事。

据参加此事的仲秋元说："我们在黄洛峰的领导下参与了文件起草和动员签名的工作。在沈钧儒先生和几位进步律师的帮助下，起草了一份《重庆出版业致政治协商会议意见书》。"这份意见书，全文如下：

重庆出版业致政治协商会议意见书

日本投降，举国欢腾。八年苦战余生，正望休养生息，孰料庆祝最后胜利之声未歇，弥漫全国之内战即起。哀我劫遗，何堪重罹水火。三个月来，全国人民吁请停止内战，声不绝耳；而内战烽火，则愈张愈炽，全民疑惧，不可终朝。所幸举国翘望之政治协商会议，几经蹉跎，终在四万万五千万人民喁喁殷望之下，即将召开。凡为国民，莫不称庆。"天下兴亡，匹夫有责"，爰本斯义，对于国是，竭陈四端，尚乞垂詧。

政治协商既为朝野公认解决政治问题之最好方式，则任何纠纷，任何困难，均须提交政治协商会议讨论解决，断不容边谈边打，且战且商，代表周旋于议席，士兵喋血于疆场。甚望国共两方，立即全面停战、和平团结。拯生民于水火、昭诚信于事实，此其一。

五五宪草为一党专政下之产物，如不本民主精神，博采民意，细为修改，则人民权益，无由保障，真正之民主政治，无由建立，而所谓还政于民，亦必徒托空言。故宪草应即修改，庶百代之大法，美备于一举，此其二。

国大代表产生于党治之下，抗战以前，无论衡以民主之原则、事实之观点，均不足代表真正之民意，应即实行普选，以期人民意志，得真正表现，旧有代表，果属贤能，在普选中必可重膺议席。而八年来为抗战努力之人士，亦因以获有参与国大之机会。如此情理兼顾，始为计出周全，此其三。

政治协商会议有所商决，为求真正见诸实行，唯有集合全国各党各派无党派贤达俊彦，拟定一全民服膺之共同施政纲领，且组织临时性之联合政府，以实施此纲领，为结束党治而达真正民主之桥梁。此其四。

以上四端，为出版业对国事之共同意见。兹再就出版业本身问题，略陈五事：八年抗战，出版业辗转播迁，既牺牲于敌寇之炮火炸弹，复受制于种种苛律之束缚，胜利以来，图书审查制度，虽言取消，而变相之检查办法，旋踵继起。出版自由云云，全成空谈。吾人饱尝痛苦，敢就所见，提请讨论。

一、废止出版法

按出版法主要目的，端在钳制言论出版，实施该法第四章"出版品登载事项之限制"一点，为明真相，照录其文：

"第廿一条，出版品不得为左列各款言论或宣传之记载：一、意图破坏中国国民党或违反三民主义者。二、意图颠覆国民政府或损害中华民国利益者。三、意图破坏公共秩序者。

第廿二条，出版品不得为妨害善良风俗之记载。

第廿三条，出版品不得登载禁止公开诉讼事件之辩论。

第廿四条，战时或遇有变乱及其他特殊必要时，得以国民政府命令之所定禁止或限制出版品关于政治军事外交或地方治安事项之登载。

第廿五条，以广告启事等方式登载于出版品者，应受前四条所规定之限制。"

该法除本章上列五条外，皆为因辅助上述五条而束缚著作、编辑、发行、印刷者之种种方法与手续，倘上述五条无存在之必要，则该法应该根本废止。而上述五条经逐一研究，实属绝无存在之必要。其理由：

（甲）关于第廿一条第一款"意图破坏中国国民党或违反三民主义者"：1. 按以文字记载而为"破坏"某人某一团体或某一主义之行为，则无异为诽谤罪，而诽谤罪已有刑法第廿七章"妨害名誉及信用罪"之第三百零九至三百四十条加以种种罪罚，绝无另设单行法之必要。2. 此次政治协商会议，政府既认各党各派均有合法平等之地位。本条款专为保护国民党而设，自属不合，更无存在之必要。3. 任何党派或主义，其宗旨必为利国福民，否则根本不能成立。若非丧心病狂，绝无加以诽谤之理。若其方法上有所不合，舆论加以指责或批评，自不能认为破坏。此所谓言论自由，岂容加以限制。4. 三民主义本主张出版言论自由之民权，今乃因保护主义而设置本法束缚自由之工具，不免自相矛盾。

（乙）关于第廿一条第二款"意图颠覆国民政府或损害中华民国利益者"：本条款已有刑法第一章"内乱罪"第一百条到一百零二条规定种种罪罚，绝无另设单行法之必要。

（丙）关于第廿一条第三款"意图破坏公共秩序者"：本条款已有刑法第七章"妨害秩序罪"之第一百四十九条至一百六十条规定种种罪罚，绝无另设单行法之必要。

（丁）关于第廿二条"出版品不得为妨害善良风俗之记载"：本条款已有刑法第十六章"妨害风化罪"之第二百卅五条规定种种罪罚，绝无另设单行法之必要。

（戊）关于第廿三条"出版品不得登载禁止公开诉讼事件之辩论"：查本条"禁止"二字，自属指对于禁止该事件之公开发表声明，如登载者不受禁止，自有法律裁判，绝无另设单行法之必要。

（己）关于第廿四条"战时或遇有变乱及其他特殊必要时，得以国民政府命令之所定禁止或限制出版品关于政治军事外交或地方治安事项之登载"；本条意义，乃为泄露政治、军事、外交或地方治安事项之秘密，无异与第廿一条第二款相同，且刑法上有"外患罪"之第一百零三条至一百零五条规定种种罪罚，绝无另设单行法之必要。

（庚）关于第廿五条"以广告启事等方式登载于出版品者应受前四条所规定之限制"：本条款规定为前四条之附带限制，前四条既不能成立，自无存在之必要。综观该法第四章各条之限制，从触犯此限制之行为而论，并不限于文字之记载。故刑法所定各项条例范围甚广，何以其他行为并无特设单行法，而独于出版法加以种种之束缚。除有意限制人民之言论自由，实无可解释，政府现既确认人民此种基本权利（见国共会谈纪要），出版法自非立即废止不可。

二、取消期刊登记办法

现行期刊出版，按出版法第五条之规定，须先呈准登记，始能发行。而登记手续之繁苛，极尽束缚留难之能事。以言承办机关，表面上经由该管官署转报层峰，而实际上一切取决于国民党党部。以言登记核准，动辄经年累月，甚至永无批复。是故欲求出版自由，非即除去此种苛律不可。敢请立即取消期刊登记办法。以后凡期刊出版，只须一面申请备案，一面即可发行。一经发行，邮局应即立许挂号，作为新闻纸类寄递。

三、撤销收复区检审办法

沦陷区内言论出版，久经敌伪钳制蹂躏，摧残殆尽，人民对于精神食粮，如饥似渴，一旦光复，政府对此非惟漠不关心，反将大后方已取消之检审办法，复行之于广大收复区。目前上海、北平、广州、武汉诸大城市之出版业，莫不在收复区管制办法下深感束缚重重，奄奄一息，为使收复区数万万同胞有书可读，出版书店有业可营，应请立即撤销收复区有关出版各项之检审办法。

四、明令取消一切非法检扣

十余年来，不知名之机关，常往邮局，从事检扣书刊。寄件者查询邮局，便不答复，册页千万，不明下落。而各党政军警，不论机关，不论个人，皆能任意检扣，书店则受害累累，读者则恐怖重重，如不取消此种非法制度，纵令表面如何自由，亦何自由之有？应请明令取消一切非法检扣措施。遇有检扣，受害者得按法律控诉，并由政府负责赔偿损失。

五、取消寄递限制

胜利以后，书刊寄递，百般阻难，一仍旧贯。应请立即开放全国邮路，恢复及改进印刷品之寄递，以便供应，而利文化。

以上各项为出版业最迫切之要求，亦为促进文化之必要条件。伏恳采纳刍荛，促其实现，则出版业幸甚，中国文化前途幸甚！

署名如下：

大学印书局、交通书局、自强出版社、新地出版社、中外出版社、世界书局、作家书屋、开明书店、群益出版社、文化生活出版社、正风出版社、东方书社、雅典书屋、黎明出版社、文化供应社、北门出版社、建国书店、进修出版社、乐群书店、文光书店、生活书店、读书出版社、新知书店、峨眉出版社、万光书

局、学艺出版社、文聿出版社、光明书局、国讯书店、联益图书
公司、文治出版社、自由中国出版社、复兴书局、新亚书店、现
代出版社

《意见书》共 35 家署名并于 1946 年 1 月 9 日在《新华日报》上
全文发表，于 1946 年 1 月 10 日在政治协商会议开会前夕送达。

《意见书》共分两个部分。第一部分面对当时时局，提出四条意
见：停止内战；修改"五五宪草"；改选国大代表；各党协商拟定共同
施政纲领，组织联合政府。第二部分对现行出版法规，提了五条意
见：废止出版法；取消期刊登记办法；撤销收复区检审办法；明令取消
一切非法检扣；取消寄递限制。在这部分中，提出了废止出版法的详
细的法律依据，充分揭露了出版法的反动实质，也提出了取消限制和
摧残期刊及图书的措施和办法，要求给出版业自由。在维护出版业的
正当利益方面，又提出了比较系统的要求。同以前的出版业方面提的
意见相比，这是突出的特点。

它充分反映了出版界人士的集体智慧。从署名的出版社和书店，
可见出版界的民主统一战线扩大了。这次属于"新联总处"的只有
17 家，因为不少已经迁回上海等地了。而不属于"新联总处"的却
有 18 家之多，一些历史较久的大书店，如开明书店、世界书局、新
亚书店等也签了名。这不能不说是黄洛峰等领导努力的结果。

1946 年 1 月 9 日送交出版界《意见书》的同一天，重庆文化艺
术界、出版界七个团体在白象街西南实业大厦举行茶会，招待政协代
表，吴玉章、陆定一、冯玉祥、邵力子、沈钧儒、郭沫若、陶行知、
茅盾等 500 多人参加了会议。

吴玉章①在讲话中指出："今天文化界的呼声，也是全国人民的呼声。"他表示，将把文化界的意见反映到政协会议中去。

1946年1月10日，政治协商会议在重庆开幕，各方出席代表36人（各方即国民党、共产党、青年党、民主同盟、无党派人士五方）。蒋介石首先致开幕词，许下保证人民自由、承认党派合法地位、实行普选、释放政治犯四项诺言。

蒋介石致辞后，周恩来接着说，中国目前现状之不满人意，是毋庸讳言的，虽然在今天国共双方下令停战了，但这还很不够，还"应痛下决心"，"永远使中国不再发生内战"。要做到这点，就必须实行和平建国的方针，使政治民主化、军队国家化及党派平等合法化，而在当前的过渡时期中，首先是要在共同纲领的基础之上，实现各党派、无党派代表人士合作的举国一致的政府。只有有了这样的和平团结的局面，民主统一的基础，中国才能进行真正的人民普选和实施民主宪政，也才能有真正的农业改革和工业建设。他表示中共代表愿以极大的诚意和容忍，与各党代表及社会贤达共商国是、努力合作。他欢迎蒋介石刚才宣布的四项决定，并愿为实现这四条权利而奋斗。

黄洛峰对蒋介石的四项诺言，逐条作了分析和估计，再对照"双十协定"以来的事实，觉得那就是欺骗全国人民的谎言，所以周恩来所说的"愿为实现这四条权利而奋斗"实际上是动员人民起来争取自己的权利从而实现蒋的许诺，不然那些许诺就会变成十足的空话。

---

① 吴玉章（1878—1966），原名永珊，字树人，四川荣县人；我国杰出的无产阶级革命家、教育家、历史学家和语言文字学家、新中国高等教育的开拓者。吴玉章与董必武、林伯渠、徐特立、谢觉哉一起被誉为中国共产党的"延安五老"。

（二）"出版法"成为言论自由的障碍

在《意见书》之后，黄洛峰趁热打铁，在1946年1月16日出版的《民主生活》（沈钧儒为发行人）第二期上，发表了《除去言论自由的障碍》。这篇文章，本是为了配合《意见书》所作的补充，由于发表及时，又可看作对蒋介石在政协致辞中四项诺言兑现的要求，是一篇击中要害的尖锐批评文章：

> 蒋主席在政治协商会议开会时宣布，政府决定给人民以言论、集会、结社等种种自由。我们希望能够早日兑现，除明令公布以外，还要把种种限制自由的法律废止。

> 本来在过去的"临时约法"或"训政时期约法"里面，都规定着人民有种种基本自由。但又加上"非依法律不得限制之"的字样，因之，政府遂得颁布种种法律来限制或剥夺人民的自由。例如言论自由，本为共和国人民应享之权利，训政时期约法中也有明白规定，但政府却另颁出版法及其他种种条例来限制它。

> 出版法的主要内容，一方面是限制出版物的出版和发行；另一方面，是限制言论的自由。

> 照出版法第九条的规定，要出版一种新闻纸或杂志，应由发行人填具登记申请书，呈由当地主管官署，转呈省政府或直隶行政院的市政府核准，才能发行。省政府或市政府再转呈内政部后，才能领到登记，往往就是几个月，半年甚至一年。单是手续的繁复和时间的拖延，已经把所谓出版自由大大限制住了；然而还不够，更在出版法实行细则里面，还特别制定了五个条文，更

为精密的加以限制。并且把出版物的生杀予夺之权，操在党部（国民党）手里。

向官厅申请登记，已经极尽束缚之能事，再加上党部在背后肆行其反人民的权力，不仅许多刚要诞生的报纸杂志，在申请登记的时候，就被绞杀；就是业经发行的报纸杂志，也常常被党部或官府援引那些条文，随时勒令停刊停办。近如上海联合日报的被迫停刊，重庆自由导报的横遭禁止，就是千百事例当中的最新的一个例子。

出版法第四章"出版品登记之限制"，是整个出版法的最重要部分。而这一章最主要的骨干，便是一开头的第廿一条。该条规定：

出版品不得为左列各款言论或宣传之记载：

（一）意图破坏中国国民党或违反三民主义者；

（二）意图颠覆国民政府或损害中华民国利益者；

（三）意图破坏公共秩序者。

这些条文，明明是专为巩固国民党的一党专政而定的。十多年来政府为排除异己，借出版法这一把斧子来砍杀了好多刊物。更有许多从事文化工作者，被戴上什么"破坏"、"违反"、"颠覆"等等罪名，或遭明捕，或被监禁。有了这些条文，政府对于异己者，便欲加之罪，不患无词了。姑无论"颠覆政府"、"破坏秩序"等等，刑法早有明文规定，绝无另设单行法之必要……

黄洛峰在揭露了亲身经历的出版界所遭到的各种迫害之后，笔锋转向了文章的主题：

国民党只要能够领导人民，走上民主的大道，自为人民所拥护。……政府如有诚意实行民主，人民如有决心争取民主，那么，凡是限制或剥夺人民自由的法律，非一概废止不可。出版法既是言论自由的障碍物，更非先把它去掉不可，否则，口头上尽管说要给人民以自由，而实际上却在用种种法律来限制人民的自由，那便等于空头支票，人民是不会相信的。

《意见书》和黄洛峰的这篇文章，道出了出版业广大人士的内心之声和迫切要求。很快，重庆文化界茅盾等21人向政协提出的意见书及重庆杂志联谊会14家杂志所作的决议中，都提出了废止出版法的要求。《新华日报》也登载了何思敬的专论《出版法之修正》，还发表了社论《打破法西斯的出版法》等。废止出版法，在出版界中形成普遍的呼声。

这种此呼彼应相互声援，在黄洛峰看来，是久受限制、束缚和压迫的文化界、出版界、新闻界渴望自由的共同愿望和要求。

（三）重庆三家分店正式联合

1945年10月22日，生活书店、读书出版社、新知书店经过一段时间的并肩战斗，开始走入了一个家门——正式成立"生活·读书·新知重庆三联书店"（以下简称"重庆三联"），原有三家在重庆的分店经营业务、门市，联合为一家。这是三联书店历史上的一件大事，也是黄洛峰领导出版工作的一件大事，因为它是三店历史进程中的一大转折，对其后发展奠定了坚实基础。

之前，三店一直就有很深的渊源，都在中国共产党的领导下工作。在 20 世纪 30 年代的上海时期，党员通过个人在三店发挥作用；抗日战争爆发后，三店迁到武汉，在长江局领导下发挥作用；到重庆，就是在南方局领导下开展工作。没有党的领导，三店就不可能成为国统区进步的文化堡垒。这是黄洛峰后来一再向三联书店的员工强调的。

1945 年，中国共产党在延安召开的第七次代表大会，是以"团结的大会"和"胜利的大会"载入史册的。南方局向大家传达了大会精神，这对每个共产党员都是重要的教育。正是在这一教育的启发下，黄洛峰和三店负责同志结合自己的工作、学习和讨论，觉得三店应当联合起来。

早在 1940 年，三店共同派人到延安、太行开办华北书店，就是按照毛泽东和周恩来的指示执行的，那可以说是第一个三联书店，只是当时没有叫这个名字。1941 年皖南事变以后，三店都遭到不同程度破坏和摧残，在斗争中成为患难兄弟，在黄洛峰等人领导下克服了许多困难，增进了彼此关系，奠定了很好的思想基础。现在作出这个决定，既符合客观要求，也符合大家愿望。

1945 年 10 月 22 日，《生活、读书、新知为合组重庆三联分店告同人书》公布，分析了抗战胜利后新形势赋予的新任务和三家书店团结合作的必要性：

> 抗战结束了，新文化事业将步入一个新的阶段，为了完成新形势所赋予我们的任务，我们的事业正在进行着新的部署，用新作风来迎接这新的时代……

　　为了集中力量，共同努力，生、读、新三个店家，有更进一步团结合作的必要。在全国范围内的合作已在逐步研究中。重庆三家分店，经过长时间的考虑和缜密的商讨，已决定立即联合经营。这种变革，是为了以下几种原因：（一）在全国范围内将有无数的重要城市需要我们去发展业务，事业仅有的人力物力，必须很快地集中去开辟新的阵地，我们的业务不容许再局限于重庆一地了。（二）由于政治文化中心的转移，今后重庆当地文化粮食的需要，势将减少，而须移其对象于广大的华西乡村，因此重庆同时存在三个据点，已不复需要。……（三）更重要的是，重庆三店合作，将作为三联事业进一步团结的基点，将作为全国范围内扩大合作的实验，将作为其他地区新的部署的示范。①

　　《告同人书》公布了三店总管理处批准的有关联合工作各项决议，指出"重庆三联的成立，对事业，对我们每一个同人，将是一个新的考验"，"是我们事业新作风的开始"。它特别强调，"这种合并，不是结束，而是团结"；"不是退守，而是前进"；"不是衰老，而是新生"；"不是缩小，而是发展"。最后号召"在团结、前进、新生、发展的道路上，我们应该保持三店的优良传统，为争取三联的巩固和发展，为争取事业的胜利而奋斗"。

　　《告同人书》得到了三店同人的热烈拥护，也得到了广大读者的欢迎。在三个门市部陆续开业的日子里，作者、读者前往祝贺者、购书者把门市挤得满满的。许多老读者说：你们本来就是一家！合作以

<hr>

① 仲秋元主编：《生活·读书·新知三联书店文献史料集》，生活·读书·新知三联书店 2004 年版，第 51—52 页。

后就更有力量了。

重庆三联的成立，大大鼓舞了整个书业界，一面旗帜高高地举起来了，其影响震动了国民党统治区。

三店联合之后，工作方面作了一些部署：由邵公文负责起草联合机构的各种规章制度草案；由仲秋元负责成立联合出版部，辞去"新联总处"所属联营书店分店经理职务。参加出版部的还有范用、何理立。三店新收书稿一律交出版部，重版仍由三店自印；三店的三个门市部照常营业，但业务活动联合一致进行。

此时，正是毛泽东到重庆进行国共两党谈判之时。中国共产党代表团从延安带来了配合政治形势的书稿交给了黄洛峰，黄洛峰马上着手安排出版。

这些书中在当时影响最大的两本：一是埃德加·斯诺等写的《毛泽东印象记》；二是许多名家写的政论集《反对内战》。《毛泽东印象记》是西方记者访问陕甘宁边区采访毛泽东后所作，他们以不同的眼光观察得出毛泽东是一位了不起的世纪伟人的结论。这本书的出版，赶在"双十协定"签订之日，毛泽东正在重庆，引起了很强的社会反响，读者踊跃购买。《反对内战》是在"双十协定"遭到破坏、国民党准备发动内战之时出版的，也引起了很大震动。

这两本书都是具有巨大政治影响的，成为和平民主群众运动的号角。在出版后几天之内销售一空，立即再版供应。这些书的出版，当时没有用三店店名，而是用"人民出版社"名义出版，这是中国共产党成立后所办的第一个出版社的名字，意义深远。

黄洛峰从这两本书的出版和发行中，深深感到人心之向背，也深深感到新机构带给人们的新希望。

此外还出版了邵荃麟、何其芳编的文艺杂志《萌芽》，翻印了上海出版的《近二十年中国文艺思潮论》、《患难余生记》、《辩证唯物论与历史唯物论基本问题》，以及毛主席的《论联合政府》等。

在发行方面，重庆三联承担了现代出版社、黎明出版社、北门出版社等 11 家出版物的总经售。根据当时情况采取了一些灵活的发行办法：上海的刊物用普通办法寄重庆经常丢失，即改用航空邮寄，丢失就大为减少；派人送书上门，后收货款，读者称便……总之工作搞得活跃有生气，显示了三店联合起来的优越性。

在"双十协定"和政治协商会议前后，由重庆三联总经销的刊物达 22 种之多。

在图书方面，除发行重庆三联的本版书外，还承担着 21 家进步出版社在重庆和西南地区的总经售任务。这 21 家出版社是现代出版社、甲申出版社、黎明出版社、未林出版社、美学出版社、进修出版社、北门出版社、耕耘出版社、新群出版社、新少年出版社、新地出版社、学艺出版社、自强出版社、文治出版社、文学出版社、峨眉出版社、华华书店、远方书店、实学书局、新光书店、雅典书屋。

这样，既突破了国民党当局的限制和封锁，也突破了国民党在发行上的垄断。重庆三联之所以得到作者、读者和同业们的欢迎，是同这一广泛的发行网给予他们的帮助分不开的。从中可以清楚地看到广泛的统一战线的力量和阵容，清楚地看到黄洛峰等人几年来在文化战线上所进行的工作收到了显著的成效。

当国共合作的形势出现了不好的苗头时，重庆三联的领导"决定三店总店立即返回上海分别恢复业务，尽快地、大量地出版革命书刊以供读者；同时派出大批干部到全国各地区开办书店，以占领书刊发行阵地。各地分店，除上海保留三店门市部外，都实行联合"，"其他各地新开设的分店，为安全计，不用三联的名称"。①

重庆三联成立之后，迅速派出谭允平去北平、马仲扬去武汉、邓昌明（邓晏如）去长沙开设三联分店。为了避免国民党的迫害，用了不同的店名，北平称朝华书店、武汉称联营书店、长沙称兄弟书店。它们经历了曲折的斗争，千辛万苦，一直坚持到当地的解放。

（四）抗议内战

1945年11月19日，重庆各界人士500余人集会，到会著名人士有郭沫若、黄炎培等，在会上发表了反内战的讲话，并成立了"重庆各界反内战联合会"，制定了章程，发表了宣言，号召全国人民动员起来，用一切方法，包括罢工罢课罢市、拒绝纳税等来制止内战；号召国民党官兵拒绝内战；呼吁早日成立联合政府，反对美国干涉中国内战等。黄洛峰也参加了这次集会。

很快，成都各大学21个团体也发表制止内战的宣言。11月25日，昆明的西南联大、云大等校和若干中学，组织青年6000余人，举行反内战晚会，请费孝通、钱端升等教授讲演。国民党军队包围会场，放枪恫吓，并禁止师生通行。26日，学生在中共云南省工委领导下，决定全市学生总罢课，以示抗议。到29日，参加罢课的学校已有34所。

12月1日，国民党派出大批军警特务到各校镇压罢课学生，打

---

① 仲秋元：《回忆重庆三联书店》，载《重庆出版志》编纂委员会编：《重庆出版纪实》（第一辑），重庆出版社1988年版，第295页。

死4人，重伤25人，轻伤100余人，史称"一二·一"惨案。惨案发生后，昆明学生在党的领导下和社会各方面的支持下，团结一致，与国民党进行了坚决斗争。各地群众起来声援昆明学生，追悼死难烈士，声讨内战政策，追究惨案祸首罪行。

追悼大会是在"一二·九"十周年纪念日举行的，主祭人为沈钧儒，主祭团包括柳亚子、郭沫若、邓初民、罗隆基、史良、章乃器等。黄洛峰是大会的主要组织者之一。

据当时参与主持悼念活动的尚丁介绍说：

我们在洛峰和李公朴的领导下，组织了12月9日在长安寺举行的群众公祭。记得公祭那天，陶行知先生来得很早，情绪异常激愤。他一到长安寺，就把我和祝公健拉到灵堂后面（我们两人是公祭大会的指挥），提出在公祭大会后举行示威大游行。我们马上找到洛峰同志和公朴先生一起商量，经过请示，认为事前没有作示威游行的严密组织，不宜临时发动。洛峰和我们一起说服了陶先生，并决定把公祭活动延长为3天(原只准备公祭1天)。

中共代表团董必武、王若飞参加了公祭。各民主党派与人民团体都派代表参加了，几万群众参加了公祭活动。后来知道，那天陶先生是抱着必死的决心来参加公祭的。他在临出门时给他夫人留下一封短信："树琴：我现在拿着昨晚编好的诗歌全集去交给冯亦代先生出版，然后再到长安寺去祭昆明反内战被杀害烈士，也许我们不能见面了！这样的去，是不会有痛苦的，望你不要悲伤。你有决心、有虚心、有信心，望你参加普及教育运动，完成四万万五千万之启蒙大事，以奠定天下为公之基础，再给我一个报告。再见！行知。"可以说，这是陶先生决心慷慨赴义前留的遗嘱，也可见当时形势之严峻与险恶！

在长安寺的 3 天公祭中，党和民盟两个青年组织的同志，轮着班，挽着臂，保卫公祭会场。公朴和洛峰同志虽然不公开出面，但他俩天天都来长安寺，和我们在一起，指挥我们的战斗。

连续 3 天的公祭大会，动员了广大群众，震动了山城，产生了巨大的政治影响，为即将举行的政治协商会议造成了强大的舆论声势。当时，很少人知道，幕后组织这场活动的是李公朴和黄洛峰，连黄洛峰自己也很少提起。

国民党当局对报刊反对内战的报道和文章视若眼中之钉，开始向出版界开刀。

1945 年 12 月 22 日，重庆市警察局第四分局派警察持国民党市党部方治签署的公函，到民生路重庆三联门市查禁《自由导报》，说是登记有问题，不许出售。

为此，《自由导报》在《新华日报》连登启事，质问该警察局，该局不但不纠正其错误，反而派警察到市内各书店没收这个刊物。《自由导报》前身是《自由东方》，抗战胜利后改名，主编为苏东，由重庆三联负责发行。该刊第六期刊登了民主建国会特辑，发表了代表们有关反对内战、要求和平民主的言论。这就触动了国民政府的痛处，下令没收。

《自由导报》被无理查禁，《新华日报》刊登消息，并采访了《自由导报》。这一事件引起了出版业的气愤和抗议。在黄洛峰组织领导下，出版界联谊会和 27 家大杂志联谊会集会讨论，邓初民、李公朴、张西曼等相继发言，指责出版法以及报刊和通讯社管制、邮电检、现行登记制度等的不民主，指出这些做法应即取消，并决定与《自由导报》共存亡。

民主人士、新闻界、文化界、经济界以及广大读者，无不愤慨，给予全力声援，并进一步发动"拒登记"运动。《自由导报》在各界声援下，毅然不顾国民党的禁令，坚持继续出版，并照常在报上公告，重庆三联继续坚持发行。

争购《自由导报》的读者更多了。国民党在这种形势下没再逞凶。这一胜利，鼓舞了参与斗争者，也鼓舞了更广大的声援者。

1946 年 1 月 10 日，政治协商会议在重庆召开。第二天，国共双方都下令停止内战，给全国渴望和平的人民带来了喜讯。

1946 年 1 月 11 日的《新华日报》刊登了这个消息，黄洛峰认为这是动员人民起来斗争的结果，要巩固这个结果，不能停止斗争，还要继续发动群众，才是对政治协商会议的促进。

此前，黄洛峰被推选为政治协商会议的出版界代表，是陪都教育、学术、文艺、出版、杂志、电影、戏剧、漫画、木刻、美术、音乐 11 界组成的政协会议协进会的理事，还同民主建国会、中国人民救国会（前救国会）等团体商讨筹备陪都各界政治协商会议协进会的成立。会上一致通过，协进会每日举行大会一次，分请政治协商会议代表向重庆各界群众报告政协会议进展情况，借以表达民意。接着成立了政治协商会议陪都各界协进会，黄洛峰为陪都各界协进会主席团成员。

协进会每次都邀请政协委员作讲演，前两次在合作会堂举行，由于听众太多，会场容纳不下，后来改在沧白堂进行，黄洛峰是讲演会的主要组织者之一，日夜为此事奔忙。

协助黄洛峰的重庆三联经理仲秋元说：

应邀到会讲演的有我党代表团的王若飞、董必武、李澄之和各民主党派的负责人及郭沫若等，国民党有邵力子、陈铭枢、张群三人应邀。每晚有二、三人讲演并回答问题。听众少则千余人，多则二、三千人，室内挤不下，只能移到室外，王若飞、郭沫若等曾站到桌上去讲话。讲演会共举行了 11 次，差不多每次都有我党代表讲话，这对揭露蒋介石的法西斯独裁统治，阐述我党主张，介绍解放区真实情况、驳斥国民党种种诬蔑不实之词，消除群众对我党的疑虑等方面，都起了巨大的作用。这样大规模的群众性的民主运动，我党代表和各民主党派领导人，面对面地直接同群众对话，是国统区从来没有过的。为了保证每晚的集会能正常进行，保护领导人的安全，黄洛峰要三联同人积极参加并发挥作用。每晚，我们除留少数人在店内留守外，其余的人提早到会场去，站在讲演台周围，既是基本听众，也做一些保卫工作，其他进步出版社的青年也和我们一起去。沧白堂的会场，从第一天起就遭到了国民党的破坏，他们雇用了一些流氓特务，除了在会上提些诬蔑共产党和解放区的所谓"问题"外，更多的是起哄、辱骂，呼反共口号，放爆竹，断电源，向讲演者抛石头，扔鸡蛋，殴打听众甚至在散场时殴打政协代表。面对特务的捣乱和破坏，三联同人们和新出版业的部分青年，同社会大学、育才学校的师生一起，在讲演台周围围成几层人墙，不让坏人接近我党代表和民主党派领导人，在散场时保护他们通过拥挤的人群安全退场。①

即使是在这样的严密组织下，仍然避免不了坏人捣乱，有时搞的会场秩序很乱。1月16日晚上的一场讲演，就遭到特务们的破坏。《新华日报》在1月18日、19日连续两天在头版显著位置刊登《政治协商会议陪都各界协进会紧要启事》。

启事称："本会以人民立场为协助政治协商会议期间有所成功，不能失败，而由各界联合组成本会，逐日邀请出席政协会各方代表轮流报告协商情形，并借此使代表听取人民意见，进行已四日，于16日7时在沧白堂正当张代表东荪到会讲演之际，即有捣乱分子叫嚣呼闹，企图破坏会场秩序轮番扰乱，显系有组织之破坏行为，讲演者又为出席政协会之代表，政府保障人民集会自由诺言在耳，而竟有此种现象发生，岂惟人民失望，亦为盟邦齿冷。本会除已代表向政协会提出访问，转请当局立予制止外，本会仍继续逐日举行，以表示集会自由之必须获得，务希各界踊跃参加支持到底。特此启告。"

刊登启事，是在向社会控诉，向政协说明，也揭露了国民党顽固派的两面派手法。黄洛峰认为启事的形式会比记者写报道郑重些，也比一般消息所起作用大，不仅能引起国民党当局的注意，也会引起国际国内的关注。

可是，国民党特务却不顾这些，继续在协进会主办的讲演会上捣乱，他们在会上起哄、辱骂，甚至对听众进行殴打。《新华日报》连续刊登了这类令人气愤的消息，呼吁立即实现"四项诺言"、保障人

① 《重庆出版志》编纂委员会编：《重庆出版纪实》（第一辑），重庆出版社1988年版，第307页。

权，这一系列捣乱破坏事件被统称为"沧白堂事件"，成了社会舆论的焦点。

1946 年 2 月 9 日，人权保障委员会筹备会议在重庆青年大厦召开，到会 23 个团体代表和社会著名人士 60 多人，沈钧儒、冯玉祥、李烛尘为主席团成员，黄洛峰参加了会议。政协会闭幕时，有大部分代表签名发起要组织人权保障委员会，这次，经过到会者讨论后成立了筹备会议，选出沈钧儒、邵力子、冯玉祥、董必武、陈启天、李烛尘、梁漱溟、黄炎培、史良、陶行知、闫宝航、章乃器、黄洛峰、刘清扬等 25 人为筹备委员。

（五）"较场口血案"真相

1946 年 1 月 31 日，经过 22 天的商讨，政治协商会议达成了"和平建国纲领"等五项协议，圆满结束。《新华日报》2 月 1 日刊登了大字标题"开辟民主建设康庄大道，政协会议圆满闭幕"，并将"五项协议"全文登出。人们为这一艰苦斗争得到的成果而欢呼。

黄洛峰深知成就来之不易，但要巩固成就，协议要付诸实现，还任重道远。他认为，当务之急，是召开大规模庆祝活动，让全国人民都知道，真正实现和平建国，实现民主要求，得靠人民团结起来去争取。

于是，黄洛峰积极筹备开展庆祝活动。黄洛峰除了领导三联书店、新出版业联合总处工作外，还承担文化界政协会议协进会理事、重庆各界政协会议协进会主席团成员的工作。政治协商会议陪都各界协进会又同中国劳动协会发起并联合民主建国会、全国邮务总工会、中国经济事业协进会、中国农业协进会、陪都文化界协进会、中国妇女联谊会、重庆青年会、东北政治建设协会、育才学校、中国职业青年会、社会大学等 23 个团体组成陪都各界庆祝政治协商会议成功大会筹备会，黄洛峰被推为筹备委员会秘书长。

在他的主持下，筹备会于 2 月 2 日、6 日和 8 日召开了三次会议，决定了召开大会的时间、地点和大会议程。并由 23 个团体推选出 25 人组成主席团，李德全为总主席，沈钧儒、郭沫若、李公朴、章乃器、施复亮、马寅初、黄洛峰等都是主席团成员，作了细致的分工。

经过讨论决定：陪都各界庆祝政协成功大会定于 2 月 10 日上午 9 时半在较场口广场举行。对这个万人大会，沈静芷回忆道："洛峰同志是受命负责筹备的负责者和指挥者。他亲自筹划并组织了薛迪畅、仲秋元、范用、刘建华等十多位同志，组成具体的工作班子，洛峰对大会会场的勘察、选点、搭台、布置、交通联络、宣传、保卫，都做了明确的交代和分工，在他的带领下，大家愉快而紧张地工作了一周，完成了筹备工作。往往在深夜或凌晨，洛峰同志还去现场亲自检查。"

筹备会还印刷了《告全国同胞书》，以备大会散发。这份文件，是经过反复讨论、集中了很多人的意见写成的，从始至终都贯穿着黄洛峰的心血和勤劳。

《告全国同胞书》全文如下：

　　亲爱的同胞们，举世关切的政治协商会议，圆满闭幕了；协商的结果，尽管和我们的要求还有些距离，我们仍然要为这伟大辉煌的成就而欢欣鼓舞。无疑的，正如中外各报所评论：这是一个不流血的革命。首先足以亡国的内战停止，就使我们免得再为毫无意义的冲突而流血！其次蒋主席的四项诺言——保障人民基本自由，释放政治犯，承认政党合法地位和实行普选，进行清算廿年的政争血账，刷新了挂了三十多年的民国招牌，也给我们很大的安慰；最后的，也是最重要的，还是关于改组政府，制定和平建国纲领，军队国家化，改组国民大会和重订宪草等五项协议，开辟了国家建设的坦途和程序；在我们历史当中，实在是空前未见的杰作！

对于这种辉煌伟大的成就，我们自然应该感谢主持会议的蒋主席。感谢为国辛劳的诸位代表，感谢国共两党及其他党派社会贤达的推诚互谅，感谢马歇尔特使的协助有力，然而同时也不能忘记基本的力量，还靠我们人民自己。本来历史上任何的革命，流血的也好，不流血的也好，都是由人民的呼声和努力而来的。一切政党的行动，都不过是执行人民的要求，任何友邦的协助，也必须以人民的要求为根据，才能有效。不流血的革命固然是幸运的。然而也决不是从天上掉下来的，我们讨论一下协商的成就，便会发现出来，那当中包含着多少已往的惨痛的呼声和血泪。掌握政权者，在此时代，也正不必以接受人民要求处于被动为遗憾，实际上一个民主的政权，本来是应该以能接受人民要求为无上光荣的。

我们更应该觉悟，今后由实行协议步入和平建国的坦途，仍然需要人民的努力，而且需要更大的努力。我们一面希望各党派能以"以前种种譬如昨日死，以后种种犹如今日生"的精神，化除成见，改变作风，长期团结，同为和平建国而努力；一面更希望我全国同胞，一致奋起，广泛团结，作为党派团结的基石，共同争取协议的彻底实现！

凡是中国人，只要良心未泯，决没有不拥护政治协商会议的五项协议的。这些协议，不但为国家觅得光明的出路，而且也为全国每一个善良的人民觅得光明的出路。农民、工人、商人、学生、荣誉军人、自由职业者和教育文化工作者，固然都需要民主自由、和平建设；大部分的军官和士兵也需要妥善的退伍，重返家园做好的百姓；大部分的公务人员也觉得人民比上司容易伺候，而需要民主；甚至大部分的特务工作人员也需要民主，从不幸的生活中解放出来，做安居乐业的老百姓。看到五项协议而发抖而怀恨的只有少数逍遥法外的汉奸，贪污起家的官僚，鱼肉乡民的土劣，以至一些执迷不悟的法西斯残余。

光天化日之下，不容鬼魅现形，时代是光明了，国际上反动的主力已溃败了，留下来的只是一些散兵游勇，还能造反吗？我国同胞在这时候，应赶快团结起来，为了保证政治协商会议的彻底实现与和平建国的成功而奋斗。我们赢得了战争，必然还可以赢得和平，赢得民主，赢得繁荣。

最后让我们一致高呼

立即成立人民自由保障委员会！

立即释放政治犯！

拥护各党各派长期合作！

全国人民团结起来彻底实现五项协议！

民主团结和平统一的新中国万岁！

为了大会的顺利进展，黄洛峰亲自选定了一些出版界的青壮年员工，他们在社会大学、中国劳动协会等单位的协助下做保卫工作，以防坏人的破坏和捣乱。

同时，特别请章乃器亲自到重庆市商会理事长仇秀敷家中，递送筹备会给市商会的通知，并要求仇转邀市农会、市工会等单位参加筹备工作。但是，这些官办团体拒绝参加筹备会，当时，大家还不知道他们另有图谋。

这边在热火朝天地准备庆祝大会，那边却在秘密筹划破坏大会。

国民党重庆市党部得知庆祝大会的时间和地点之后，2月8日召集有中统、三青团、军、警、宪、特务和国民党"御用团体"等参加的会议，以"转变会议内容"、"遏止反动言论，以戢邪乱"为宗旨，决定"发动党团员及社会服务队员共600人参加大会"。规定其"应于10日上午8时前到达会场并环立主席台前"，以便破坏得手。2月9日，国民党中央执行委员、国民党重庆市党部主任委员方治再次开会，向各区党部书记紧急布置各方配合，并规定了秘密联络的各种暗号。这两会记录，均由方治批示："密存中央。"①

2月10日晨8时许，中统特务刘野樵以市农会常务理事的名义，带领国民党布置的打手特务数百人闯入会场，占据了大会主席台及其周围的地方。

参加陪都各界庆祝政协成功大会的人们，从四面八方涌进大会会场，重庆三联、新出版业联合总处的红旗排在会场的前列，社会大学、育才学校、中国劳协以及文化界、教育界、职业青年、新华日

---

① 南方局党史资料编辑小组编：《南方局党史资料·五·群众工作》，重庆出版社1990年版，第529—530页。

报、中国经济建设协会等各执旗帜，进入会场，23 个团体的队伍和其他庆功的人流，向较场口汇集。大会主席团李公朴、章乃器、黄洛峰、闫宝航、施复亮、李德全、马寅初、史良、刘清扬等，政协代表沈钧儒、郭沫若、梁漱溟、罗隆基、曾琦、陈启天等先后到达。整个较场口旗帜飘扬，山城人民为之欢呼。

正当执行主席李公朴走向主席台，拿起麦克风要宣布会场秩序时，刘野樵窜过去抢下话筒，无耻地说他是主席，并气急败坏地与章乃器纠缠，台下的特务、打手，大声嚷叫、起哄。两个特务乘台上混乱，抢去播音器大叫："我们推代表中国人百分之八十的农民代表刘野樵任总主席。"接着刘即宣布开会，并唱国民党党歌。

李公朴、马寅初、施复亮立即向前严斥刘野樵的无理行为，说明开会程序要按筹委会决定进行。施复亮大声向台下群众高呼："请大会执行主席李公朴先生讲话！"李公朴刚要讲话，却被特务、打手包围，拳打脚踢，从台上一直推到台下，头部遭铁尺猛击，当即血流如注。

郭沫若、马寅初急切上前护李，并大喊"请勿打人"，郭、马亦遭毒打。郭沫若左额被打肿，胸部被踢伤，眼镜被打落在地上。马寅初被打致伤，连外衣也被特务撕去抢走。施复亮被几个特务拖打得遍体鳞伤，适逢重庆市参议会议长胡子昂车到，把他救走。年近七旬的沈钧儒老人也被包围，重庆三联的一批青年和早有安排的一批工人，紧紧贴身保护沈老，阻挡了特务的拳打脚踢。其他政协代表和主席团成员，都被健壮青年分批围护，含恨退离会场。

黄洛峰一边指挥保卫人员尽力拦挡特务行凶，使政协代表和主席团成员安全退场，一边迅速派人报告周恩来大会情况。周恩来闻讯驱车赶到现场，目睹此种景象，万分气愤，连声怒斥国民党无耻！随即奋不顾身地和大家一起阻拦行凶歹徒，并安排司机用自己的车把流血负伤最重的李公朴送往市立医院抢救。在场的暴徒们面对周恩来的到来，谁也不敢继续行凶，一个个夹着尾巴溜走了。

在众目睽睽之下发生的"较场口血案"，立即引起山城人民极大愤慨。被歹徒行凶殴打的还有一大批群众和各报社的新闻记者。政协代表莫德惠、李烛尘、张君劢也被邀请参加大会，因他们去的稍晚而被阻于会场之外，看到特务们的行凶场面非常气愤。国民党代表邵力子到场看到此情此景，无可奈何而径自离去。

震惊中外的"较场口血案"发生之后，周恩来、邓颖超、廖承志携带中共代表团慰问信和鲜花，到市立医院向受伤的民主战士李公朴、郭沫若、马寅初、施复亮表示慰问。

黄洛峰更是四处奔波，处理未了事宜。

1946年2月10日晚上8时，民盟代表团召开紧急会议，周恩来出席。会上，国民党代表要求"各方多加容忍，勿造成互相仇视之壁垒"。周恩来当即严正指出："非各方面未容忍，而是特务分子已先不容忍。若继续闹下去，人民自由何以保障!?"

会议决定由周恩来、董必武、王若飞、沈钧儒、章伯钧、张君劢、陈启天、梁漱溟、李烛尘、张申府、罗隆基11人联名致函蒋介石，抗议"较场口血案"，并推周等4人去见蒋介石，蒋却于11日飞往上海。周恩来等人后又访国民党中央秘书长吴铁城，要他电告蒋，调查血案真相，提出解决办法。

2月11日，《新华日报》报道了"较场口血案"的真实情况，并发表社论《较场口暴行》，强烈要求国民党当局"认真查办主凶"。同天的国民党中央社和《中央日报》却做了颠倒黑白的报道，说什么"公推刘野樵为主席"、"刘野樵受伤"。

这就更加引起了与会者和全国人民的激愤。于是，《新华日报》、《新民报》、《民主报》、《国民公报》、《商务日报》、《大公报》、《时事新报》、《世界日报》等都报道了"较场口血案"的真相，有9家报纸的42位记者联名公开发表致中央社的信，一一驳斥了国民党宣传机关的无耻谎言，重庆新闻从业人员221人联名发表《保障人权，忠实报道》的意见书。十多家报纸、二十几家杂志，接连不断发表报道、抗议、公开信、启事、社论、诗歌、杂文、政论等数百篇，报道了血案真相及后果。

黄洛峰在愤怒的同时，积极准备"较场口血案"的详细报告，以向记者招待会散发，还准备了《向全国同胞控诉书》以告全国人民。

2月11日下午，在中苏文化协会餐厅，筹备会举行中外记者招待会，由李德全主持，黄洛峰以翔实的材料报告庆祝大会筹备情况和血案发生经过。会上宣读了施复亮躺在病榻上口述的《愤怒的抗议》；转达了正在住院的李公朴的控诉；郭沫若带伤出席会议并讲话；劳协代表报告了该会工友被殴情况；各报受伤的记者亦被邀在会上讲述受伤经过，这些都完全揭露了国民党中央社和《中央日报》的无耻谎言。

同一天，筹备会在迁川大厦举行会议，由参加筹备会的23个团体讨论决定联合签名向全国控诉"较场口血案"，并推举李德全、闫宝航、朱学范、王葆真往访吴铁城，要求政府当局认真处理制造血案的主犯。2月17日，筹备会再次举行记者招待会，章乃器以《可怜可耻的反宣传》为题，全面系统地逐一驳斥了国民党反宣传的丑恶行径。

2月13日，《新华日报》将陪都各界庆祝政协成功大会筹备委员会《向全国同胞控诉书》全文发表，共有五部分：血案发生以前、血案的经过、血案的关键、向全国控诉、几项要求。

这份控诉书凝聚着参加筹备的 23 个团体成员的心血和感情，反映了全国人民的义愤和急切要求自由与安全的心愿。

接着，重庆文化界 152 人共同为"较场口血案"发表告国人书。重庆工人"二·一〇"血案后援会成立，重庆各界的血案后援会纷纷发表声明或宣言。成都举行了各界群众大游行，昆明举行了万人大游行，全国各地的函电飞向重庆，一方面痛斥国民党阴谋制造血案，一方面热情慰问受伤人士。保障人权、保证自由的呼声席卷全国。

"较场口血案"风波未息，2 月 22 日，又有数百名暴徒乘游行之机，捣毁了《新华日报》营业部，并把该报营业主任杨黎原、徐君曼等三人打成重伤，同时，也捣毁了民盟总部的民主报社。周恩来和中央代表团连连发表声明和抗议，张澜也发出抗议，抗议和声援又一次掀起高潮。

对这类风波，黄洛峰有时愤慨不已，有时轻蔑一笑。不过，他毫不气馁，今后的路仍然不会是平坦的，斗争的任务是艰巨的，需要更大的勇气、更大的力量，排除前进路上的障碍。

四、白色恐怖下的重新布局

（一）重回上海部署内地

抗战胜利后，重庆的出版业纷纷迁回上海，黄洛峰一时难以脱身，滞留在重庆。

"较场口血案"所激起的民愤还没有平息，国民党于 1946 年 3 月在重庆召开了六届二中全会，会上又对政治协商会议公然非难，号召修改和推翻政协决议。4 月 1 日，蒋介石在国民参政会上公开撕毁《东北停战协议》，声称政协决议对他没有任何约束力，大喊军令与政令的统一，提出由国民党制定宪法。至此，蒋介石已揭掉了民主和平的一切伪装，把国家推向内战的深渊。

中共代表团于 1946 年 5 月初迁往南京。同时，重庆局亦迁走（1945 年 12 月中共中央决定将南方局改为重庆局，迁南京改叫南京局），政治中心随之转移。

1946 年 6 月初，黄洛峰离开重庆到上海。

这时，全国形势一触即发。国民党调集 30 万大军，围攻中原解放区李先念所属部队。5 月 4 日，周恩来在南京为此访问马歇尔①；5 日，周恩来和国民党、美方代表飞汉口；6 日，三方代表和记者共 40 余人去中原解放区；8 日，到达宣化店。在东北，国民党军队在美国的帮助下，不断进攻解放区。

6 月 7 日，国民党 60 军 184 师（滇军）在海城起义，并通电全国反对国民党挑起的内战。

黄洛峰看到这一消息，发自内心地高兴，因为这支起义的队伍，正是 1938 年他在武汉进行过策反工作的部队，他曾介绍了不少共产党员到该师工作。在延安的艾思奇、刘惠之、柯仲平等人为此发了

---

① 1945 年 12 月，马歇尔作为驻华特使抵达上海，负责"调处"国民党与共产党的关系。1946 年 1 月 7 日，国共双方代表张群、周恩来和美国总统特使马歇尔组成军事三人小组。1946 年 11 月"调处"失败，马歇尔返回美国。

贺电。

当国民党军向各个解放区发起进攻之际，也对国统区的革命进步的新闻出版事业进行残酷迫害。

重庆三联旗下的北平朝华书店，被国民党诬为"奸党潜伏组织，贩卖反动书刊，宣传赤化"而被封闭，长沙中国书店被封，广州兄弟图书公司被国民党宪兵特务用利斧、铁棒捣毁，工作人员被打伤。武汉联营书店，国民党扬言"要捣毁这个宣传赤化的书店"，却不知为什么没有实施他们的阴谋。昆明13种期刊被查禁。上海面临的迫害比内地更甚，《新华周刊》遭封闭，《群众》、《周报》、《民主》、《文萃》等刊物均被查禁。特务对进步出版业人员盯梢、监视、查抄书刊之事也时有发生。

上海文化界164人包括黄洛峰、徐伯昕于6月8日致书各方呼吁和平。25日，上海54个团体共10万人举行大游行，陶行知代表10万人提出，美军立即从中国撤走，停止对国民党军队的一切援助，因为这是中国内战爆发的根本原因。

接着，上海百余团体推出代表马叙伦、包达三、盛丕华等，在反对内战的群众欢送下，到南京请愿。但是，请愿团在南京遭到暴徒殴打，致使马叙伦和记者多人受伤，制造了"较场口血案"后的又一次血案。这一血案引起全国各界人士的强烈反对，纷纷要求严惩凶手。

为了生活、读书、新知书店的发展和解决面临的经济问题，黄洛峰在党的安排下（党的组织关系到上海后，改由冯乃超联系）于1946年7月前往苏北解放区，进行了一次密访。

他到了淮阴，要求华中局拨给重庆三联资金，以扩大重庆三联的经营范围。华中局批准了他的要求，拨给了一批货物后，黄洛峰即返回上海，继而派郑树惠负责将这批货物运回上海出售，卖出货款约合当时法币 1 亿元，这极大地促进了进步文化出版事业的发展。

这次苏北之行，是黄洛峰第一次到解放区，感到解放区完全是一片新的天地，无论走到哪里，他都觉得新鲜和温暖，比到自己的家还热乎，时间虽短，但印象很深。任务完成得既顺利又迅速。这对一个长期生活在国统区的共产党员来说，真是从未有过的精神享受。

在参加社会上的反内战斗争之余，黄洛峰与徐伯昕、沈静芷协商推动着重庆三联的发展，抓紧出版群众迫切需要的革命图书和进步图书，以满足广大读者需要。

出版之外，开始加大分店的建设。三店决定派出优秀干部到山东、东北解放区开展工作。1946 年 6 月，派吴毅潮到烟台开办光华书店，7 月派孙家林带去纸型及数十大箱书刊去安东，邵公文去大连开店后又辗转至佳木斯、齐齐哈尔开设光华书店，1947 年春节到哈尔滨开办光华书店。除上述各地，还在青岛、潍坊、济南、长春开设分店，并曾在朝鲜平壤建立过一个分店。

不久，解放区的光华书店在业务上迅速发展了起来。《资本论》和《鲁迅全集》第一次在解放区印行，就是这时开始的。

为了适应各地分店的运输需要，三店决定建立上海—苏北—胶东海上运输线。用机帆船从上海运送书刊到解放区，同时运去解放区急需的物资如纸张、油墨、印刷器材等，回程则将猪肉、土产等运到上海销售。有时还捎带人员到解放区去。有一次，苏北拨给食盐数万斤，书店人员就把食盐变卖，买了生猪，又将生猪宰杀后腌成咸肉运到上海，正好赶上上海过春节，销路特畅，赢利不少，这些在一定程度上弥补了出版资金的不足。

1947 年，党交给一个任务，将进步文化人士从香港护送到华北解放区。三店运输线这时已掌握了从香港到天津的线路，并已租得了一艘外国轮船宝通号，曹健飞、郑树惠等接受了这一重要的任务，安全胜利地将一大批民主人士从香港送到天津，又转赴解放区。

当时盘尼西林药品很珍贵，全靠进口供应，郑树惠又奉命带领石泉安、韦起应去香港采购盘尼西林到广州出售，时间约有一年，也获得了一部分利润。

天津解放后，郑树惠还和曹健飞从香港运来汽车轮胎、颜料等，又从天津运回黄豆、猪肉等在上海销售，这可说是副业战线的最后一战了。

这条副业运输线，经常遇到狂风巨浪，而且随时可能遇到敌人的舰艇追击；在陆地又要出入敌占区关卡，随时都要冒着生命危险。三店的员工为了"以副养主"，坚持革命的出版事业，不畏艰难危险。"读社"张汉清在上海一直坚持在这条秘密运输线上工作，不幸在一次由苏北运输物资和黄金等途经宁波港口时，被敌察觉遭到杀害，英勇殉职。

同期，刘麈自桂林返沪，先到淮南与人合办过一个烟厂。1948年底，又到天津办过火柴厂，这个厂实际上也是上海与华北解放区密切联系的一个桥梁。

1946 年底，三店派曹健飞等去台湾开设书店。因台湾被日本长期占领，是新的进步出版业急需开拓的地方。1947 年 1 月到达台北后即与人合作开设了新创造出版社，2 月开业，受到台湾人民的欢迎，但不久发生"二二八事件"①，全岛陷于白色恐怖之中，这个书店

---

① "二二八事件"又称"二二八起义"，发生于 1947 年 2 月 28 日，是台湾省人民"反专制、反独裁、争民主"的群众运动。

开业仅 10 个月就被迫停业。虽然时间很短，却给台湾人民留下了深刻印象。

从这些事迹可看出，黄洛峰不愧是"黄老板"，不仅有胆识出版《资本论》等进步书籍，也把重庆三联的副业搞得很活跃，其经济效益大大补充了所遭受的惨重损失。

（二）"读社"创办人李公朴殉难

1946 年 7 月 11 日晚 10 时，"读社"创办人之一李公朴在昆明被国民党特务枪杀于街头。李夫人张曼筠急呼，云南大学学生数人前往救助，送医院抢救无效，于 12 日晨逝世。他临死前高呼："我为民主而死！"

李公朴牺牲的消息，使黄洛峰和重庆三联的所有员工极其悲痛，这是继邹韬奋之后又一创始人的辞世。李公朴是民盟中央委员，一直同黄洛峰保持着密切联系，在几年的争取民主自由、反对国民党独裁专政和反对分裂、反对原救国会领导人之倒退的斗争中，李公朴是站在前列的一员。他每到重庆，总是到"读社"去，与黄洛峰以及其他员工亲如一家，大家把他作为领导和前辈尊敬。李公朴特别喜欢和年轻人生活在一起，谈笑风生，平易近人。

1942 年，李公朴在昆明从事民主运动的同时，在云南地下党的支持下创办了北门书屋，后来扩大为北门出版社，出版进步书刊，经销生活、读书、新知三家书店的书刊，想尽一切办法翻印了《新民主主义论》、《论联合政府》、《论解放区战场》等著作，曾冒着极大风险传送到云南各州县，以扩大其影响。

李公朴被暗杀的消息公布之后，引起中国共产党和全国人民极大义愤，各界各团体、著名作家、文化界人士，纷纷向李夫人张曼筠发了唁电。

毛泽东、朱德的唁电："惊悉李公朴先生为国民党狙击逝世，无限愤慨。先生尽瘁救国事业与进步文化事业，威武不屈，富贵不淫，今为和平民主而遭国民党毒手，实为全国人民之损失，亦为先生不朽之光荣。"

以周恩来为首的中国共产党代表团唁电指出："公朴先生之牺牲，必将激起全国人民反法西斯暴行及争取和平民主运动的高潮，敝代表团誓为后援。"

民盟总部以及昆明、重庆、上海和全国各地的各界各团体都发来充满悲愤的唁电，也向蒋介石和国民党发出严重的抗议，并提出立即制止如此卑劣的暴行。

黄洛峰和"读社"的全体员工，怀着极其悲痛的心情悼念这位英勇献身的战士和热爱出版事业的亲人。

黄洛峰多次回忆起和李公朴相处的日子，特别是抗战胜利后并肩战斗配合默契的时日，两人是十分难得的战友，李公朴又是令人难忘的兄长。1961 年 4 月，黄洛峰曾写了一首《题红梅图》：

张小庼先生为亡友李公朴先生之岳父，一九五〇年寄赐红梅一幅。公朴殉难忽忽十五年，先生亦已作古，近展是图，感成一绝。

独傲冰霜吐芳馥，一枝欲活道不孤；
红霞劫后夺春色，疑是血痕入画图。

黄洛峰（1909—1980）

汉口读书生活出版社同人1938年留影。左起：刘田坤、孙家林、汪晓光、欧阳章、刘耀新、郑树惠、刘大明、黄洛峰、范用、陆家瑞

上海出版业联谊会总处出版组同人摄影留念

摄于 1949 年 12 月 8 日，前排右三为黄洛峰

黄洛峰读报（约 1955 年）

黄洛峰在长城上（1956 年）

黄洛峰 1959 年留影

　　黄洛峰与家人 1972 年留影。前排左起：黄坚（黄洛峰堂弟）、黄洛峰、孙幼礼、黄映坤；后排左起：黄云山、黄燕生、黄明（黄坚之子）、黄燕民

一九四〇年十月邹韬奋
先生逝世会，抗战联云。

嗟起胶七，扬上海，
困荆州，为民族解放，
海沟精强千古流。

（炳）
笔阵春秋，走石粤
入淮海，悼三户七秦，
长昭壮志尝海忠！

承先启后万枝鼓
开雄陕革命
海外红梅

三联书店三十周年纪念

黄洛峰

黄洛峰手迹

黄洛峰的中学毕业证书

黄洛峰的第一届全国人民代表大会代表当选证

中央人民政府
政務院 任命通知書 政字第 0207 號

茲經政務院第十一次政務會議通過任命

黃洛峯爲中央人民政府出版總署出版局局長

特此通知

總理 周恩來

一九四九年十二月十六日

中央人民政府政務院印

任命書 第 4379 號

任命黃洛峯為中華人民共和國

文化部部長助理

總理 周恩來

一九五六年五月十一日

周恩来总理签署的对黄洛峰的任命书

（三）"广告炮弹"炸响石头城

在李公朴被暗杀之后的第五天，闻一多又遭暗杀，更加激起了全国人民的愤怒。

国民党开列的继续下毒手的黑名单不断传出。这当然引起革命者和进步人士的警惕和相互关照。黄洛峰在这种形势下的处境是非常困难的。

诗人臧克家有过一段回忆。他说：1946年，我到了上海，"读生"①也迁到了上海四川北路，与我相去不远。那时，洛峰同志和另一位负责人万国钧同志的住处，是半保密的，我与艾芜同志不时去拜访，成为入幕之宾。在蒋介石反动统治之下，大家有时一道开会，心心相印，息息相通。我的一本小册子《我的诗生活》、小说集《挂红》都是由"读生"出版。

此时，上海逐渐成了新出版事业的中心，黄洛峰仍运用在重庆时的基础和经验，以三联为核心，广泛地开展了团结同业的工作。先成立了上海新出版业联谊会、上海杂志界联谊会，借以推动同业间的联合行动和民主运动，并联合新出版业参加改组上海书业同业公会的斗争。

尽管上海也处在白色恐怖之中，但革命的进步文化之火没有被扑灭。黄洛峰熟练地运用着有效的武器，紧张地战斗着，当然战斗的方式方法就特别注意策略了。

其中最值得大书特书的就是，他向国民党射出了一枚"广告"

---

① 读生，即读社，读书出版社的简称。

炮弹。

《资本论》的出版，是黄洛峰从事出版事业以来的重头产品，由于长时间不能满足读者需要，黄洛峰就下决心在上海再版。特别是当"拒检运动"取得胜利之后，《资本论》经译者修订完稿，他就加紧了准备工作。

没有想到，当《资本论》修订稿交付印厂制作之际，内战炮火却又在中国大地燃起。黄洛峰认为，"你打你的，我打我的"原则，也适用于出版阵地。他考虑的是，如何做好再版《资本论》的宣传工作。于是和范用一起精心制作了发售预约的广告，其全文如下：

读书出版社发行世界名著

资本论

卡尔·马克斯原著，郭大力、王亚南合译

是人类思想的光辉的结晶

是政治经济学不朽的宝典

资本论的产生，正像一个新社会的产生一样，它的一切经过，都是斗争的，革命的，它虽然受到一部分人的嫉恨，但也受到更多人们的欢迎和拥护。它的理论是像钢铁那样紧密，利刃那样锋锐，它的内容是像海洋那样渊深宏富，它的文章又是那样健全，美丽动人。译笔极严谨忠实，而又熟练流畅，早有好评赞誉。本书于廿七（1938）年初版，瞬即售罄，颇多向隅，迭接读者来信，建议再版，终因战时种种条件所限，未能如愿，今兹勉印出版，以应需要，用答读者之盛意。

本书三大卷，两百余万言，唯一的全译本，精印三巨册；用布面精装。

发售预约

（一）三月底出书。预约价每部国币85000元，定价因成本飞涨，俟出书后另订之。

（二）预售期本年2月15日起。本埠2月底截止(邮戳为凭)。满额500部得随时提前截止。

（三）外埠一律挂号寄递，邮费另收（京沪杭沿江沿海各埠收费2000元，西南西北各省收8000元，香港南洋各地收5000元，航空另加15000元）多退少补。

（四）同业预约三部以上，九五折优待。

重庆预约处：三联分店（民生路）

特约代办处：联营书店（林森路）

让人震惊的是这幅广告同一天刊登在了重庆出版的《新华日报》和南京出版的《中央日报》上。

在重庆的《新华日报》上，2月20日和26日均以极其显著位置刊出。说是幅广告，在人们看来是非常重要的珍贵消息。因为受白色恐怖袭击，重庆的《新华日报》即将被迫停刊，在停刊前夕能两次登出这幅广告，已属不易，很多读者对《新华日报》和"读社"的努力备感佩服。

让人们没有想到的是，这幅广告2月20日也出现在国民党的头号宣传工具《中央日报》上，而且登在头版报名旁边的最显著位置。

若将重庆出版的《新华日报》和南京出版的《中央日报》进行对比，就会发现，在同一天，马克思的《资本论》都以头版最显著位置向各自的读者推荐。这在两家报纸的历史上，是从来没有过的一致。

果然，在南京，就像被投下一颗重型炸弹一样，国民党当局内部掀起了一场轩然大波，成了著名的"广告事件"！

这个事件的缘起，还要从2月上旬说起。一天午后，黄洛峰在上海四川北路仁智里155号"读社"的一间堆满了书刊的房间里，会见来自南京的正风图书公司经理陈汝言。

"正风"是新出版业联合总处的成员，即由徐悲鸿、柳亚子支持和合作的正风出版社。陈汝言早在上海时是李公朴的学生，在重庆时得到过黄洛峰的帮助，成为进步出版业的积极分子，是黄洛峰经常交谈的对象之一。他参与了黄洛峰组织的"新出版业联谊会"活动。陈汝言在《良师益友》一文中写道："我在洛峰同志的教导下，积极参与了这些活动，提高了认识，得到了锻炼。"

回想他同黄洛峰的这次会见，他写道：

我们当时谈到时局的动向，对国民党悍然破坏和平，疯狂发动内战，非常愤慨，他（洛峰）深沉地说："政治谈判结束，军事较量加剧，我们革命出版工作者，如何在国统区配合伟大的解放战争，在文化战线上主动出击，打掉敌人的嚣张气焰？面对这严峻的形势，我们留在上海、南京的人担子更重了。"洛峰同志这番寓意深长的话，对我启发很大，我意识到，以后的斗争将进一步险恶。接着，他告诉我：马克思的经典著作《资本论》，已由郭大力、王亚南修订完毕，即将付印，这部书成本高，准备预约，想请正风南京门市部担任预约工作。

黄洛峰要陈汝言想办法，在国民党的《中央日报》上登一则预约广告。陈汝言有些犹豫，他曾回忆："《中央日报》是国民党反动派的重要喉舌，受国民党中央宣传部直接控制管理，在此报登刊《资本论》广告，谈何容易。"但他感到"这是革命的需要，斗争的需要，一定要尽最大的努力去完成这个任务"。[①]

黄洛峰又说："广告属于商业性质，国民党新闻检查的官员们一般不会注意到这点。"陈汝言说，如果拿原稿去刊登，势必要通过画样、排版、校对、制型等一系列工序。这样，环节一多，耳目也多，必须尽可能减少环节。

黄洛峰赞同这个意见，他答应第二天来取纸型。次日，陈如约前往。黄洛峰给了陈60万元的广告费，并将纸型交陈。黄洛峰一直把他送到车站，待火车开动，方才挥手告别，预祝他顺利完成任务。

陈汝言回到南京，缜密筹划，多方活动。终于在2月19日将广告纸型交予与他接头的《中央日报》广告员，并一再拜托广告员"最好刊登在报名旁边"。

2月20日清晨，陈汝言去报馆门前看《中央日报》，"资本论"几个大字赫然入目！这幅广告以极显著地位登出来了。他紧张的情绪才松懈下来，党交给的任务胜利完成了。同时他也意识到，这颗炸弹已经投向黑暗的天空，并且很快将炸响，定会引起国民党当局的追查。他赶回家中，疏散了家人，匆匆赶到下关车站，买了两份报纸，兴奋地乘快车去上海，同黄洛峰共享这次胜利的欢聚。

当天上午，蒋介石看到《中央日报》竟然登出宣传马克思主义的

---

① 陈汝言：《〈资本论〉广告事件》，载范用编：《战斗在白区：读书出版社1934—1948》，生活·读书·新知三联书店2001年版，第388页。

广告，勃然大怒，立即下令收回这一天的《中央日报》，并严令追查。这时国民党胡宗南的部队正向陕甘宁边区进攻，五路大军逼向了延安，蒋介石在急于要看到他所希望的胜利消息之时，首先看到的却是那幅触痛他神经的广告！"著名"的反共报纸《救国日报》当即发表社论《中央日报竟为共党张目》，承认这件事"在国民党的声誉方面和心理方面，招致了不可补偿的损失"。

黄洛峰发射的这枚炮弹起到了巨大的作用，在社会上引起了极为强烈的反响。新出版业的同行们为此编了一副对联：

上联：黄洛峰绝妙设计石头城一弹中的
下联：胡宗南大军压境陕甘宁到处扑空
横批：同时异地

（四）多方争取营救战友

在白色恐怖时期的1947年4月间，黄洛峰和万国钧仍想把"读社"的门市部在上海开起来，想了很多办法在四川北路买了两栋楼。由于国民党对进步文化事业的摧残，步步逼紧，"读社"门市不宜公开开设，所购楼房一幢留作宿舍和库房，另一幢转给人家开药房。仁智里155号转由《文萃》杂志社购置，作为发行机构"人人书报社"使用。《文萃》虽被查禁，但它仍秘密地出版和发行反蒋、反美的小册子，直接向报贩、书摊发送。

进入5月，北平学生进行反内战反饥饿宣传，遭国民党军警殴打。上海5000学生举行反内战反饥饿大游行。5月20日，京、沪、苏、杭地区 6000 名学生示威游行，向南京政府请愿，遭到国民党军警、特务镇压，发生了"五二〇惨案"。黄洛峰看到形势险恶，特别注意敌人动向，并关照"读社"员工警惕。

可是，接着就发生了几桩"读社"员工被捕事件：

6 月 1 日，在武汉，武汉联营书店马仲扬、金思明、王仁林、尤开元、李行方、宋禾 6 人被国民党军警逮捕，门市部和宿舍被搜查，致使书店被迫停业。同一天，因为武汉大学学生同逮捕师生的军警特务直接对峙，军警竟然开机枪扫射赤手空拳的学生，当场打死学生 3 人，很多人受伤，被捕者达 2000 人，造成了"六一惨案"。这引起武汉人民的极大愤怒，举行抗议示威游行，罢工罢课，连资产阶级上层也为此呼吁，全国各地声援。

6 月 1 日，在重庆，重庆三联经理仲秋元被逮捕，同时被捕的还有沪光书局经理陈青聆和文声书局经理汪声潮。

6 月，在上海，"读社"的范用去仁智里 155 号厕所时被守候在那里的特务逮捕，原来"人人书报社"的主人已被捕，特务留在那里是继续捕人的。范用被捕之后第二天，黄洛峰让欧阳章去观察一下动向，不料欧阳章一脚踏入 155 号，就被特务逮捕了。

几天之内，连续有 10 位三联员工被捕，这使黄洛峰焦虑万分。他和万国钧一起为营救被捕员工而奔波。武汉、重庆，黄洛峰都一一去函拜托同业就近设法寻找社会关系以达营救之目的。

在武汉，黄洛峰委托联营书店总经理张静庐营救被捕者。张静庐联系了 10 家书店（上海杂志公司、文化生活出版社、华中图书公司、开明书店、商务印书馆、中华书局、世界书局、大东书局、龙门书局、新亚书店），通过书业公会理事长王龙章同国民党有关当局交涉，终于保释马仲扬等6人出狱。联营书店停业半月之后，在马仲扬等6人出狱的第二天，继续开门营业，并登报启事欢迎读者，门市部被读者挤得水泄不通，很多读者前往慰问，同业们也前去祝贺，同牢的难友被释后也纷纷前往。

在重庆，在仲秋元被宣布为"共匪"的情况下，仍有50多家同业出面具保，并由书业公会理事长王民心和出版业公会理事长张毓黎为代表前往监牢探视。虽然仲秋元未能获释（至1949年3月经民盟在渝领导人交涉方被释放），同业们的正义行动，实在难能可贵。

在上海，由于黄洛峰等多方活动，范用、欧阳章在同业具保下方获自由。

重庆三联坚持营业到1947年10月，三联总店主动宣布停业，决定把资产逐渐转到香港。

（五）三联并行开启新征程

1947年初，受白色恐怖的影响，黄洛峰决定重庆三联向海外发展，在香港设立机构。于是派倪子明、汪静波去香港办"读社"分社。同时，生活书店和新知书店亦在香港建立了机构。

1947年10月9日，国民党中央社发表了国民党中央宣传部副部长陶希圣"答记者问"，声称："近来出版事业颇见萧条，但市间充斥黄色书刊及共产党宣传书刊，两者同为麻醉青年之毒物。新知书店、读书出版社刊订共匪书籍尤多。"陶希圣以这种身份发表这种言论，并不奇怪，就同他曾投靠日、汪卖过力气一样，宣传法西斯、镇压革命的进步文化也是他投靠蒋介石的卖力气表现。黄洛峰看了这一消息后，不禁嗤之以鼻，认为："被人们心目中的汉奸辱骂，不胜光荣之至！现在出来狂吠，无非奉其主子之命为公开镇压造舆论而已！"

中共地下党组织从重庆三联面临的形势分析，决定将其重心转移香港，以利向解放区和海外发展。上海只留少数人视情应变。

1947 年 11 月，黄洛峰离开上海再赴香港。万国钧、范用等暂留上海。

1948 年 2 月 12 日，国民党上海执行委员会发出"藉共匪宣传机构名义"查封生活、读书、新知三店的密令。这样，三店不得不紧急应变，决定同时撤离，并宣告读者迁往香港。欧阳章、欧建新进入解放区，汪晓光去南京，范用、丁仙宝仍留上海，万国钧来往于港、沪之间。大家都处在隐蔽状态，秘密排印马克思《剩余价值学说史》等译著，准备迎接解放。

黄洛峰到香港后，总社也暂设香港，于 1948 年 5 月底和生活书店合开了一个光夏书店，并做文具生意。为了打开书刊销路，曾用流动供应等办法到多所学校出售图书。同时为了生存，也曾与他人合伙经营香港与广州之间的其他生意。

不久，徐伯昕和沈静芷先后到达。重庆三联的党组织，改由中共港澳工委领导。黄洛峰的组织生活，不再是单线联系，而是同胡绳、邵荃麟、徐伯昕、沈静芷等在一个党支部里学习、讨论和工作。

同时，重庆三联在香港抓紧出版书刊。出版了《党员修养》、《列宁主义基础》、《简明哲学辞典》、《大众哲学》、《处女地》、《小二黑结婚》、《李家庄的变迁》、《一个女人的悲剧》、《红旗呼啦啦飘》、韬奋的《抗战以来》、李达的《新社会学大纲》、吕振羽的《简明中国历史》、狄超白的《中国土地问题讲话》、袁水拍的《马凡陀的山歌》等，还用海洋书屋名义出版了"北方文丛",在胡绳、邵荃麟主持下创刊了《大众文艺丛刊》。

"读社"在香港的生活条件依然异常艰苦,租用的宿舍是一间大房间,中间拉两块布把房子隔开,一个小角落由黄洛峰住,其他再由同志们合住。

不过,"读社"仍未放松副业,黄洛峰有时还亲自和商人接洽交谈。

1948年,当"读社"即将并入三联书店开始其新的战斗历程时,社里给每个员工发了一份纪念品:"读社"所出的一部最重要的书——《资本论》。这部书有一处特别值得珍惜的地方,就是在书脊上印有"××藏"的手写金字,以此作为集体的荣誉和个人的纪念。

(六) 三联书店开始"一套人马"

1948年,解放战争节节胜利,特别是在辽沈战役、淮海战役和平津战役之后,全国解放在望。为适应新的形势需要,生活、读书、新知三家书店由部分合作走向彻底合并。在中共港澳工委文委领导下,经胡绳、邵荃麟和黄洛峰、徐伯昕、沈静芷反复酝酿、讨论,生活、读书、新知三联书店总管理处于1948年10月26日在香港正式成立,彻底合并任务宣告完成,推选黄洛峰、徐伯昕、沈静芷等组成临时管理委员会,黄洛峰任主席,徐伯昕任总经理,沈静芷任副总经理,万国钧任襄理。从此,三店就由三块招牌、三本账簿、三套人马,变为一块招牌、一本账簿、一套人马了。

这个新的战斗集体的成立,是黄洛峰等三家负责人以及全店员工长期奋斗的结果，也是三店员工在思想一致、政治一致的情况下由局部合作走向全面合作的必然趋势。

在黄洛峰看来，三店之所以能够彻底合并，因为从根本上说它们都是中国共产党领导的书店，这是南方局和周恩来同志长期扶持、帮助、教育的结果。黄洛峰在一份材料中专门写了一节关于三联书店"党的领导"问题的内容：

1935年党中央提出抗日民族统一战线的伟大号召之后，三家书店配合当时蓬勃兴起的救亡运动，在出版的书刊上，宣传了抗日民族统一战线，抗战救国，在政治上跟着党走，这是在党领导影响下的一个开端。抗战爆发后，1937年冬，党在武汉公开成立了八路军办事处，这时新知书店接受党的任务，用"中国出版社"的名义，翻印延安出版的书刊，读书出版社总经售在武汉出版的党刊《群众》周刊（其后改由生活书店总经售），为党做了一些出版发行工作。

1940年周恩来同志在百忙中召集三家书店负责人开会，亲自给予指示，要三家书店合作到延安、太行开办华北书店，并由党拨给华北书店一些流动资金，这就是三店公私合营的开始。

皖南事变以后，国民党反动派疯狂镇压三家书店，重庆以外的分支店统统被封门或勒令停业，有的地方还抓了人，三店损失很重大。在这个严重关头，南方局对如何对付国民党反动派的压迫，及时给三家书店很多指示，三店才能分散一些力量去做买卖，很快把人疏散到香港等地向海外发展。如果没有党的领导，那么，三店就很难支持下去了。

抗战胜利后，又是在党的领导和支持下，才能到山东、东北解放区设店和经营贸易，业务又才重新活跃起来。

在抗战当中和抗战胜利以后，党在白区和解放区（除上述外还有苏北、华北）先后几次拨给三店流动资金，是三店在经济上能够支撑下去的一个最基本的条件。

总之，如果没有党的领导和支持，三店是不能生存下去的。[1]

关于三店的经济性质和资产状况，黄洛峰在合并后曾有如下概括：

生活书店为合作社性质，书店的新老同人皆为社员，都是主人。

读书出版社虽有若干外股，但股东并未视为私产，不论是先后拿出几万元的郑一斋、郑易里兄弟，或者拿出几十元的读者，很少人再向"读社"收回过钱，"读社"也从未付过一分股息。艾思奇、郑易里等，连稿费都没有正式付出过。

新知书店也是合作社性质（内有少部分私股）。

三店合并时的资产："生活书店约占百分之五十几，新知、读书各约占百分之二十几。"按 1949 年估算，"三联资金公私的比例，公约为百分之八十，私为百分之二十"。[2]

---

① 范用、刘大明主编：《出版家黄洛峰》，百家出版社 2007 年版，第 222 页。

② 范用、刘大明主编：《出版家黄洛峰》，百家出版社 2007 年版，第 223 页。

合并后的三联书店，陆续派人到解放区，在石家庄开设"新中国书局"，并在香港、上海大量印制书刊供应各地。

1949 年北平解放，三联书店总管理处于 3 月由香港迁到北平后，即着手规划出版和发行工作。

在出版方面，重新审核再版图书，结合当时的需要出版了《学习》和《科学技术通讯》两大杂志，又出版"青年文库"和"新中国百科小丛书"等。在发行方面，则变动较大，为了更好地与新华书店协同配合，首先调整了发行据点，决定撤销设在齐齐哈尔、佳木斯、长春、安东、石家庄、烟台、潍坊、徐州的分店，确定以大城市为主的经营方针，仅在北平、天津、沈阳、大连、哈尔滨、济南、开封、西安、长沙、上海、武汉、广州、重庆、香港等地设立分店。又将以前各地使用的"光华书店"、"新中国书局"的名字取消，统一使用"生活·读书·新知三联书店"名称。

到北京后的三联书店人员，一部分留总处工作，一部分参加中共中央宣传部出版委员会工作。

黄洛峰 1948 年奉调北上，12 月离开香港乘外国货轮经安东到沈阳，在沈阳参加了三联书店东北区管理处召开的分店经理会议，安排了光华书店业务后就向北平出发了。

黄洛峰的组织关系，由港澳工委转中央组织部，又转到中宣部出版委员会。

1949 年 7 月 18 日，中共中央向北京、上海、辽宁、湖北、河南等 13 个省市党委发出《中共中央关于三联书店今后工作方针的指示》，指出"三联书店与新华书店一样是党领导之下的书店"，三联书店"在国民党统治区及香港起过巨大的革命出版事业主要负责者的作用，在党的领导下，该书店向国民党统治区及香港的读者，宣传了马列主义、毛泽东思想和党在各个时期的主张"。这是党中央对三联书店的高度评价，给予所有工作人员极大的鼓舞，也给全国出版队伍的会师奠定了坚实的基础。

中共中央关于三联书店今后工作方针的指示
一九四九年七月

（一）三联书店（生活、新知、读书出版社），过去在国民党统治区及香港起过巨大的革命出版事业主要负责者的作用，在党的领导下，该书店向国民党统治区域及香港的读者，宣传了马列主义、毛泽东思想和党在各个时期的主张，这个书店的工作人员如邹韬奋同志（已故）等，做了很宝贵的工作。

（二）现在全国解放胜利在即，新华书店进入了城市，同时三联书店已在各城市恢复起来，并已在解放区的若干中等城市建立了书店，此种情况引起了许多问题，为解决这些问题，特作如下总的规定：

甲、三联书店与新华书店一样是党的领导之下的书店，但新华书店是完全公营的书店，将来中央政府成立之后，该书店即将成为国家书店；三联书店是公私合营的进步书店，将来亦应仍旧保持此种性质，即国家与私人合营的性质。因此在全国新民主主义的出版事业中（暂时除了台湾以外）新华书店应成为主要负责者，三联书店应成为新华书店的亲密助手与同行，但在香港，在一个时期内，三联书店仍是革命出版事业的主要负责者。

乙、鉴于在中小城市及农村中，新华与三联两个书店的同时存在，徒然引起不必要的竞争与浪费干部，因此决定在中小城市与农村中只设新华书店不设三联书店，其已设者应取消，以后将干部与资金调往城市。

丙、但在大城市中私人书店仍有很大的力量，为了与这些书店进行团结和斗争，执行党和国家的出版事业的政策，三联书店以公私合营的性质，作为新华书店的亲密助手与同行而存在是有好处的。因此决定除香港外三联书店应在下列城市中设店，将总店设于北平，这些城市是北平、天津、济南、沈阳、长沙、重庆、广州，其他城市如有需要与可能，再行考虑设立。

丁、在上述城市党的当地最高机关（中央、中央局、分局、省委、市委）宣传部应领导出版部门的党组，党组中必须有新华及三联两个书店中党的负责人参加，以便统一政策并在业务上密切分工合作。

戊、党应经过政府给予三联书店以贷款等必要与可能的帮助，同时三联书店仍应进行向私人募股的工作，以扩大自己的资金，不要一味仰望政府的帮助。

己、保存三联书店在全国的统一组织系统，建立各种必需的企业制度、统一经济和干部的管理，并统一名称，具体办法另由该书店总店通知各分店。

一九四九年七月十八日[1]

---

[1]　中国出版科学研究所、中央档案馆编：《中华人民共和国出版史料1》，中国书籍出版社1995年版，第190—191页。

"在中小城市与农村中只设新华书店不设三联书店"，"在大城市中……三联书店以公私合营的性质，作为新华书店的亲密助手与同行而存在……"，为三联书店今后的发展指明了方向。

从三店合并到几度变化，黄洛峰和徐伯昕、沈静芷等同志都投入了辛勤的劳动，付出了自己的心血。此后，他们都将有新的工作岗位，迈开新的步伐，开始新的篇章。

附：

生活书店、"读社"、新知书店及其二线三线机构（即用其他名称的直属单位和与其他单位合作的单位）共有80多个，所在地以及主要负责人如下：

一、生活书店

（一）直属机构

学艺出版社	桂林（赵德林　招展路）	
骆驼书店	上海（赵均）	
致用书局	上海（孙明心）	
	桂林（汪允安）	
持恒函授学校	香港（胡绳　胡耐秋　程浩飞）	

（二）合作机构

三户图书社	桂林（贺尚华　董顺华）
三户印刷厂	桂林（汪允安　何步云　彭琳）
国讯书店	重庆（孙洁人　宁起枷）
国讯杂志社	香港（邵公文　殷国秀）
峨眉出版社	重庆（仲秋元）
文林出版社	重庆（方学武）

建华印刷厂	桂林（汪允安　何步云　彭琳）
光华行	桂林（程浩飞　陈正为）
大众生活	香港（程浩飞）
华夏书店	上海（许觉民）
美生印刷厂	上海（陈其襄　周积涵　王昆生）
通惠印书馆	上海（褚度凝　董顺华　彭琳）
德和行	上海（陈其襄　张锡荣　张又新）
裕丰行	重庆（冯舒之　顾一凡　陈怀平）
雅典书屋	桂林（程浩飞）

二、读书出版社

（一）直属机构

新华书店	桂林（范用　丁仙宝）
明华书店	成都（倪子明）
建业文具公司	桂林（刘耀新　陆家瑞）
金碧文具公司	昆明（岳世华　欧阳章）
义成公商行	四川（彭水　郑树惠　王人林）

（二）合作机构

文华造纸厂	重庆（郑树惠　陆家瑞　欧建新）
自强出版社	重庆（汪晓光）
读者书店	桂林（张汉清）

三、新知书店

（一）直属机构

实学书局	桂林（李易安）
	重庆（刘起白）
	成都（石立程）
泰风公司	上海（华应申）

亚美书店	上海（储继　唐泽霖）
南洋书局	香港（吉少甫）
远方书店	桂林（朱执诚　曹健飞）
文山书店	吉安（曾霞初）
章贡书局	赣州（李志国）
亚美图书社	重庆（欧阳文彬　戴汝明）
裕丰行	桂林（刘逊夫　吉少甫）
珠江食品店	重庆（刘建华　朱枫）
同丰行	上海（张朝同）
北江书店	曲江（李易安　许静　吉少甫）

（二）合作机构

西南印刷厂	桂林（沈静芷）

四、生活、读书、新知三店合作机构

（一）在解放区的机构

前期：

华北书店	延安（柳湜　赵冬垠　徐律）
	太行（李文　刘大明　王华）
大众书店	苏北（王益　刘麞）

后期：

新中国书局	北平　天津　石家庄　开封　徐州
	（许静　曾霞初　宁起枷　赵晓恩　曹健飞　陈怀平
	倪子明　毕青　陈国钧等）

（二）读书、新知两店合作机构

读新书店	贵阳（沈静芷　孙家林）
中南图书文具公司	曲江（张汉清　倪子明　刘逊夫）
茂文堂	昆明（陈国钧）

蓉康书店　　　　　　　　成都（卢寄平）

（三）生活、读书两店合作机构

光夏书店　　　　　　　　香港（邵公文　白云川）

（四）生活、读书、新知三店合作的二、三线机构

朝华书店　　　　　　　　北平（张朝同　谭允平　陈国钧　杨和）

兄弟图书公司　　　　　　八步连县　广州　长沙

　　　　　　　　　　　　（曹健飞　吴仲　邓晏如）

永年书局　　　　　　　　上海（黄洪年　陈昌华）

沪光书局　　　　　　　　重庆（陈昌华）

庆裕纱布号　　　　　　　上海（王泰雷　曹健飞　刘建华）

（五）生活、读书、新知三店与其他单位合作机构

光华书店　　　　　　　　烟台（与当地有关部门合营）

　　　　　　　　　　　　大连（吴毅潮　孙家林）

　　　　　　　　　　　　沈阳　哈尔滨等（邵公文　沈静芷）

　　　　　　　　　　　　齐齐哈尔　佳木斯　安东　长春等

　　　　　　　　　　　　（邵公文　沈静芷　朱晓光　吴毅潮

　　　　　　　　　　　　孙家林　孙洁人）

立信会计图书社　　　　　重庆（褚度凝）

立信会计图书桂林分社　　重庆（陈正为）

联营书店　　　　　　　　重庆（仲秋元）

联营书店　　　　　　　　成都（倪子明）

联营书店　　　　　　　　武汉（马仲扬）

新创造出版社　　　　　　台北（曹健飞　胡瑞仪）

（以上名单可能并不完整）

第五章

描绘新图

一、统领出版抓重点

（一）出版委员会统筹出版

1949 年 2 月上旬，黄洛峰到达北平后，立即和先期到达北平的祝志澄、华应申等筹建出版委员会。

中共中央在 1949 年 1 月 28 日发给东北局的电文中明确了黄洛峰这次的使命。

黄洛峰是调来准备担任中央出版局工作的，望帮助他了解东北及三联两书店（指已在东北建立的光华书店和新中国书局）的出版情形、干部配备、印刷力量和纸张供求情况，然后要他迅速前来，以便建立中央出版局。沈静芷亦须同来。中央出版局成立后，须解决全国党的书店如何统一，及与三联书店如何在统一领导之下分工合作等问题。你们的意见，请交他带来。对三联书店，在方针上，现在即应统一领导，分工合作，但干部是否调整使用，须待黄等到后通盘考虑再定。①

黄洛峰2月初即离沈，沈静芷留三联书店东北区工作，为关内华北区供应书刊和调配干部做准备。

1949年2月11日，中共中央致电中共北平市委书记彭真、北平军管会主任兼市长叶剑英、中共北平市委宣传部部长赵毅敏并告祝志澄、华应申：

关于出版问题，已与周扬商定。甲、新华总店与华北新华书店即开始实行统一，从北平做起。……乙、新中国书局现在事实上是国家与私人合营，将来可能仍保持此种方式。具体决定，须待黄洛峰来后再定。我们对此书店态度，须积极加以帮助与领导，望在没收的书店门市部中拨一个给他。丙、为筹划与进行新华总店与华北之统一及领导新华与新中国两店的出版事业，组织临时的出版工作委员会，由黄洛峰、祝志澄、王子野、平杰三、华应申、史育才、欧建新为委员。委员会主任由周扬到平后决

---

① 中国出版科学研究所、中央档案馆编：《中华人民共和国出版史料1》，中国书籍出版社1995年版，第11页。

定。丁、以上各项，请周扬到平后负责执行。①

2月16日，周扬在华北局宣传部召开会议时说："关于平、津解放后之华北出版问题，陆部长于本人来北平前决定暂先在华北宣传部领导下，由中宣部出版组、新华书店、新中国书局等处同志合组临时出版委员会统筹华北出版工作。"宣布陆部长来函中指定七人组成，并指定黄洛峰为主持人。

2月23日，出版委员会正式成立。这是中国共产党出版工作的最高机关，也是全国出版事业的管理部门，属于中共中央宣传部。黄洛峰被任命为主任委员，祝志澄、平杰三、王子野、华应申、史育才、欧建新（后增徐伯昕）被任命为委员。

王仿子②数十年后在《回忆出版委员会》中写道：对于出委会名称，近年有三种说法——出版委员会、中共中央出版委员会、华北出版委员会。

《当代中国的出版事业》一书的第一章"新中国出版事业的建立"中，有如下记载："二月，华北局宣传部受中共中央的委托，成立华北出版委员会（中央进入北平后，由中宣部领导，名为出版委员会）。"

据王仿子回忆，6月到出版委员会的时候，没有见过出版委员会的牌子，所用的牛皮纸竖式信封上面印有"中共中央宣传部出版委员会"的扁宋体字。王仿子找到一个出版委员会举办的业务训练班的结

---

① 中国出版科学研究所、中央档案馆编：《中华人民共和国出版史料1》，中国书籍出版社1995年版，第12—13页。

② 王仿子（1916—2019），原名王健行。生于江苏青浦（今属上海市）。1938年加入中国共产党。先后在长沙世界语协会，衡阳、桂林、上海、香港生活书店和桂林《救亡日报》工作。1949年6月调中共中央宣传部出版委员会工作，任印务科长兼宣传科长。

业证书，这个证书的名称就叫"中央宣传部出版委员会业务训练班结业证"，有训练班主任黄洛峰和副主任华应申的签名章；发证日期1949年7月10日，在发证日期上盖有阳文篆体的"华北出版委员会"图章。这个结业证书说明两个问题，出版委员会的全称应是中央宣传部出版委员会或中共中央宣传部出版委员会，简称出版委员会；成立初期叫华北出版委员会，原因是2月间成立时，中宣部还没有到北平，委托周扬领导，而周扬当时任华北局宣传部部长。

出版委员会下辖机构设有：

出版处，主任华应申，副主任徐律。

编校科，科长徐律（兼）。整理稿件，决定版式用字，校对，付印。

出版科，科长朱希。制订出版计划，决定印数，保管纸型、铜锌版。

杂志出版科，科长范用。校对、印务、决定杂志印数。

印务科，科长王仿子。与印刷厂往来，结算印刷费，掌握用纸，发货。

美术科，科长邹雅，副科长阿老。美术设计，绘图。

资料室

厂务处

管理科

技术研究科

印务科

材料科，科长邢显庭。

秘书室，主任王钊，副主任程浩飞。

人事科，科长王钊（兼）。

文书科，科长倪子明。

总务科，科长孙清泉。

会计室，主任陈正为。[①]

当时人员短缺，机构和人员都是逐渐增加的。

出版委员会的主要骨干由长期在解放区工作的工农出身的干部和长期在国统区工作的知识分子出身的干部组成，是这两支文化出版队伍在新中国首都的会合。到 10 月，出版委员会本部有职工 87 人，其中党员 36 人。从年龄说，20—30 岁的占 65 人（其中有新招收的青年 38 人），是一支比较年轻的出版队伍。

黄洛峰在出版委员会的工作一直非常紧张，无论工作方式还是工作要求，都不同于以前。从领导三联书店到领导全国出版事业，这不只是岗位变动，还有客观环境的变动和各种关系的变动。

此时，处于人民共和国政府酝酿产生的前夕，组建新的出版机构，没有现成的经验，一切需要去探索。对于黄洛峰而言，曾经在国统区或香港采用的工作作风已经不适合新的环境和新的人际关系，如今不用再担惊受怕，不用再紧张资金不足，这时需要的是学习政策、掌握政策，把全国的出版行业统领好、发展好。

所以，出版委员会的第一项工作，就是制定出版事业发展的规划和要求。

---

① 王仿子：《回忆出版委员会》，载新华书店总店史编辑委员会编：《新华书店总店史》(1951—1992)，人民出版社 1996 年版，第 197 页。

黄洛峰经过与出版委员会委员们反复酝酿和讨论，拟出了一个提纲。3 月，带着这个提纲到平山县西柏坡（党中央所在地），在中央宣传部部长陆定一陪同下，向周恩来同志汇报了出版战线所面临的形势，提出了拨给资金的要求。

黄洛峰对周恩来早就熟悉，无论在武汉还是在重庆，常常听到周恩来亲切、全面的指示。

周恩来当面作了重要指示："出版工作需要统一集中，但是要在分散经营的基础上，在有利和可能的条件下，有计划的有步骤的走向统一集中。"至于资金问题，则需等待新中国成立以后再议。①

1968 年，黄洛峰回忆了此事（根据手稿抄出）：

（1）到石家庄请示汇报问题。1949 年 3 月，中宣部要我到石家庄西柏坡请示汇报工作。我到后，陆定一要我写一个统一领导和经营管理新华书店的计划。我写出来后，当即送给陆定一两份。据我回忆，计划主要是：（一）我建议尽早把全国新华书店统一集中起来；（二）要求中央拨给新华书店总店三百万元左右人民币，做基建和流动资金之用（计划提出要进口印刷机器，盖厂房等等）。

（2）过了几天，陆定一带我去见总理，总理听了我汇报的一些设想后，当即指示："出版工作需要走向统一集中，但是要在分散经营的基础上，在有利和可能的条件下，有计划的、有步骤的走向统一集中。"总理还批评了我不能太急、不能搞主观主义。对于资金，总理指出，当前不能给新华书店那么多钱。出版委员

---

① 范用、刘大明主编：《出版家黄洛峰》，百家出版社 2007 年版，第 233 页。

会所需流动资金，应先向人民银行借贷。至于今后所需多少资金，等到中央人民政府成立后再说。

总理的指示，高屋建瓴，指示了我们的工作方针。规定了我们要自力更生办书店，使我受到了很大的教育。听了指示后，我就回京了。

据黄洛峰长子黄克鲁回忆："大概是 1949 年的 2 月，他带着警卫员到西柏坡去了三四天，回来时很兴奋的告诉我说，他这回见到老领导周恩来了，并且送了他在香港就买下的那支最新款式的派克 51 型自来水笔了（在香港时他就拿着那支笔说他买这支笔要送人的，但是我问他要送给谁时，他又说暂时不能告诉我）。"①

黄洛峰从石家庄回北平后即与出版委员会同事们一起严格地遵照周恩来同志的指示，着手进行众多具有开创性的工作。

首先把华北新华书店的出版工作管起来，重点是政策文件、干部读物和教科书等版本统一。在发行方面，原属各解放区的书店，统一于华北新华书店。

出版委员会成立之初，立即把主要力量投在出版印刷方面，向新解放区大批新干部供应学习材料，向中小学生供应课本。除了数量上满足读者需要外，提高质量、统一版本也是一个重要的问题。因为过去各解放区出版的书都是自编自印，版本不一，有的还是根据电报记录排印的，错漏比较多。这在当时战争环境下情有可原，如今进入大城市，几个解放区连成一片了，必须重新校订、重排重印、统一版

---

① 黄克鲁：《父亲黄洛峰二三事》，载范用、刘大明主编：《出版家黄洛峰》，百家出版社 2007 年版，第 467 页。

本，提高质量。黄洛峰在谈到这个时期的工作时说："我们的任务重点，首先是出版文件、政策和干部读物，其次是教科书。统一版本，也就是从这几类东西开始。"又说："中宣部的党内教育组和编审组，一直就为重新审订各种文件政策和干部读物而努力着。"①

以统一版本为目的，出版委员会把过去出版的政策文件、文艺创作等编成多套丛书。编入"政策丛书"的有《将革命进行到底》、《论国际主义与民族主义》、《论解放区战场》、《论共产党员的修养》、《整风文献（订正本）》等；编入"人民文艺丛书"的有《太阳照在桑干河上》、《种谷记》、《暴风骤雨》、《李有才板话》、《王贵与李香香》、《赶车传》、《刘巧团圆》等55种。

1949年4月，中央决定出版《干部必读》，报经毛主席批准。出版委员会对这一项出版任务高度重视，把12种马列主义著作编成8卷，25开本，直排，版面宽敞，行疏字大。每卷印30000册，其中布面圆背、手工锁线（当时北平还没有锁线机）的精装本11000册。

（二）政治读物和教科书先行

《毛泽东选集》的编辑出版是中国革命史和出版史上辉煌的一页，出版委员会一成立即把出版《毛泽东选集》新版作为头等大事，列入出版计划。

1949年中央决定出版新版《毛泽东选集》，毛主席亲自参与编辑和校订工作，以前各解放区出版的《毛泽东选集》一律停止出版。所

---

① 《出版委员会工作报告》，据新华书店总管理处编印的《全国新华书店出版工作会议专辑》刊印，载范用、刘大明主编：《出版家黄洛峰》，百家出版社2007年版，第505页。

有单篇本也由毛泽东选集编委会重新校订，各地再印，统一使用出版委员会的新版本。

当时《毛泽东选集》的出版除了不准有一个错字之外，还有一套严格的保密制度，不到公开的时候，对于编入多少文章，什么时候出版等等，任何人都不得泄露。直到召开全国新华书店出版工作会议，黄洛峰在《出版委员会工作报告》中才披露。他说："《毛选》是中国党的一部最重要的文献，……毛主席的这部伟大著作，经过毛选编委会的重新编选，交给我们重新排版，我们认为是一种光荣的政治任务。"

《毛选》新版在 5 月 6 日发稿，6 月初排完，6 月中旬我们校完了三校，现在编委会也已校对完毕，全部校样，正送呈毛主席亲自校阅中，业经毛主席亲自校阅改正后第二次送校的约有 500 面，占全书的三分之一。①

1951 年 4 月，出版总署成立"毛泽东选集出版印刷发行工作委员会"，由 13 个委员组成，黄洛峰当选主任委员。

1951 年 10 月 12 日，在全国出版发行《毛泽东选集》第一卷的这一天，出版总署召开了一个小型的仪式简单却很隆重的庆祝会。参加会议的有出版总署领导、毛泽东选集出版印刷发行工作委员会的 13 位同志，还有人民出版社、新华印刷厂、新华书店的有关同志，以及中共中央毛泽东选集出版委员会的田家英。出版总署署长胡愈之在讲话中说："1949 年 5 月 6 日，中共中央宣传部出版委员会开始接

---

① 《出版委员会工作报告》，据新华书店总管理处编印的《全国新华书店出版工作会议专辑》刊印，载范用、刘大明主编：《出版家黄洛峰》，百家出版社 2007 年版，第 507 页。

受了《毛选》的一部分稿子发排，到现在差不多将近两年半，才完成
了第一卷的出版工作。"① 这篇讲话证明，《毛泽东选集》的出版工作从
1949 年夏季就开始了。之所以要经过将近两年半的时间才出第一卷，
因为"各篇取舍，经毛主席审慎考虑，存录者复亲加修订校阅，多者
六七遍，少者亦两遍"②。

黄洛峰没有参与新版《毛泽东选集》的编辑工作，但为了新版《毛
泽东选集》的出版，在发稿、付排、校对、准备纸张、安排印刷、设
计装帧、组织发行等方面做了很多工作。作为出版委员会主任、出版
总署出版局局长和毛泽东选集出版印刷发行工作委员会主任，从领导
的角度，黄洛峰应该是这项工作具体负责的第一人。这项工作，也是
他在任上最重要的一件事。新版《毛泽东选集》印了 200 本特制精装
本，分送当时的中央委员。

出版委员会的另一项重要任务是出版教科书，统一版本。1948
年黄洛峰还在香港的时候，为今后教科书出版问题请示中央，得到的
答复是："已经决定统一编印。"

1949 年 3 月，叶圣陶到达烟台解放区，被电邀到北平，5 月成立
教科书编审委员会，由叶圣陶、周建人、胡绳分任正副主任委员。

7 月 1 日，出版委员会根据中央对出版工作的指示，对私营出版
业实行"利用、限制、改造"的政策，把私营出版业从经济上联合起
来，成立联合出版社。

---

① 中国出版科学研究所、中央档案馆编：《中华人民共和国出版史料 3》，中国书籍出
版社 1996 年版，第 365 页。

② 《叶圣陶日记》1951 年 10 月 12 日，载《叶圣陶出版文集》，中国书籍出版社 1996
年版，第 146 页。

7月10日，中宣部发出《关于中小学教科书问题给武汉市委宣传部的指示》，指出："今后全国各地用教科书，除一部分小学教科书有地区差别之外，均应在可能条件下要求一致。华北的教科书编审委员会是作为中央政府的教科书编审机构的基础而成立的。惟因成立不久，人力不够，尚未能提供整套的新教科书。……（列举书名，略——作者注）现均在排印中，可由出版委员会以纸型（只送西北局、华中局、上海三地）或样书供给你们，以便翻印。"[①]

教科书的出版、发行，量大而时间紧迫，工作十分繁重，光是出版委员会和新华书店的力量远远不够，况且资金短缺，筹措纸张十分艰难。黄洛峰运用私营出版业的力量，7月1日在北京成立了由华北新华书店、三联书店及商务、中华、世界、大东、北新、儿童、广益等23家公私营出版社组成的华北联合出版社，负责中小学教科书的出版工作。董事长史育才，经理薛迪畅，副经理于强。资本总额：白报纸9310令，现金为92100折实单位。其资本构成为：华北新华书店、三联书店占26.4%，私营书店占73.6%。截至1949年8月底，共印制中、小学教科书192.6万册，供应了平、津两市和附近几十个县以及察哈尔、雁北、绥蒙地区小学教科书的需要，供应了华北区五省以及陕西省中学教科书的需要。

7月21日，华东新华书店、三联书店在上海联合了私营的商务、中华、世界、大东、开明、龙门、广益、文通等62家书店组成上海联合出版社，负责中小学教科书的出版工作。董事长王益，经理万国钧。资本总额：75661万元（旧人民币），白报纸33010令。其资本构

---

① 中国出版科学研究所、中央档案馆编：《中华人民共和国出版史料1》，中国书籍出版社1995年版，第170页。

成为：华东新华书店、三联书店占 20.75%，私营书店占 79.25%。截
至 1949 年 9 月中旬，已出版教科书 800 万册，基本上供应了华东、
华中解放区教科书的需要。

既利用私营出版业的资金（新华书店和三联书店的公股约占
1/4），又利用他们的工作经验，使得在这样一个大变革中，课本供应
工作得到平稳的过渡。这是运用私营出版力量为新中国出版任务服务
的一个典范的例子。

出版委员会在把出版新版《毛泽东选集》作为头等大事的同时，
还担负出版、发行大量杂志的任务。

出版委员会出版的杂志中最重要、最受人瞩目的要算共产党与工
人党情报局机关报《争取持久和平，争取人民民主！》[①]的中文版（半
月刊），简称《和平民主报》。7 月 11 日中共中央发出《关于积极推
销共产党情报局刊物的指示》，要求积极推销英文版、俄文版，又决
定出版中文版，并要求通过报纸、杂志、广告、广播、电影进行广泛
的宣传推广。为了加强国际主义教育，要求每期销售 10 万份。

《和平民主报》从第 36 期开始出版中文版，分北平（印 3 万）、
东北（印 2 万）、上海（印 5 万）三地印刷出版。为把这 10 万份推销
出去，在宣传推广工作上下过不少功夫，除每期发出版消息、发广告
外，还做成幻灯片，在电影正片开始前打出幻灯广告。还印海报发给
书店张贴。可是，直到最后销售情况还是不够理想，积压很多。

同时，还出版了《新华月报》（月刊）、《文艺报》（半月刊）、《人

---

① 1947 年 9 月，苏联、南斯拉夫等 9 个国家的共产党和工人党在波兰成立情报局。
同年 11 月，情报局机关报《争取持久和平，争取人民民主！》创刊号出版。1956 年 4 月，
共产党和工人党情报局解散。

民文学》(月刊)、《中苏友好》(月刊)、《中国妇女》(月刊)、《新音乐》(月刊)。

此外，曾经代印过《华北文艺》和《中国青年》杂志。

由于杂志时间性强、发行量大，工作十分紧张，所以单独成立杂志出版科，由范用负责。杂志科从各个杂志的编辑部接到稿子后要负责版式设计、校对，直到把杂志发到新华书店（注：当时还没有邮发合一，杂志都由书店销售）。

凡是政策文件和理论读物如《干部必读》等，用解放社名义出版。"人民文艺丛书"等则用新华书店名义出版。书与杂志统由华北新华书店总发行。

为了统一版本，每一种书一般都要打6副纸型，除自留两副外，分送东北、华中、华东、华南各一副，使全国印的同一种书只有一个经过认真校订的版本。

截至1949年10月底，共计出书315种（含371册），印行5766613册。

进城之后，新华书店和新中国书局用公开招考办法吸收了许多新干部。这是一批生活在大城市的朝气蓬勃的年轻知识分子，只是政治上比较幼稚，业务不熟悉。出版委员会针对这种情形，从培养提高的目标出发，举办业务训练班，由黄洛峰和华应申分任正副主任；程浩飞任教务主任，负责课程、教材问题；邹雅任指导员，负责学员的生活辅导、思想教育工作。

训练班于5月1日开学，7月10日结业。招收学员53人。其中由新华书店派送35人，新中国书局15人，其他3人。其中7/10是这两个单位新招收的年轻人。

课程分政治课、业务课、文化课三部分。政治课有：《目前形势和我们的任务》、《中国革命与中国共产党》、《社会发展简史》、《新民主主义论》、《在延安文艺座谈会上的讲话》、《新人生观》、《改造我们的学习》等；业务课分为出版、发行工作，中国新出版业简史，会计等；文化课有地理常识和应用文。聘请的讲师有艾思奇、何其芳、胡绳、王子野、吴敏、蒋齐生、马适安、华应申等。

训练班结业时，邀请中宣部部长陆定一在 7 月 10 日晚上讲话。陆部长首先讲到两支革命出版队伍。他说："同志们第一是革命家，第二才是出版家。对我们的工作，要抱很严肃的态度。封面印的好不好？排的好不好？有没有错字？不要因为这工作不是我做的，不关我事。同志们是一个革命家，就要向人民负责，一点错误都不应该发生，我们不能给老百姓吃毒药，连砂子亦不能有。"①

最后，陆部长讲到内部的团结和对私营出版业的态度。他说，"新华书店将来要成为国家书店"，现在还是分散经营，将要集中统一；"现在全国的出版业我们占 1/5，私人占 4/5。我们公营出版业应该去领导他们，把他们团结到新民主主义文化事业里来，给他们有适当的利润，要和他们合作"。

（三）接管、改造，创建国营机构

1949 年 2 月 7 日，中国人民解放军北平市军事管制委员会文化接管委员会命令徐迈进、万启盈、卢鸣谷、王钊为军管代表，带领东北

---

① 中国出版科学研究所、中央档案馆编：《中华人民共和国出版史料1》，中国书籍出版社 1995 年版，第 174 页。

书店、华北新华书店派出的接管人员，分别接管国民党的正中书局北平分局、独立出版社、中国文化服务社北平分社及其所属印刷厂。在卢鸣谷、李力行（联络员）、王钊、张兴树的领导下，利用正中书局、独立出版社、中国文化服务社的原址，创建新华书店第一门市部（王府井大街8号）、第二门市部（西单北大街42号），于2月10日开业。

2月20日，北平市军管会命令祝志澄、周永生、李力行、马腾组成军管组，接管中国文化服务社油墨厂，成立新华油墨厂，任命许崇智为厂长，生产骆驼牌油墨。

3月15日，北平市军管会文化接管委员会发出通知，宣告本会接管的正中书局北平印刷厂、独立出版社北平印刷厂、中国文化服务社油墨厂，业经中央批准交由中央出版局管理。①

3月，华北新华书店总店由河北获鹿城关迁到北平，作为出版委员会的一个直属单位，经理史育才，副经理李长彬、王钊。

当时，新华印刷厂的印刷力量（到6月，月排字400余万字，印纸2000令）显然不能满足需要，所以又与一些民营印刷厂建立业务关系。如：京华印书馆，承印部分《干部必读》；北京大学出版部，主要印单行本；五十年代印刷厂，主要印单行本；天津有一个市委直属印厂，由李长彬负责，承印"人民文艺丛书"55种，每种印数5000册。

4月24日，北平新华印刷厂正式成立，周永生任厂长。

4月25日，出版委员会调派徐伯昕、祝志澄、卢鸣谷、万启盈等24人随军南下到南京、上海参加接管工作。4月末抵达南京，会

---

① 中央原计划成立出版局，黄洛峰在1949年3月中向周恩来请示时携带了一份《出版工作计划书》，其中有建立中央出版局的打算，还附有《中央出版局组织大纲》。在中央出版局成立之前，先建立临时出版委员会。

同华东新华书店干部，接管了正中书局、拔提书店、独立出版社、中国文化服务社等国民党所办书店。

5月12日，由卢鸣谷、万启盈等筹建的南京新华书店营业。

5月27日，徐伯昕、祝志澄等随军进入上海，会同华东新华书店王益、叶籁士等在上海市军管会文管会新闻出版处的领导下，接管了国民党所办的正中书局、中国文化服务社、独立出版社、拔提书店、东方书店、建国书店、胜利出版社、时与潮社、国民出版社、铁风出版社、天文台出版社、建军出版社、财政出版社、时代印刷厂、中国印书馆、中美日报及印刷所16家出版发行印刷单位和住宅一处。

6月5日，筹建的华东新华书店临时第一、第二门市部正式开业。

6月1日，为了统一平津的发行工作，把平津两地由东北、华北两个书店系统分设的门市部，合并为华北新华书店北平分店和天津分店。史修德任北平分店经理，苏光任天津分店经理。

（四）新中国第一次出版会议

党领导下的出版事业从分散走向集中统一，是1948年中央电召黄洛峰到解放区的时候就有的打算。1949年3月，黄洛峰到西柏坡向中央请示出版工作，中央的指示是："出版工作需要统一集中，但是要在分散经营的基础上，在有利和可能的条件下，有计划的、有步骤的走向统一集中。"

到6月，出版委员会认为统一集中的时机成熟，决定召开一次党的出版会议，讨论出版方针和统一集中问题。由黄洛峰、华应申、王子野、王钊、陈正为、孙清泉、程浩飞组成筹备班子。8月6日，中宣部发出开会通知，指出这次会议的目的"在于总结出版发行工作经验，了解过去及当前的工作情况，决定今后新华书店出版发行工作的方针和统一办法"。陆定一称这次会议为"决定今后出版工作的共同纲领"。

10月3日，出版委员会在北京召开了全国新华书店出版工作会议。由中央宣传部部长陆定一和胡乔木、周扬、胡愈之、黄洛峰、徐伯昕等19人组成主席团。

会议名称定为"全国新华书店出版工作会议"。会议内容是新中国整个出版事业的问题。出席这次会议的有华东、华中、华北、东北、西北区的新华书店（在华东、华北、华中、西北地区各有一二位宣传部的同志参加），有出版委员会、三联书店、解放社、教科书编审委员会、新华印刷厂、天津知识书店等。共有与会代表74人，列席者42人。出版委员会的8名委员全部作为代表出席，处科级负责人12名作为列席参加会议。

毛主席为会议题词"认真作好出版工作"，10月18日晚6时30分（会议闭幕前一天）在中南海颐年堂接见全体与会人员。与会人员由胡愈之、黄洛峰一一介绍，逐个与毛主席握手。朱总司令题词"加强领导，力求进步"，并在开幕式上讲话。

开幕式由胡愈之主持，并致开幕词。陆定一作国际问题报告。在大会上作报告的还有：胡愈之（《全国出版事业概况》）、黄洛峰（《出版委员会工作报告》）、徐伯昕（《国统区革命出版工作报告》）。此外，东北、华北、西北、华东、华中各区新华书店作了工作报告，随军书店和三联书店也作了工作报告。陈伯达作了版本问题的讲话。在19日的闭幕式上，胡乔木讲话，黄洛峰作会议总结报告，陆定一致闭幕词。

陆定一在闭幕词中肯定了这次会议的成功。他说："会议的成绩，是在政策上、组织上、制度上、业务上都得到了一致的意见，奠定了全国新华书店统一的基础。"①

《人民日报》于 10 月 21 日发表社论《出版会议的收获》。社论说："这次会议的成绩首先是确定了全国新华书店的统一集中、加强企业化经营管理的方针和具体办法"，"会议明确规定了今后的出版事业要首先为工农兵服务，为此就必须大量出版有益于人民的通俗读物。在发行工作上须扩大发行网，通过各种各样的办法，把书送到广大人民手里。会议还对书刊的校对工作加以严重注意，把校对工作当作政治任务提出来"。②

关于毛主席题词，在黄洛峰长子黄克鲁文章《父亲黄洛峰二三事》中有这样的记录：

　　在 1949 年召开的第一届全国新华书店出版工作会议末期，毛主席于 10 月 18 日在中南海接见了全体与会者，并且写了"认真作好出版工作"这八个大字交到父亲手里，我依稀记得父亲回来后便立即布置人放大，在第二天会议室的主席台上摆了出来。会议后出的纪念本上当然也少不了这幅题词。之后父亲便做了一个镜框，将这幅题词悬挂在他的办公室内。陈克寒③到出版总署

　　① 中国出版科学研究所、中央档案馆编：《中华人民共和国出版史料 1》，中国书籍出版社 1995 年版，第 441 页。

　　② 中国出版科学研究所、中央档案馆编：《中华人民共和国出版史料 1》，中国书籍出版社 1995 年版，第 447 页。

　　③ 陈克寒（1917—1980），浙江慈溪人。1934 年加入中国共产党，1937 年任中国共产党党报委员会秘书长。1942 年任《新华日报》（华北版）社长兼总编辑。1945 年任新华社副社长兼《解放日报》副总编辑，1949 年 6 月任副社长兼总编辑，1949 年 11 月至 1952 年 8 月，任新华社社长。1952 年 8 月，任出版总署副署长、党组书记。

工作后，他又将这幅题词转移到家中。1979 年我从北大荒回家探亲时，发现家里不再悬挂有这幅题词，便急切的问父亲是怎么回事，他告诉我说，前些年中央征集毛主席的墨宝，交上去了。关于这幅题词，我还想说的一点是，这八个大字是写在一张约 16 开大小的宣纸上的，并无署名，我们现在经常看到"毛泽东"三个字是后配上去的。①

新华书店总管理处成立之初，就明确要实行企业化经营。胡愈之曾在《出版工作的一般方针和目前发行工作的几个问题》讲话中阐述："走向企业化经营的目的，就是使这项工作不要成为国家的负担，不要依靠国家支持，这就要实行经济核算，加强科学化管理，减低成本，减轻读者负担。"说得很明白，企业化的目的，一是做到自给自足，不要国家负担经费，对国家有利；二是实行科学管理，经过成本核算，降低成本和定价，对读者有利，也就是对人民有利。

企业化，对于从国统区来的干部并不陌生，但是，对于习惯了供给制的干部，有一个转变观念、从头学习的过程（各解放区情况不同，有的地方比较早开始实行企业化管理）。虽然实行企业化利国利民，势在必行，做起来却并不是一帆风顺的。黄洛峰在《出版委员会工作报告》中把《企业化问题》作为一个题目，讲了一段话："一提起企业化，大家往往都会有头痛的感觉，……其实企业化并不如何困难，而且事实上由于客观事物的发展，不管你愿不愿意，企业自然会

---

① 黄克鲁：《父亲黄洛峰二三事》，载范用、刘大明主编：《出版家黄洛峰》，百家出版社 2007 年版，第 468—469 页。

'化'了你的。"①接着又讲树立"企业精神"、改变"衙门作风"、建立"成本核算"、正确处理"书价问题"等的重要性，以及"跨入企业化这道门槛"的必然趋势，等等。

全国新华书店出版工作会议把企业化与编审、出版、发行并列为四个专题，分四个组讨论，可见当时对于推行企业化管理这个问题的重视。黄洛峰在会上作总结报告，对推行企业化管理提出四点意见：一、加强经济核算，建立预算决算制度，业务计划和预决算要报上级审批；二、确定书价的原则，一般书籍定价按单纯成本加百分之一百五十，政策文件、大量发行的通俗读物，按成本加百分之百；三、成立会计制度设计委员会，制订一套新的会计制度；四、在1950年底以前取消供给制和半供给制，1951年起全部实行薪给制。

集中反映这次会议成果的《关于统一全国新华书店的决定》，以大会决议的形式肯定了企业化的方向。《决定》第一条："全国新华书店必须迅速走向统一、集中，加强专业化、企业化，以担任国家的出版任务，发展人民的出版事业。"

1950年3月25日，出版总署在发布《关于统一全国新华书店的决定》的通知中，明确指出："全国新华书店已规定为国营之出版企业。"

全国各大城市解放的消息不断传来，更加激励着黄洛峰加紧工作，加紧学习，以适应全国胜利的要求，特别是出版战线上的新形势的急需。

1949年6月5日，在黄洛峰领导下，出版委员会七人领导核心

①　中国出版科学研究所、中央档案馆编：《中华人民共和国出版史料1》，中国书籍出版社1995年版，第292页。

分工各自负责抓一方面，前后团结从解放区和国统区调来的 18 位具有革命精神和敬业精神的年轻干部（按需要分别列席出版委员会），经过四个月艰苦奋斗终于取得共识，形成经大量调查研究后初步总结的文件——《全国出版事业概况》。

其间，黄洛峰每周主持召开一次出版委员会常会，约有 23 次，讨论决议事项共 200 余件。

这时的黄洛峰，可以说是踌躇满志，觉得前途大好，可以大干一场。因为，他当时很受毛泽东等国家领导人的重视，从小女儿黄燕民的回忆就可看出："家里藏有蓝色土布四兜棉制服一件，父亲说是他在西柏坡中央所在地等待进入北京市领取的，后来他'是穿着这件棉衣进的北京城'（父亲语）。1949 年毛泽东在北京西苑机场乘吉普车检阅人民解放军部队时，父亲在第八辆车上，穿的就是这件棉衣。"①

中华人民共和国的建立，需要新的领导机构以政府的名义统管出版工作。黄洛峰将在国家出版总署胡愈之等的领导下，作为胡愈之的助手参与引领新中国的出版事业。

二、开辟阵地全线通

（一）出任出版局局长

中央人民政府委员会 1949 年 10 月 19 日举行第三次会议，任命

---

① 黄燕民：《一瓣心香祭墓门——忆父亲》，载范用、刘大明主编：《出版家黄洛峰》，百家出版社 2007 年版，第 481 页。

胡愈之为出版总署署长，叶圣陶、周建人为副署长。11月1日，中央人民政府出版总署正式成立。署长胡愈之在成立会上讲：虽然我们今天才正式开始办公，但出版总署的工作，却在这以前有三部分在工作，一是教科书编审委员会，一是中共中央领导下的出版委员会，一是新华书店编辑部，今天这三个部分组成了出版总署。

出版总署建制为一厅（办公厅）、三局（出版局、编审局、翻译局）。

12月1日，出版总署出版局开始办公。12月19日，政务院第11次政务会议通过任命黄洛峰为出版局局长，祝志澄、华应申为副局长。出版委员会的工作旋即移交出版总署出版局。

12月17日，出版总署出版局成立发行处，开始办理收书、发书业务。

1950年1月10日，出版总署第四次署务会议决定：将出版局中的业务部门划出，另建立新华书店总管理处，下设出版、印刷、发行等业务部门。

2月2日，出版局举行第六次局务扩大会议。会议内容是各部门汇报自出版总署成立起到1950年1月底的工作总结。黄洛峰主持会议，华应申、祝志澄、史育才、王钊、卜明、陈正为、程浩飞分别汇报了出版、印刷、发行、人事、会计、秘书等部门的工作和存在的问题。

出版处设5科1室，共69人。根据工作需要和改制关系，先后拟订和建立了稿酬办法、排印格式办法、版本说明统一办法、重订基本定价办法，并定期印发出版情况通报，建立排校印装进度登记制度等。

厂务处有 12 人，北京新华印刷厂 632 人，天津新华印刷厂 183
人，新华油墨厂 17 人，新华材料行 11 人，新华制版厂 12 人。

发行处截至 1949 年 12 月底，包括国际书店共有 94 人，设 6 个科。
发行处发货范围主要还是在华北。

2 月 17—23 日，出版局与全国美协在北京中山公园合办了 1950
年全国年画展览。

2 月 24—26 日，为庆祝《中苏友好同盟互助条约》的签订，出
版局通知各地新华书店销售图书廉价 3 天。

2 月，马克思、恩格斯、列宁、斯大林、毛泽东、朱德领袖像出
版发行。出版局拟定《发行处与各总分店发货往来办法》，并通知各
总分店执行。

1950 年 3 月 2 日，出版总署出版局第九次局务会议，通过了《新
华书店总管理处暂行组织条例》。该条例规定：新华书店总管理处在
出版总署出版局领导之下，为国营企业，统一领导全国新华书店。总
管理处直接经营之业务有：一、编审局、翻译局、出版部编辑室及中
央机关负责审定之书刊稿件的出版工作；二、领导及管理直属的有关
印刷业务的厂行；三、各种出版物的国内外发行工作，办理政府机
关、公营及公私合营出版物及外国书刊总经售事宜。

3 月 7 日，经出版总署批准，新华书店总管理处刊行《内部通报》。
宗旨是：使全国新华书店迅速走向统一集中，加强和提高人民的出版
事业。该刊于 1950 年 3 月 24 日出版第一期。

3 月 25 日，出版总署正式公布《关于统一全国新华书店的决定》。
决定强调全国必须迅速走向统一集中，加强专业化、企业化，以担
任国家的出版任务，发展人民的出版事业。出版内容应着重：一、各

级学校教科用书；二、关于马克思、列宁主义，毛泽东思想的各种译著；三、为国家经济建设、文化建设所需要的著作；四、工农通俗读物。发行工作以城市为重点，继续深入农村。在北京建立新华书店总管理处，隶属于出版总署。全国各地新华书店的业务均归新华书店总管理处领导。

3月31日，出版总署署长胡愈之批示，新华书店总管理处于4月1日正式宣布成立。出版总署出版局局长黄洛峰兼任总管理处总经理，副局长祝志澄、华应申兼任副总经理。

4月1日，新华书店总管理处在东总布胡同10号礼堂召开成立大会。总处全体工作人员及新华书店华北总分店、国际书店、新华印刷厂北京一厂、二厂、新华油墨厂、新华制版厂、新华材料行等单位科级以上干部共300余人参加成立大会。出版总署署长胡愈之、副署长叶圣陶、办公厅主任胡绳、翻译局副局长张君悌、计划处副处长沈静芷及三联书店、华北联合出版社的代表等出席大会。大会由副总经理祝志澄主持，秘书室主任程浩飞报告总管理处筹备成立经过，人事室主任卜明报告总管理处各部科以上负责人名单。继由胡愈之、叶圣陶、黄洛峰、华应申、胡绳讲话。

新华书店总管理处各级负责人名单

总　经　理　黄洛峰（兼）

副总经理　祝志澄（兼）　华应申（兼）

秘书处

　　秘书室：主任　程浩飞　副主任　倪子明

　　人事室：主任　卜明

审计室：主任　陈正为

出版部　主任　华应申（兼）　副主任　徐律

秘书室：主任　王仿子

出版处：主任　赵晓恩　副主任　范用

编辑室：副主任　梁涛然

美术室：主任　邹雅　副主任　老宪洪

以上部门办公地址：东总布胡同 10 号

厂务部　主任　祝志澄（兼）　副主任　周永生

秘书室：主任　陈平舟

业务处：主任　糜文溶　副主任　王震欧

办公地址：阜成门外北礼士路

发行部　主任　史育才　副主任　薛迪畅

秘书室：副主任　贾德贞

业务处：主任　薛迪畅（兼）　副主任　李德元

国际书店：经理　史育才（兼）　副经理　朱希、刘辽逸

办公地址：东总布胡同 10 号。8 月 1 日迁至延寿寺街刘家大门（国际书店地址：崇内大街苏州胡同）①

4 月 1 日，新华书店总管理处在《光明日报》刊登启事："奉中央人民政府出版总署指示，于 1950 年 4 月 1 日在首都成立新华书店总

---

① 王仿子：《出版生涯七十年》，百家出版社 2010 年版，第 55—73 页。

管理处。办公地址：北京东总布胡同 10 号，电话 5—1613，电报挂号 3652。"

7月21日，出版局局长兼新华书店总管理处总经理黄洛峰赴苏联考察文化事业，其所任各职，由出版总署办公厅副主任徐伯昕兼代。

1950年4月，出版总署决定，各大行政区新华书店改组为新华书店××总分店，设编辑部、出版部、厂务部、发行部、秘书处等部门。在总分店下设分店；分店以下设支店。各级新华书店应定期向上级机构作各种业务的及综合的工作报告。各总分店在编辑工作和出版印刷发行任务及其有关物质条件上应接受新华书店总管理处之统一规定和调剂。各总分店经理、副经理如下：

大行政区	经理	副经理
华北总分店	李长彬	—
东北总分店	李文	周保昌、毛星、王大任
华东总分店	王益	卢鸣谷
中南总分店	华青禾	彭展、郭敬
西南总分店	宋萍	周布
山东总分店	张治	陈静之、李克公
西北总分店	常紫钟	雷达天、王乃夫
新疆总分店	陈林彬	哈斯木、李庆宏

出版总署出版局于1950年5月16日致函中南军政委员会新闻出版局称："新华书店总管理处为便于领导华南及香港业务起见，特决定在广州成立新华书店华南总分店，并由吴仲担任经理。"华南总分店于1950年8月28日向总管理处报告："建立总分店筹备工作就绪，于1950年8月1日正式成立。"

之后，各省成立分店、各县成立支店。这是一项非常繁杂的工作，也是一项非常重要的文化建树，黄洛峰和其他新华书店的负责人反复讨论，共同拟定了步骤和措施。到9月底，全国新华书店初步完成统一，全国6个大行政区，加上华南、山东、新疆共建9个总分店，47个分店，889个支店。这是我国第一次有这么大的书店网，确实是项可观的工程。

新华书店总管理处同时还完成了下列工作：

订立出版工作章法。如《关于对发稿的要求》，通过总署出版局与编审局、翻译局商订；制订开本尺寸标准和版式设计规则、版本说明办法等，同总分店出版部门一体施行，还有《整稿注意事项》、《校对注意事项》的规定，生产流转进度及责任者进行登记，由此迅速地建立起生产秩序，使工作规范化。

按企业经营原则，制订了中华人民共和国成立后第一个稿酬制度，禁止随意翻版，保障著作人权益；相继确定了印刷工价标准和书籍定价标准，以及会计制度和各项工作的统计报表等。

发行部门，除了调配工作，还照顾到公私营企业之间的关系。

协同出版局设立人民教育出版社，参与并资助濒于倒闭的荣宝斋的复兴工作。

6月15日，出版总署署长胡愈之在华北总分店分店经理、会计科长联席会议上讲话：出版总署决定于1950年9月召开全国出版会议（包括公私出版业）。在这个会议之前，新华书店首先要解决统一的问题。因此，8月间要开一个全国的新华书店会议，解决一些具体问题。这就需要华北总分店做准备，首先召开京津发行出版工作会议，取得经验，适当地应用到全国出版会议上去。

8月29日—9月10日，全国新华书店第二届工作会议在北京举行。

会议决定从1951年起，新华书店改组为专营发行的企业机构，将新华书店总管理处改组为新华书店总店。

10月6日，新华书店总管理处第14次处务会议决定：新华书店总店筹备工作由徐伯昕、史育才、薛迪畅、程浩飞、陈正为、卜明、储安平7人负责，由徐伯昕主持。

9月15—25日，第一届全国出版会议在北京举行。朱德总司令到会讲话。胡愈之署长作了题为《论人民出版事业及其发展方向》的报告。会议讨论通过了关于改进和发展全国出版事业的五项决议：一、关于发展人民出版事业的基本方针的决议；二、关于改进和发展出版工作的决议；三、关于改进和发展书刊发行工作的决议；四、关于改进期刊工作的决议；五、关于改进书刊印刷业的决议。

出版总署于10月28日发布了第一届全国出版工作会议通过的五项决议和全国新华书店第二届工作会议通过的《关于国营书刊出版印刷发行企业分工专业化与调整公私关系的决定》。

政务院总理周恩来10月28日签发《关于改进和发展全国出版事业的指示》：出版总署应当按时提出全国出版事业的总方针，以利于各公私营书刊出版、发行、印刷机构在统一的方针下分工合作；书籍杂志的出版、发行、印刷是三种性质不同的工作，原则上应当逐步实行科学分工；书刊的发行工作应当充分改善，以改变目前广大人民得不到读物的现象；为了利用邮局、火车和合作社来推广书刊发行工作，邮电部、铁道部和中央合作事业管理局应当作出专门的决定，并与出版总署订立专门的合同。

新华书店总管理处在总署的领导下，工作是卓有成效的，凝结着从业人员共同努力的心血。

新华书店统一后，在出版方面取得了很大成绩。但作为一个兼营出版、印刷、发行三大业务的庞大机构，互相牵制，各处都不便进一步发展。因此，实行专业分工，势在必行。于是，将出版、印刷业务从新华书店中分离出来，三业并立，就成为摆在黄洛峰面前的问题。由他主持，经过各有关负责人的商讨，决定成立新华书店总店专门从事发行，人民出版社专司出版，新华印刷厂总管理处专搞印刷，三个独立机构，相互协作，加强联系。

此时，公私关系自公私合营的机构发展后，也得到了一些调整。因对私营的出版或发行业照顾不够，私营者感到困难，反映到出版总署，由出版局进行协调解决，公私关系得到进一步调整。

为适应行业发展，在以黄洛峰为首的出版局统筹下，全国迅速建立了一批专业出版发行机构。

出版方面，先后成立了工人出版社、青年出版社、人民教育出版社、科技出版社、机械工业出版社、人民文学出版社、人民美术出版社、世界知识出版社、外文出版社、民族出版社、荣宝斋新记等。原三联书店的编辑部继续以"生活·读书·新知三联书店"的名义出版图书，香港仍保持"三联书店"。

发行方面，1949 年 12 月成立统一经营书刊进出口贸易的国际书店。三联书店、中华书局、商务印书馆、开明书店、联营书店 5 个单位的发行部门联合组成了公私合营的"中国图书发行公司"，成为各地新华书店的有力助手。

同时，各地国营或公私营出版机构纷纷成立，比如上海，除人民出版社外，文艺、美术、科学技术、少儿等十多家专业出版社相继成立。各地方出版社所出图书品种和印数，在全国图书中占相当大的比重，品种占全国的 51.2%，印数则占 71.47%。

书籍定价直接关系着读者的负担，过去由于地区不同书价不一，一本书从大城市出版，运往附近即加价一二成，送往边远地区则为原书价的几倍。为防止这种现象以及商贩投机活动，出版总署于 1950 年起作出统一全国书刊定价的决定。规定同一种书刊，在全国任何地区均按出版社的统一定价出售，不得任意加价。这是令千百万读者高兴的事情。

为了保障重要出版物版本的统一，规定马列主义原著、中央领导人的著作，以及法令、政策文件的版本，由国家政治书籍出版社——人民出版社出版，其他出版社不得任意出版。中小学所有的教科书和课本，由专门出版机构——人民教育出版社统一出版，其他出版社不得任意出版。

1952 年，全国出版了各类图书 13692 种（其中初版 7940 种），总印数 78566 万册（张），同新中国建立前出版图书数量最高的年份 1936 年（9438 种，17800 万册）相比，种数增长了 45%，册数增长了 341%。

从以上这些工作可看出，黄洛峰作为新中国第一批出版业领导之一，为新中国出版事业基础的奠定及其健康发展作出了极大贡献。

（二）公私兼存满足需要

当时，黄洛峰等面临的突出问题是怎样调整公私关系？怎样改造私营出版业?

据 1950 年 3 月底统计,在全国 11 个大中城市中,私营书店共有 1009 家,其中出版商 244 家,当年第一季度印行的书籍中,私营出版商出书约占全国出版新书的一半。此外,还有很多专做零售的书铺、书摊。如何对待这支队伍,是当时的重要问题。放任不管是不对的,排挤打击也是不对的,需要正确的领导,扶助其发展,发挥其积极作用。当时有的地方已经发生排挤私营书店,拒绝与之合作的现象。

黄洛峰将收集到的相关材料向出版总署作了及时汇报,引起胡愈之署长的重视。

1950 年上半年,出版总署连续召开多次工作会议,研究和讨论这一问题。7 月 10 日,在京津出版工作会议上,胡愈之署长作了《出版事业中的公私关系和分工合作问题》的报告。

7 月 27 日,中共中央转发了中宣部《关于出版工作的通知》,提出了出版事业中存在的缺点和改进措施,要求各级党委切实加强对当地出版事业的领导。

围绕第一届全国出版工作会议通过的多项决定、指示和决议,黄洛峰领导的出版局明确了改造私营出版业的方向:对于国民政府官僚资本性质的出版机构,像正中书局、中国文化服务社、独立出版社、拔提书店等,随着各个城市的解放,由国家没收;对大东书局和世界书局,经过调查分析,没收其官僚资本部分,其余私股另作处理。对资本主义私营出版业,根据中国共产党对资本主义工商业的利用、限制、改造政策,协调公私出版业关系的同时,对私营出版业进行调整和初步改造。

黄洛峰为此参与或主持完成了一系列具体工作。

第一届全国出版会议吸收了私营出版业代表参加，并通过这次会议向全国私营出版业指出其为人民服务的方向，帮助他们调整业务范围，推动他们自愿组织联营。上海儿童读物出版业联合起来组成了上海童联书店，63 家通俗读物业组成了上海通联书店，39 家专门发行连环画的单位成立了上海连联书店。

对私营出版社的出版物进行监督治理。对那些粗制滥造、质量低劣的图书给予批评，加强书刊评论，对其严重错误的书籍则采取行政措施予以停售处理。

告诫私营出版业要遵纪守法。政务院于 1952 年 8 月 16 日颁布《管理书刊出版业、印刷业、发行业暂行条例》，规定经营书刊出版业者应该遵守的各项办法，对违反条件的私营投机者，由出版行政机关给予警告或吊销其营业许可证等处分。

对私营出版业中具备公私合营条件者，在自愿的原则下，进行公私合营。如开明书店就是最早进行公私合营的单位之一。

（三）营建家庭，生活圆满

在出版总署工作期间，黄洛峰于 1951 年 7 月建立了自己的新家庭，同孙幼礼同志结婚，结束了 10 年的单身生活。其后，他们生了燕生、燕民、云山，加上长子克鲁，共两男两女。他的新家庭生活美满。

妻子孙幼礼在回忆文章《怀念洛峰》中写道：

　　我与洛峰可以说从 1939 年抗战时期在重庆就认识了。那时候我曾陪同我的姐姐（孙少礼）去读书出版社找过洛峰，我们把他视为先进革命兄长，不记得是些什么问题去贸然请教他，他很客气，婉转指点一番。虽然那时候也听人常谈到过他，但我们不是很熟悉。新中国成立，在北京多次遇到，以后在1951年我们结婚了。①

在尚未公开发表的《往事杂忆》中，孙幼礼写道：

1951年底，轻工业部选派一批留学生，我被提名。我当然很高兴，但那时我已与洛峰结婚，并已怀孕在身，洛峰内心有点不同意，但又不好阻拦，部的留学生办事处得知这一情况，就决定我留待下一次机会再去，我就只好不去了。后来，因新中国成立初期，我国正在积极与一些国家建立外交关系，外交部向各部要人外派工作，轻工业部提到我。当时去哪个国家不知道，外派的工作时间是二三年，洛峰不太同意我去，而我正在造纸所，工作熟悉，而部的提名，并不是非去不可，我犹豫再三，最后还是决定不去。

从文章出现的"洛峰内心有点不同意"、"洛峰不太同意我去"、"我犹豫再三，最后还是决定不去"，可以看出黄洛峰爱家护妻的心情和两人的夫妻之情。

---

① 孙幼礼：《怀念洛峰》，载范用、刘大明主编：《出版家黄洛峰》，百家出版社2007年版，第451页。

（四）建立规整的机关管理制度

1952 年 4 月，出版总署党组就机构人事等问题向文委党组报告：鉴于出版总署过去对于出版事业"思想政治领导薄弱；所属公营企业单位（包括出版、发行、印刷三方面）虽已实行专业分工，但方针和任务不够明确，彼此在工作上有重复之处；署内组织机构不合理，事权不统一，职责不明确；干部力量太弱，成分太过复杂，以及在三反中暴露的一些问题"，决定调整机构人事，"今后拟在署长、副署长下分设一厅三局，即办公厅、出版管理局、印刷管理局、发行管理局"。办公厅管理结合的行政业务，如人事、财务、统计、政策研究等，这份呈"文委党组定一、乔木同志并报政务院党组干事会周恩来同志"的报告中提到，黄洛峰拟任办公厅主任。[①]

6 月 5 日，中央人民政府出版总署发出《关于调整机构后各厅局负责人及分工情况的通知》，明确办公厅主任为黄洛峰、副主任为程浩飞。同时，黄洛峰还是总署党组副书记。有时，党组书记陈克寒外出，他以"党组小组暂代书记"名义向上级请示汇报。

在任期间，黄洛峰协助署长协调各局组织了一系列重要会议，颁布了一批政府文件，对于梳理当时出版事业前进的线索、存在的问题和发展的方向，具有阶段性的政策导向价值。譬如，颁发的《书籍出口审核暂行标准（草案）》、《关于查禁书刊问题的指示》、《关于中央一级各出版社的专业分工及其领导关系的规定》、《关于公营出版社编辑机构及工作制度的规定》、《实行出版计划初步办法》、《管理直属公

[①] 中国出版科学研究所、中央档案馆编：《中华人民共和国出版史料4》，中国书籍出版社 1998 年版，第 34—37 页。

私合营出版企业暂行办法》、《全国出版事业五年建设计划大纲》、《关于课本与人民出版社某些书籍分区造货办法的决定》、《关于图书、杂志版本记录的规定》、《关于学习文件印行的规定》、《关于纠正任意翻印图书现象的规定》、《关于出版各国革命领袖传记的规定》、《保障出版物著作权暂行规定（草案）》、《关于在杂志和书籍上发表国民经济数字的若干规定》等，指导中国图书发行公司与新华书店的合并、国际书店与东欧国家的图书贸易以及一事一文、一社一批示等。同时，召开了第二届全国教科书出版会议、第二届全国出版行政会议、计划会议等全国行业性会议……这些对于把握方向、指导工作、交流协调，都具有相当重要的作用。

办公厅主任日常的机关工作非常细致而繁忙，黄洛峰也像对待出版工作那样认真负责，他认为这是既对内又对外的关键岗位，稍有不慎，影响全局。

长期在出版总署办公厅做秘书的杨茂聪后来回忆："洛峰同志对我的热诚帮助至今记忆犹新。使我难忘的一件事，是他耐心向我讲述如何做好机要秘书工作。他说：'做好秘书工作，要做到八个字，即迅速、准确、谨慎、周到。'并解释说：'做秘书工作，首先要头脑敏锐，动作迅速；第二要办事准确，不论接电话、传达事情定要准确，不能含糊；第三工作要谨慎，做工作一定要仔细，不能慌慌张张，注意避免出差错。同时要严格保密，尽管知道的事很多，但必须守口如瓶，不许多传；第四要注意周到，传递文件，要按指示分清轻重缓急，按顺序传递。同时还要及时催办。'洛峰同志是位细心的领导，他常常是发现问题，便随时指导。有时对一些具体事情，他也是一再叮嘱，如守好办公室啦，要学会打电话啦等等，使我感到十分亲切。

洛峰同志不仅善于言教，也很注重以身作则。他对工作认真负责严肃谨慎，一丝不苟。他特别注重文风。每天都要安排定时间修改签发公文。他修改公文的习惯，常常是把起草的同志找在当面，逐句逐字共同研讨，连标点符号都要仔细推敲。经过他修改签发的公文不论内容还是文字，都是更加周密，更加完整，更加规范。他这种优良作风，深受同志们的尊重和赞扬。"①

黄洛峰为总署机关工作的规章制度、工作细则以及工作纪律的制定贡献了智慧和心血，为制度建设开辟了一条道路。

从总署1954年第一季度机关工作要点中可以发现，黄洛峰领导的办公厅需要独立完成的工作有审干工作总结、增产节约总结，协同完成的工作包括将年度计划、工作布置到各大区、各单位，并在署内传达和讨论完毕，基本完成商务印书馆、中华书局公私合营工作等。

1月15日，总署发出《关于"增产节约"运动情况的报告》，"我们重新修订的增产节约指标是：增产节约总额为725亿元，计：增产和扩大销售484亿元；节约241亿元。因增产节约为国家增加积累327亿元"。②通过开展增产节约运动，提高了工作计划性，改善了企业经营管理，鼓励了群众的生产热情，存在的缺点为思想政治领导薄弱，没有深入检查、总结经验。要在现有的基础上把运动引向经常性、四季经营抓计划，找出关键问题订出解决办法，严格执行作业计划。这应该也是办公厅所肩负的工作。

1953年3月21日起，出版总署党组书记、副署长陈克寒率队检

① 范用、刘大明主编：《出版家黄洛峰》，百家出版社2007年版，第244页。
② 中国出版科学研究所、中央档案馆编：《中华人民共和国出版史料6》，中国书籍出版社1999年版，第47页。

查华东、中南出版工作，自 3 月 25 日至 4 月 23 日，向有关部门以及负责人写了八封信，其中既有"给出版总署领导人"、"致习仲勋并政务院文委党组、中央宣传部"的信件，也有"致胡愈之、叶圣陶、周建人、萨空了、黄洛峰、戈茅、金灿然、华应申、王益、储安平、程浩飞、沈静芷，并习仲勋、钱俊瑞、范长江、包之静"，"致胡愈之、黄洛峰、戈茅、金灿然、华应申并中央宣传部熊复"，"致习仲勋并政务院文委党组、中央宣传部并黄洛峰和出版总署党组小组"等信件，反映了华东新闻出版局的工作状态、华东报刊发行工作的检查、上海旧书摊贩问题、印刷生产力问题、出版工作中的公私关系问题等，对政务院文委、总署党组和总署各部门的决策和执行提供了经过实地走访后的思考和见解。

1953 年 4 月 6 日，出版总署党组小组暂代书记黄洛峰签发《出版总署党组小组关于处理新华书店山西分店在为志愿军募书工作中所犯错误问题的报告》。山西分店擅自把群众捐给志愿军的书刊，以所谓"内容不妥、破烂及过时"为名，烧掉封皮，把书心作废纸卖掉 7 万余册，并烧掉群众给志愿军的慰问信五六百封，"犯了很严重的政治错误"。该报告提出了"贯彻、整顿、巩固"的方针，以提高质量和合理利用印刷生产力为中心的工作目标：

为了纠正这一严重的无组织无纪律的政治错误，我们的处理办法是：

（一）责成新华书店总店会同华北总分店，组织一个检查组，前往山西分店进行复查。除了将错误事实作进一步的核对外，并深入检查该店在募书运动方面还有无其他错误。

（二）责令山西分店经理（略）再作深刻的检讨（其适来京开会）。

（三）新华书店总店前华北工作组，擅自同意山西分店的错误建议，新华书店华北总分店在发觉这一错误后，未向总店和总署及时请示报告，亦应进行检讨。

（四）新华书店总店在领导募书运动中，从未深入下层进行检查，对于运动中所发生的缺点和偏差也不能及时发现予以纠正，亦应进行检讨。同时应即将山西分店的错误事实，通报全店，责成各地做过募书工作的分支店，一律结合反官僚主义斗争，对募书工作进行一次彻底的检查和清理。

（五）待错误事实最后核实并征询山西省委的意见后，给山西分店经理（略）以及其他有关人员，以适当的处分。①

8月8日，黄洛峰又以出版总署党组小组暂代书记名义向"仲勋同志、乔木同志并中央宣传部、文委党组"报告了6月29日至27日总署召开的各大区新华印刷厂厂长会议情况，以及当前出现的印刷工作问题。

（五）接收、改制与合资

上任办公厅主任不久，黄洛峰作为出版总署代表，开始进行接收时代出版社的工作。

---

① 中国出版科学研究所、中央档案馆编：《中华人民共和国出版史料5》，中国书籍出版社1999年版，第266—267页。

时代出版社隶属于苏联塔斯社。1952 年，苏联政府决定将该社无偿移交中国政府，中宣部决定由中苏友好协会总会为其领导机构。

1952 年 12 月 11 日，黄洛峰接受塔斯社北京分社代理社长边缅诺夫递交的双方交接纪录稿。

12 月 15、16 日，黄洛峰两次与边缅诺夫商谈具体细节，包括对方的授权方、使用权与所有权等。

12 月 21 日，周恩来在双方的商谈"纪录稿"上批复"即照苏方原稿签订交接纪录"。

12 月 28 日，《人民日报》刊出《苏联塔斯社将时代出版社移交我国》：

> 苏联塔斯社已将该社在中国所创办的时代出版社无偿地移交我国政府。移交手续已在 12 月 25 日办理完毕。代表塔斯社办理移交者为塔斯社驻华分社代理社长边缅诺夫，中国政府方面由出版总署办公厅主任黄洛峰代表接收。
>
> 时代出版社于 1941 年在上海成立。在 11 年中，先后出版了中文《时代》杂志、《苏联文艺》、《苏联医学》、《时代日报》、俄文《时代》杂志、英文《每日战讯》、《每日新闻》、《苏联周报》等期刊和报纸，并出版社会科学、文艺、语文、自然科学、医学等书籍 402 种，在向中国人民介绍马克思列宁主义和苏联文化方面作了重大贡献。时代出版社的出版物，受到中国人民的热烈欢迎。
>
> 中央人民政府出版总署接收该社后，决定委托中苏友好协会总会负责领导该社工作，以继续发展该社在 11 年间所努力不懈

地介绍苏联文化的事业。①

12 月 30 日，出版总署召开关于接收时代出版社座谈会，商谈时代出版社移交细节，出版总署黄洛峰、金灿然，中宣部包之静，中苏友协总会李沽吾、易定山等参加会议，王泰雷、孙绳武作为时代出版社的代表参加会议。

黄洛峰首先介绍了时代出版社从改组到移交以及该社资产、机构、人事等情况，根据专业分工的原则，该社的发行部门移交新华书店，印刷厂移交新华印刷厂或外文印刷厂，出版部门由中苏友协总会领导继续出版有关中苏友好及中苏文化交流及无专业所属的综合性书刊。

12 月 31 日上午，黄洛峰代表总署参加了时代出版社全体职工会，宣布接收后的工作方针。至此，时代出版社移交工作顺利结束。

1953 年 8 月 27 日，黄洛峰随陈克寒副署长在熊复同志办公室参加中宣部召开的筹办通俗读物出版社方案的讨论会。

此次会议记录显示，通俗读物出版社通过两个月的筹办，已经调集干部 35 人，准备成立，开始工作。

1953 年 11 月 19 日上午，在总署办公厅，黄洛峰主持了出版总署与科学院商谈成立科学出版社及与私营龙门书局进行公私合营的会谈，下午代表出版总署与私营龙门书局商谈公私合营的问题。

黄洛峰在上午的会议上提出几个问题请科学院考虑。

---

① 中国出版科学研究所、中央档案馆编：《中华人民共和国出版史料 4》，中国书籍出版社 1998 年版，第 382 页。

首先，一、为建立科学出版社，是否与龙门书局搞公私合营问题应予肯定。二、科学出版社总的领导应由科学院负责，请事先考虑由谁主持。三、步骤：如科学院确定与龙门搞公私合营，我们即和科学院联合向中央作报告，一俟批准，再行具体进行。在以上问题未明确前，出版总署准备先找龙门负责人来谈，话不说死，只说龙门提出的公私合营要求可以考虑。科学院恽子强同志表示：龙门书局公私合营后，可增加科学院编辑力量和出版力量，对科学院来说是有好处的，但科学院编译局的力量有限，如成立科学出版社，负责领导，编译局就需分出力量来，就影响现在编译局的存在问题，这个问题须会后回去与领导商量决定。

下午，龙门书局严幼芝首先表示：我们学习总路线后，衷心地表示愿意和国家公私合营，在上海曾和华东新闻出版局谈过两次，他们对我们提出的要求亦表示赞同，但指出还须请示出版总署决定，因此我亲自到北京来请示，前几天写来的一份材料，简单情况都已报告过。

黄洛峰：解放后，龙门几次提出公私合营问题，现在我们可以考虑这个问题，但因这个问题牵涉较广，要与有关方面商量，并因对龙门的情况了解不够，还不能具体的来谈，希望你回上海后再补充一些材料（如人员情况、工资福利待遇等各方面），以便研究作进一步考虑。

（在这份"纪要"中，黄洛峰同志按：龙门的公私合营问题正与科学院商谈，尚未确定，因此，对严幼芝谈话时没有肯定，只表示可以考虑他提出的要求。）

严幼芝：龙门业务比较单纯，只搞出版工作和影印工作，而且出版高教部的大学课本和影印科学院的书籍都各占我们出版和影印业务的90%以上。发行业务已经紧缩，原有8个分店，现已结束5个，明年只剩下上海和北京2处，有发行人员40人，过去已将搞发行的文化程度高的调来搞出版工作，但这40个人还无法安排，希望公私合营后公家能吸收。

我们的印刷厂有26个工人，有一部石印机，任务很忙，经常要组织其他的石印力量才能完成影印任务。工厂里有10个工人，专门排印科学书的，技术很好。

黄洛峰：搞发行的40个人，请你先行考虑作适当的处置，以减少将来的麻烦。至于你们现在的出版计划，仍可照常进行，不要因此而停摆。

严幼芝：我们工作没有什么困难，要求公私合营是希望更能发挥潜在力量，编辑部的人一般都比较进步，也希望公私合营。我们已和高教部、科学院接洽好任务，计划当照常进行。

黄洛峰：你们的补充材料请交华东转来，至于以后由华东方面找你们谈，还是我们直接找你们谈，以后再作决定。

严幼芝：听候出版总署决定。[①]

（六）"商务""中华"公私合营

在中央档案馆能查阅到黄洛峰在1953年4月24日"就建立财经

① 中国出版科学研究所、中央档案馆编：《中华人民共和国出版史料5》，中国书籍出版社1999年版，第625—626页。

出版社问题致习仲勋、胡乔木函"。

　　仲勋、乔木同志：

　　　　几个月来我们一直在争取以财委编译室作底子建立财经出版社，但因找不到总编辑等领导同志，始终建不起来。今天听说财委编译室即将拆摊子，为此我们建议：请即与薄一波同志商量，把财委编译室的编译人员全部划归人民出版社，改为该社的财经编译室，积极出版财经书籍，以作为日后建社的基础。妥否。请示。此致

　　　　敬礼

　　　　　　　　　　　　　　　　　　　　　　黄洛峰①

　　胡乔木在 4 月 27 日批复："已问过薄一波同志，他同意以财委编译室为基础成立财经出版社，但不一定要全部人员，因为其中许多人须另行分配工作。请出版处告黄。"②

　　1953 年 11 月 4 日，中宣部熊复主持召开了关于成立财经出版社问题的座谈会，黄洛峰随陈克寒等作为总署代表与财政部、农业部、林业部、商务部、合作总社、对外贸易部、粮食部、国家计划委员会、人民银行、国家统计局、农村工作部等各部门的负责同志一起参加了会议，在随后印发的"会议纪要"中写道：

---

　　① 中国出版科学研究所、中央档案馆编：《中华人民共和国出版史料 5》，中国书籍出版社 1999 年版，第 287 页。

　　② 中国出版科学研究所、中央档案馆编：《中华人民共和国出版史料 5》，中国书籍出版社 1999 年版，第 287 页。

目前中央财经各部门已出版书籍的，或准备出版书籍的，约近20个单位。有的已自己成立出版社；有的以出版期刊为主，兼出书籍。为统一领导，集中使用人力，并解决出版、印刷、发行上的困难，建议今天到会各单位联合起来成立财经出版社，以应国家建设的迫切需要。到会各部门的代表均表示赞成中央宣传部的建议。

成立财经出版社，准备与中华书局合并，成为公私合营企业。中华书局原已公私合营（公股占20%），有相当技术基础，过去并曾为农业部等单位经常出书。财经出版社成立后，中华书局的名义仍保留。一些再版的旧书，或质量低的书，可以中华书局名义出版。其他均以财经出版社的名义出版。今后人民出版社有关财经方面的书籍，亦交由财经出版社出版。

……

在干部问题方面，由中宣部与中央组织部负责配备主要负责干部（总编、副总编、经理、社长）。各部门负责配备各编辑室的主要干部（编辑室主任、副主任和编辑骨干至少5人）。

在领导关系方面，政府方面由出版总署，党内由中宣部统一领导。至于各个编辑室，在统一领导下，同时受有关各部门的领导。各部门应负责：（一）审查出版计划；（二）审查书籍的内容；（三）帮助组织稿件。

到会各部门的代表负有责任共同筹备这一国家关于财经书籍的出版机构，因此，应在会后向党组报告，再与出版总署联系，商定抽调干部等事宜。①

---

① 中国出版科学研究所、中央档案馆编：《中华人民共和国出版史料5》，中国书籍出版社1999年版，第587—588页。

11 月 14 日，陈克寒副署长向政务院请示报告筹建财政经济出版社中遇到办公用房、干部宿舍及图书资料等问题，中央人民政府第二办公厅 11 月 26 日写信给中宣部告出版总署，中央财委主任陈云已同意将中央财委编译室管理的 3 万余册图书，6.6 万余份剪报资料通过机关事务管理局接洽转给财政经济出版社。

11 月 16 日，黄洛峰主持出版总署与华侨事务委员会商谈香港上海书局在广州设立编辑机构出版海外读物的事宜，金灿然参加。黄洛峰代表总署原则上同意上海书局在广州设立编辑机构，翻印或改写国内的书籍和文章，"不得侵犯原出版者的版权，翻印或改写前须事前征得原出版者并作者的同意"。①

当天下午 5 时，黄洛峰在办公厅代表出版总署与中华书局商谈加强对中华书局的领导问题，金灿然、傅彬然、卢文迪（中华）等参加，开启了中华书局公私合营的大门。黄洛峰表示：

一、中华书局过去已有公股，早已是公私合营，现在提出这个问题，应是政府进一步加强对中华的帮助和领导的问题，政府愿意进一步加强与中华的合作。

二、进一步合作后，中华书局的招牌仍暂时保留，但还需挂另一招牌——财经出版社的招牌，即一个企业，两个招牌。不适合用财经出版社名义出的书，以及中华的某些旧书则用中华的名义出。

三、中华书局海外有一些据点，负有对海外宣传的某些任

---

① 中国出版科学研究所、中央档案馆编：《中华人民共和国出版史料5》，中国书籍出版社 1999 年版，第 623 页。

务。进一步合作后，公私合营的名义不能对外宣布，免使海外的出版发行工作遭受困难。

四、中华原订的 1954 年出版计划仍照样作，应该出的书仍照常出，不要因进一步的合作而中断原来的计划。

五、希望潘达人从广州回到上海后，即来京一趟，并随同将中华的资产情况、福利办法、公股公产等材料带来，以便我们作进一步的研究和考虑。对于在进一步合作前，中华需要具体处理哪些问题，如何处理法，以及对进一步合作后，在照顾海外发行的基础上如何逐步使印刷发行专业化等问题，我们都愿听到中华方面的意见。

六、希望将以上意见先和上海中华内部酝酿交换意见，以便进一步商谈。①

卢文迪表示将照总署以上意见去做，有困难时再协商。

1953 年 12 月 4 日，出版总署党组将一个月来筹建财经书籍出版社调配干部情况，向中宣部进行了汇报：

已决定参加财经出版社并送来干部材料的有原财委编译室、农业部、国家统计局、财政部 4 个单位，共 22 人，其中财委、国家统计局各 4 人（财委包括王寅生、李国钧），无党员干部；财政部 5 人有党员干部 1 人，可任编辑室副主任者 2 人；农业部 9 人，有党员干部 2 人，可任编辑室主任、副主任者 2 人。

---

① 中国出版科学研究所、中央档案馆编：《中华人民共和国出版史料 5》，中国书籍出版社 1999 年版，第 607—608 页。

其余6个部门，如粮食部因缺乏干部，已经中宣部同意与商业部、对外贸易部合组一编辑室，但商业部仅肯定参加财经出版社，能否抽调干部，尚未确定；对外贸易部亦因机构建立不久，干部缺乏，认为目前无书可出，要求保留今后参加出版社的权利，目前不派人参加。合作总社力称抽不出干部，要求免调；人民银行、林业部则迄未明确答复是否参加和派哪些人参加。

……

我们建议由中央宣传部召开各该部党组书记会商一次，再次督促参加并积极抽派干部。[①]

出版总署主导的商务印书馆、中华书局公私合营开始实际运作。商务、中华1950年曾要求全面公私合营，因为客观条件不成熟和主观力量不足而未被接受。1953年9月，中央对私营工商业进行社会主义改造的指示下达后，总署征询商务、中华意见时，商务马上提交了公私合营的申请书，董事长张元济并致函老友陈叔通从旁代为要求，中华书局也迅速提出了要求公私合营的申请。11月3日，出版总署党组小组关于进一步改造商务印书馆和中华书局的请示报告，呈"仲勋同志、乔木同志并中共中央宣传部、文委党委并转主席和中央"："……我们拟即接受他们这次的要求，派入领导干部，投入新的资本，对他们进行进一步的社会主义改造，并将商务印书馆改组为高

---

① 中国出版科学研究所、中央档案馆编：《中华人民共和国出版史料5》，中国书籍出版社1999年版，第589—590页。

等教育出版社，中华书局改组为财经出版社"。① 该报告详细罗列了商务、中华现实情况，要求公私合营的原因以及总署的方针方法等。其中论及将商务印书馆改造为高等教育出版社，逐步地专业出版高等学校和中等技术学校教科书。应由高等教育部负责总的领导，派出社长主持，并抽调若干编辑人员加入，组成若干编辑室；另由出版总署抽调若干干部参加，负责管理企业经营。将中华书局改组为财政经济出版社，逐步地专业出版工业部门以外的各种财经书籍。拟由原中财委编译室及财政部、商业部、对外贸易部、农业部、林业部、粮食部、人民银行、合作总社分别抽调编译人员参加，组成若干编辑室，为上述各部门出版书籍；出版总署所担负的任务与改造商务者同。鉴于该社任务包罗较广，拟请由中央宣传部和财委第二、第四办公厅共同领导，并由中央宣传部和中央组织部商量调配社长、副社长、总编辑、副总编辑。

公私合营后，在相当时期内，商务、中华的招牌仍旧保持。即每个社内部各为一套机构，一本账簿，一种制度，但对外则各挂两块招牌。一家挂高等教育出版社与商务印书馆的招牌；另一家挂财政经济出版社与中华书局的招牌。新的董事会（或理事会）、社长、总编辑、经理等，一般均由政府方面人员任正职，资方人员任副职；但个别职务（例如经理、出版部门的职务）也可视人员具体情况，由资方人员任正职。

黄洛峰在这段时间参与了两家出版社的改造、筹建工作，这在

---

① 中国出版科学研究所、中央档案馆编：《中华人民共和国出版史料5》，中国书籍出版社1999年版，第591页。

《史久芸日记》^① 的记载中也可看出：

> 1954 年 1 月 5 日　今日，胡愈之署长与黄洛峰、金灿然同志邀叔老、任老、寰老午饭，任老因病未去。余于傍晚往叔老家探询会谈情况，又送去《十钟山房印举》两部备伊选择。七时半归家。
>
> ……
>
> 1 月 13 日　与总署联系后，得黄洛峰电话，约于本星期六下午会谈。
>
> ……
>
> 1 月 16 日　下午，一时同宣信予兄往出版总署会谈。出席者如下：胡愈之、陈克寒、黄洛峰、金灿然、梁涛然、唐泽霖（以上署方）；黄松龄、武剑西、纪昌、于卓（以上高教部）；陈叔通、徐凤石、俞寰澄、沈季湘、袁翰青、戴孝侯、宣信予及我。谈至五时三刻出，至演乐胡同夜饭。
>
> ……
>
> 1 月 27 日　中午，回家午饭。饭后，往总署听黄洛峰同志作总路线报告。
>
> ……
>
> 2 月 10 日　八时，往出版总署为黄洛峰同志召集商务、中华筹备人员谈话，至十时半毕。
>
> ……

---

① 《史久芸日记》，商务印书馆 2018 年版，第 302、304、305、307、311、389 页。

12 月 11 日　八时到馆，为许寄南来报告陈云卿辞职原由事，赶做报告给黄洛峰同志。

进入 1954 年，总署出版事业计划中提出了"大力进行对私营出版业的社会主义改造，与高等教育部、财委有关部门、科学院合作，进一步改造商务、中华、龙门三出版社，将它们分别地改组为公私合营的高等教育出版社、财政经济出版社和科学出版社"。

1 月 15 日下午，胡愈之、陈克寒、黄洛峰等总署领导与中华书局董事会就中华书局全面公私合营问题进行了第一次会议，舒新城、李昌允、陆费铭中、潘达人等中华书局董事会代表参加了会议。胡愈之署长提出了包括同意将中华书局改组为公私合营的出版社，保留中华书局牌号，但应加挂"财政经济出版社"牌号；合营后，董事会应增公股董事若干人。董事长以由原董事长留任为好；公股方面可抽调人员担任副董事长、社长及总编辑；经理及副社长、副总编辑希望私股方面亦能推荐人员担任等原则。"如以上原则，经双方协商同意后，即可由政府方面与中华书局董事会双方推人组织筹备会，筹建新机构"。

1 月 22 日，黄洛峰在出版总署第 110 次署务会议上汇报了与商务、中华会谈合营的情况。1 月 28 日，黄洛峰主持了高等教育出版社筹备处第一次会议，出版总署、高等教育部、商务印书馆多人参加。会议明确，"已由高等教育部、出版总署指派黄洛峰、武剑西等代表与商务印书馆董事会推定的俞寰澄等为代表组成筹备处开始工作"。

2 月 10 日，高等教育部党组、出版总署党组向中宣部并文委党组报告了高等教育出版社、财政经济出版社的主要负责人名单。

4月7日，黄洛峰、常紫钟、武剑西等同志向胡愈之署长、叶圣陶、周建人、陈克寒副署长汇报了近期中华、商务公私合营工作的进展。出版总署指定黄洛峰、金灿然、沈静芷、狄超白、汤季宏五位同志为财政经济出版社公方董事。

4月30日，高等教育出版社、财政经济出版社分别召开成立大会，会议经过选举，高等教育出版社董事长由张元济续任，副董事长由艾大炎担任，财政经济出版社由黄洛峰任副董事长，中华书局原董事长吴叔同任董事长。由此，商务、中华迈入了崭新的社会主义出版大道。

叶圣陶副署长在财政经济出版社成立大会上讲话，其中讲道：

中华书局实行全面公私合营改组为财政经济出版社，不仅是多了一块招牌，扩大了业务范围，这样的认识是不够的。中华书局实行全面公私合营，就中华书局本身说，是一个新纪元，是一个新生。从今以后，中华书局的性质根本变了，它已是一个半社会主义的出版企业了；在中华书局工作的职工，所处的地位也根本变了，主要是为国家工作了，与国营企业的工作人员享有同等的地位了。才智能力可以有更充分发挥的机会。成立财政经济出版社，就国家说，这是增加了一个重要的出版机构，这个出版机构将密切配合国家经济建设，出版大量的财政经济读物；以加强马克思列宁主义的财政经济理论、政策与业务知识、业务生产技术的教育宣传。这个出版机构，今后将完全受国家的领导，按照国家的要求在自己的专业范围内出版适合国家需要出版的书籍，出版配合国家经济建设和文化建设的书籍。这样，中华书局的发展前途就有了可靠的保证。①

4月21日，出版总署党组关于处理商务印书馆和中华书局公私
合营经过的报告，呈中央宣传部、中央文委党组、中财委（资）并主
席和中央，汇报了这两家中国现代最著名的出版机构公私合营的经过
和相关人员的体会。

5月18、23日，出版总署会同中国科学院邀集龙门联合书局董
事会代表举行会谈，商讨龙门联合书局实行全面公私合营并改组为科
学出版社的问题，黄洛峰、沈静芷等作为出版总署方面代表参加，会
议就名称、专业出版方向及业务范围、组织机构和领导关系、资产负
债的处理以及人事处理等问题取得一致意见，决定争取于1954年7
月完成龙门联合书局全面公私合营的手续。7月27日，国务院文委
批复了由中国科学院上报的科学出版社的方针、任务、组织机构的草
案、关于龙门联合书局改组后实行公私合营等问题的报告。

5月14日，中宣部办公室直接给黄洛峰发函：

黄洛峰同志：

接驻巴基斯坦韩念龙大使致外交部电称：巴旁遮普大学新闻
系已将中国新闻事业列入新闻系学位考试之科目之一，要求我们
于三个月内供给该系有关材料作为教学上的参考。经商外交部，
同意供给若干材料，其中关于通俗刊物之情况、专门刊物如儿
童、妇女、科学等情况和新闻出版法律两项材料，请你们负责编

---

①　中国出版科学研究所、中央档案馆编：《中华人民共和国出版史料6》，中国书籍出
版社1999年版，第248页。

写及供给材料，此外关于日报、周刊、半月刊、月刊等详细发行量及重要报刊之样本一项亦望你们斟酌办理。以上材料收齐后，可交由我们一并汇总处理。你的意见如何？盼复。①

虽然我们现在已经难以找到黄洛峰当时的复函，但以他办事认真、仔细的风格来看，想必对于此事一定是会办、能办而且办妥的。

1954年9月，黄洛峰被选为第一届全国人民代表大会代表，在北京参加了第一届全国人民代表大会，《中华人民共和国宪法》就是在这次会议上颁布的。

1958年4月，财政经济出版社改组为中华书局和农业出版社两个单位，黄洛峰续任中华书局副董事长（兼职）。

（七）形势变化中的机构调整

1954年1月16日，中共中央批复出版总署党组关于1953年出版工作情况和今后方针、任务的报告，并下发各中央局、分局、各省（市）委、中央和军委各部、中央人民政府各部党组、各人民团体党组。文件对于出版工作的性质、任务和私营机构的改造都作了明确的指示：

出版工作是党对人民群众进行社会主义教育的最重要的工作之一，各级党委和各部门党组必须注意加强领导，以充分发挥它

---

① 中国出版科学研究所、中央档案馆编：《中华人民共和国出版史料6》，中国书籍出版社1999年版，第272页。

在思想领导、国家经济建设和文化建设中的作用。

出版总署在过去一年中所采取的整顿巩固的措施是正确的和必要的，出版工作的质量已因此有所提高。为了适应国家建设事业和人民文化生活的要求，今后必须加强并有重点地发展国营和地方国营出版业，使初级、中级和高级的社会科学、自然科学、文学艺术以及其他为国家和人民所需要的书籍的出版，不仅有较高的质量，而且有适当的数量。为此，党和政府的一切机关，特别是科学和教育机关，应当切实给予有志趣和有能力从事著作翻译的工作人员以鼓励和便利。出版社应积极联系作者、翻译者，并主动地给他们以一切必需的帮助。凡不违反马克思主义的有用的著作，均应有适当的出版机会。各级党委宣传部应经常检查和指导出版社的工作，帮助其充实必要的编辑出版干部，督促其改进编审出版制度，注意调查国家和人民对各类出版物的需要状况，正确地制订选题计划和出版计划。

对于私营出版业、发行业和印刷业，必须积极地、有计划地、稳步地进行社会主义改造。改造的重点首先应放在出版业方面。新华书店对于私营书刊零售店，应加强批发工作，逐步地使它们实际上成为国营发行企业的代销店。对于私营书刊印刷业，应有计划有组织地委托印制，克服目前许多单位在委托私营印刷厂印制工作中的分散自流现象，并防止泄露党和国家的机密，从而把它们纳入国家计划化的轨道。[①]

[①]　中国出版科学研究所、中央档案馆编：《中华人民共和国出版史料6》，中国书籍出版社1999年版，第1—2页。

这对于包括黄洛峰在内的总署干部而言，实在是一种鞭策和鼓励，指明了今后工作的方向和目标。

1954年，随着大区党政机关撤销，各地出版行政机关也相应作了同步调整，出版总署过去对地方新闻出版行政工作只管到大区新闻出版局（处），今后要直接管省（市），面广了，任务加重了，现有的机构和人力均不能适应新情况，需要作同步的局部调整。省（市）一级出版行政机关一般都不健全，有些地区还没有建立。有些地区尚未建立地方出版社，已经建立的也需要充实人力。

出版总署党组由黄洛峰署名在5月26日将出版行政机关调整的初步意见致函请示中宣部、文委党组，陈述了对大区的出版行政机关、大区一级的出版社、印刷厂和书店的安排，"加强中央一级即将建立的和已建而基础薄弱的出版社，同时适当加强出版总署某些行政部门；充实省（市）级的出版行政机关（如未建立机构者即行建立）和地方出版社"，同时提出了对于总署机构局部调整的初步设想：

一、建立地方出版管理局，负责管理地方出版社的建设方针，汇总审批地方出版社的出版计划，指导地方出版社的企业经营和对各地私营出版社进行社会主义改造。

二、建立人事司，加强干部的管理、教育工作，以原属办公厅的人事科、保卫科为基础改建，并适当补充少数领导骨干。

三、印刷管理局和发行管理局管理工作增加，内部机构均须作适当调整，补充一些中级干部。

为充实中央一级出版社和补充我署少数领导骨干，我们要求调配担任出版社正副社长、正副总编辑等主要干部的名单一并附上，请审核。至于新华书店各大区总分店和各大区印刷厂的干部调配办法，拟由我署与各大区新闻出版局（处）另行商定。大区一级报社如有撤销者，我们要求抽调一部分编辑人员，以充实各出版社编辑骨干。①

显然，这个初步设想未被认可。7月27日，总署给中央人事部发函，提出调整机构和编制的想法：

> 我署组织机构，经调整充实后，准备改为一厅、二司、四局，即办公厅、人事司、计划财务司、出版管理局、地方出版管理局、印刷管理局、发行管理局；编制拟增加至386人（包括托儿所工作人员及长期休养人员38人），如除去托儿所工作人员、长期休养人员，署本部新编制为348人，计干部285人，勤杂人员39人，其他（传达、警卫、司机、电工等）24人。②

8月22日，总署党组根据政务院文化教育委员会秘书长钱俊瑞的指示，举行了专题会议，讨论中央人民政府组织机构改变时，出版总署应如何处理问题，胡愈之列席。与会同志全体一致的意见，成文后以《出版总署党组关于出版总署组织如何处理问题的意见》呈"文

---

① 中国出版科学研究所、中央档案馆编：《中华人民共和国出版史料6》，中国书籍出版社1999年版，第308页。

② 中国出版科学研究所、中央档案馆编：《中华人民共和国出版史料6》，中国书籍出版社1999年版，第415页。

委党组并请转报中央"。

意见之一：

在国务院组织不列出版总署后，出版总署现有组织和业务的处理，不外两个途径：一是在国务院下设立一个直属机构，专门主办出版业务；一是并入文化部，由文化部同时主管出版事业。我们一致认为以并入文化部为好。

意见之二：

如出版总署并入文化部，在出版业务的管理范围上，应在大体保持现有业务的基础上进行适当调整。国际书店的书刊进出口工作，与国家的整个对外贸易密切联系，在苏联这一部分业务是归外贸部管理的。因此，国际书店应划归对外贸易部领导，这件事中宣部过去已经同意。进口外文书籍在国内的发行任务，可全部移交新华书店担承，新华书店由文化部领导。印刷是地方性加工性的工业，完全由文化部统一管理并不适宜。今后文化部可以只管理原属出版总署直属的十三个国营书刊印刷厂……在业务管理范围作了上述调整后，文化部就可更多地集中注意力加强对图书出版工作的领导，在部内只要增设一个较大的出版事业管理局，局下设若干处，并多设几个局长、副局长分别掌管出版、印刷、发行业务即可。原出版总署办公厅、计划财务司可与文化部同类机构合并。

意见之三：

不管机构如何变动，在变动前后，应注意如下三点：

（1）出版总署党组应保证现有业务照常进行，坚决完成今年的工作计划，继续编制明年的出版计划，并注意安定人心。在中央将国务院组织条例公布时，即在干部中公开进行思想教育，号召他们照常工作，服从组织统一调配，反对见异思迁，三心两意。

（2）今后调到出版总署来的干部，一律用以充实企业单位——主要是充实出版社，署本部不再增加人员，原有扩充一司一局之议作罢。但署内现有人员，除原定调往企业单位或报考学校者外，一般也暂不调动。

（3）在上级对此问题作出决定后，于适当时间和署内其他民主人士进行协商，求得他们的同意。同时，希望上级对署内几个高级的民主人士，包括胡愈之、叶圣陶、周建人、萨空了，预谋妥善的安置。①

不久，出版总署归入文化部，终于定局。9月9日，钱俊瑞向仲勋、维汉、子文同志并总理报告关于出版总署等在机构合并后几个非党负责同志的职务安排问题，9月10日习仲勋批复，11日李维汉批复，当天周恩来批复"同意，请送邓及中组部传阅"：

① 中国出版科学研究所、中央档案馆编：《中华人民共和国出版史料6》，中国书籍出版社1999年版，第481—483页。

（一）胡愈之、周建人——由统战部在全国人民代表大会常务委员会及其它方面加以安排；

（二）叶圣陶——担任教育部副部长，掌管教科书的编辑工作（他原兼任人民教育出版社社长）；

（三）萨空了——一方面继续担任民族出版社及人民美术出版社的社长，同时在全国人民代表大会民族委员会或政府民族事务委员会方面作适当安排；

（四）徐伯昕和傅彬然等司局长级非党同志仍留出版系统工作。①

9月22日，周扬、陈克寒关于文化部出版事业管理干部安排问题致中宣部并文委党组请示报告。

中共中央宣传部并文委党组：

出版总署并入文化部后，我们对机构和人员拟作如下安接，请审核批准，并转报中央。由于中央批准需要较长时间，为了便利工作，望中央宣传部和文委党组同意后先行通知我们，以便早日把机构人员安排停当。

一、文化部下设一个出版事业管理局，下设办公室、报刊管理处、图书出版管理处、图书审读处、书刊印刷管理处，书刊发行管理处、纸张管理处、计划处、人事处等一室八处，另设一党团办公室。

---

① 中国出版科学研究所、中央档案馆编：《中华人民共和国出版史料6》，中国书籍出版社1999年版，第494—495页。

二、出版事业管理局设局长一人，副局长若干人。由黄洛峰（原出版总署办公厅主任）任局长，徐伯昕（原出版总署发行管理局局长兼新华书店总经理）、金灿然（原出版总署出版管理局副局长）、华应申（原出版总署发行管理局副局长兼新华书店副总经理）、卜明（原出版总署印刷管理局副局长）、祝志澄（原出版总署印刷管理局副局长）任副局长。

上述六人中，徐伯昕因身体有病，只能作半天工作，不宜担负新华书店总经理的繁重工作，所以留在局内。祝志澄同志在较长时间中任新华印刷厂厂长，但现在厂长已由王大任同志担任，而且他回新华印刷厂工作也不很适当，所以也留在局内。

三、出版总署原有局、司级干部，除上述五人外，其余人员作如下处理：

戈茅（原出版总署办公厅副主任兼党委书记）调任文化部办公厅副主任，并兼作党委工作；

程浩飞（原出版总署办公厅副主任）调任文化部办公厅副主任；

谢冰岩（原出版总署计划财务司司长）调任文化部计划财务司司长；

沈静芷（原出版总署计划财务司副司长）调任地图出版社副社长；

傅彬然（原出版总署出版事业管理局副局长）调任在建立中的古籍、语文、辞书出版社副社长；

王益（原出版总署发行管理局副局长兼新华书店副总经理）

调任新华书店总经理；

邵公文（原出版总署发行管理局副局长兼国际书店总经理）专任国际书店经理。

周　扬　陈克寒①

同日，周扬、陈克寒还就文化部出版事业管理局的业务范围问题请示中央宣传部并文委党组，提出了文化部出版事业管理局的十三大业务。

出版总署并入文化部，成为一个出版事业管理局后，原有出版总署的主要业务基本上保留。出版事业管理局将在中央宣传部和文化部领导下，执行如下业务：

（一）掌管全国图书出版事业的方针。

（二）编制全国出版建设计划并监督它的执行。

（三）建立和调整或协助建立和调整全国国营、地方国营和公私合营出版社。

（四）办理全国专区级以上报纸、省市级以上杂志的登记工作以及全国出版社、书店的核准营业工作。

（五）协助有关党政领导机关有重点地审读已出版的图书，并组织图书评介工作。

（六）制定有关图书出版方面的制度，例如：著作权、版权、稿酬、定价，等等，并监督它的实施。

---

① 中国出版科学研究所、中央档案馆编：《中华人民共和国出版史料6》，中国书籍出版社1999年版，第522—523页。

（七）领导全国图书发行工作。

（八）管理由出版事业管理局管理的报社、杂志社、出版社、印刷厂的企业经营。

（九）领导对于私营出版业和私营发行业的社会主义改造工作。

（十）统一调配军事系统以外的新闻、出版用纸，并检查和监督纸张的使用情况。

（十一）管理出版事业管理局直属的出版社、书店、印刷厂的干部工作，并训练和培养出版、印刷、发行干部和技工。

（十二）管理报纸、杂志、图书的版本收集、保藏和编目的工作。

（十三）有关出版方面的对外文化联络工作。[①]

11月23日，出版总署党组发出关于建议将出版总署党组予以撤销的请示报告：

仲勋同志并转中央：

出版总署已遵照国务院指示撤销。原出版总署改制为文化部出版事业管理局的工作也已完成。除少数人员尚待处理，一部分财产尚待清理，可由新的出版事业管理局继续负责进行外，其余均已安排就绪。至于出版总署1954年工作总结，可在文化部党组领导下进行，于年终报文化部党组审核转送。因此，我们建议

①　中国出版科学研究所、中央档案馆编：《中华人民共和国出版史料6》，中国书籍出版社1999年版，第524—525页。

将出版总署党组予以撤销，今后有关出版方面的方针政策等问题即由文化部党组直接指导。①

习仲勋同志于 11 月 24 日批："同意出版总署党组撤销，钱、范阅报小平同志核阅后退陈克寒同志。"

邓小平同志于 11 月 28 日批："同意。"

1954 年 11 月 30 日，出版总署正式结束，胡愈之、黄洛峰等在这个机构中兢兢业业，为出版事业的成长繁荣呕心沥血。随着中央机构的调整，他们各自奔赴新的岗位，继续为党和国家的革命事业奋斗。

当天，胡愈之署长向国务院报告：

国务院：

　　遵照钧院 11 月 10 日（54）国政习字第 6 号及 11 月 16 日（54）国政齐字第 8 号通知的规定，我署已将原有工作移交给文化部，由文化部设置出版事业管理局，办理出版行政业务。现在我署原有人员已安置就绪，移交工作也已完成，特将前中央人民政府颁发我署的印信呈缴，我署机构即于 11 月 30 日正式结束。至于我署 1954 年工作总结，当于年度终了时由文化部汇总上报。特此报告。

　　　　　　　　　　　　　　　　出版总署署长　胡愈之②

----

① 中国出版科学研究所、中央档案馆编：《中华人民共和国出版史料 6》，中国书籍出版社 1999 年版，第 557 页。

② 中国出版科学研究所、中央档案馆编：《中华人民共和国出版史料 6》，中国书籍出版社 1999 年版，第 562 页。

对于黄洛峰而言，从中宣部出版委员会主任到出版总署党组副书记、办公厅主任，再到文化部出版事业管理局局长岗位，在一个时代迅速发展、出版呈现繁荣的大背景下，开始了出版职业生涯的又一个进程。

三、在文化部领导下推进出版

（一）转任出版事业管理局局长

1954 年 12 月 1 日，文化部出版事业管理局正式设立。黄洛峰任局长，副局长由金灿然、王益、卜明、祝志澄、傅彬然、曾彦修、张榕担任。作为文化部下辖的一个行业管理局，虽然工作的独立性、决策性减小，但面临的各种难题、问题仍然不少，需要黄洛峰等一班人为了中国出版事业的发展而继续尽力。

1954 年 9 月，中央人民政府文化部改为中华人民共和国文化部，沈雁冰同志出任部长。

10 月，钱俊瑞任文化部党组书记、副部长；陈克寒任文化部党组副书记、副部长。

文化部出版事业管理局在起初的一个月内，起草完成并由文化部向各省、市、自治区发出通知，对省（市、自治区）文化局（处）内部主管出版行政业务部门的机构、编制提出意见，要求各地省级文化局应内设主管出版行政业务部门的专门机构；中共中央发出《关于在报刊出版物上保守国家工业建设秘密的指示》；文化部召开省市文化局（处）、新闻出版局（处）负责人汇报工作座谈会；文化部颁布《中央级出版社一般书籍、课本定价标准表》、《中央级出版社封面、插页、定价标准表》等有关组织机构、建章立制的规范性文件等，有些虽然是在原出版总署期间未尽完成的文件，但是对于黄洛峰而言，应该是完成了一件件重要的承上启下的工作。

1955 年第二次局务会议通过了《1955 年工作计划》。

1956 年 9 月，黄洛峰被选为中国共产党第八次全国代表大会代表，出席了中共八大。

（二）建专业社抓重点书

从 1953 年起，我国进入发展国民经济的第一个五年计划时期。为适应国家经济文化建设和人民文化生活日益增长的需要，出版工作相应地要求更大的发展。计划要求，到 1957 年应比 1952 年增长 54.2%，印数达到 121165 万册。经过出版界上下的共同努力，这一计划提前一年超额完成任务：1956 年，全国出版图书 28773 种，比 1952 年增长 110%；印数达 178437 万册（张），比 1952 年增长 127%。

在第一个五年计划期间，科学技术方面的图书出版有较大发展，建立了大批出版社，如纺织工业、人民邮电、人民卫生、冶金工业、国防工业、轻工业、地质、科学、科学普及、煤炭工业、石油工业、化学工业、电力工业、测绘、水利、食品工业出版社等。还新建了通俗读物、地图、文字改革、文物、音乐、体育、电影、古籍、中国少年儿童、中国人民大学等综合和专业的出版社。并在新疆、内蒙古、延边等地建立了少数民族文字出版社。各省、市、自治区也都建立了综合性地方出版社，有的还建立了专业出版社，在上海除上海人民出版社外，教育、文艺、美术、科技、少儿等十多家出版社相继成立。各地方出版社所出图书品种和印数，在全国图书中占相当大的比重，品种占全国的 51.2%，印数则占 71.47%。

1952 年底，我国还有 356 家私营出版商，其中绝大部分规模很小，往往兼营文具或其他业务。一年出版书籍 7225 种，占全国出书总数的 51.7%，印行 8065 万册，占全国总数量的 10.2%。

从 1954 年开始，国家开展了对私营出版业的改造。对其中一部分基础较好、经营作风正派的私营出版业，采取国家投入部分资金、派入干部加强领导、促进联合经营等方式，将他们改造为公私合营的国家资本主义性质的企业；对其中资金不足、人员缺乏的私营出版业，采取机构裁并、人员妥善安置的办法；对其兼营业务，分别并入性质相同的行业。到 1956 年初，全国私营出版业的社会主义改造在黄洛峰领导的文化部出版事业管理局统一组织下已经完成。

这是我国出版史上的一件大事，也是黄洛峰从事出版工作以来的一件大事。

毛泽东著作从 1949 年 10 月到 1956 年底，共出版了 48 种，印行了 6200 万册；《毛泽东选集》第一、二、三卷，共印行了 1000 多万册；毛泽东著作还译成 5 种少数民族文字和多种外国文字的版本。

黄洛峰小女儿黄燕民回忆："50 年代初，出版《毛泽东选集》是他的第一要务。他提到过做特藏精装版的事。他说是他亲自到中国人民银行中央银行申请特批黄金数十两用作毛选镀金，他也曾亲自过问封面和版式设计。父亲珍藏有这样一套四卷本。50 余年之后的今天，从家中书柜中取出翻阅，所镀真金毫无褪色，依然金光闪闪。"①

黄洛峰从事出版工作之初，就拟定计划出版《马克思恩格斯全集》。由于各种困扰，当时未能如愿。在旧中国恶劣条件下，倾全力得以出版《资本论》全译本，也只能满足部分读者的需求。现在，党中央成立了马、恩、列、斯著作编译局，正是满足广大干部和知识界读书要求的好时机。黄洛峰认为，出版马列主义原著，进行广泛宣传，是人民出版事业的首要任务。

黄洛峰拿出了当年做《资本论》全译本的劲头，从1953年开始，有计划、有步骤、系统地重新组织翻译出版马克思、恩格斯、列宁、斯大林的著作。到1956年，已翻译出版了241种，印行了2700多万册。《共产党宣言》共印行25.6万册，《资本论》一、二、三卷共印行了40万册。《斯大林全集》3卷全部出齐；《列宁全集》出版了3卷（系39卷本）；《马克思恩格斯全集》出版了第一卷（50卷本）。

中国共产党的重要文件出版发行的数量也很大，如中国共产党第八次全国代表大会的5种重要文献，共印行了4150多万册。此外，1950年到1956年，出版了各种通俗读物共2200余种，印行达7.25亿册。少年儿童读物，1956年发展到1130种，印行1.06亿册。

这些数字，是突破我国出版史纪录、前所未有的。

1956年，全国各级新华书店已发展到2105家、职工34万余人，比1950年店数和人数都增加2.8倍。很多工厂、矿山、学校都设有新华书店代销点，在广大农村有2万多个农村供销合作社代销图书。图书发行网覆盖全国，便利了读者购书。这在我国历史上也是空前的。

---

① 黄燕民：《一瓣心香祭墓门——忆父亲》，载范用、刘大明主编：《出版家黄洛峰》，百家出版社2007年版，第480页。

（三）"商务""中华"独立再出发

1955 年 7 月 23 日，文化部出版事业管理局召开了高教、财政经济出版社董事会座谈会，从会议纪要可见，会议由黄洛峰主持，武剑西、梁涛然、常紫钟、潘达人、沈静芷、王仿子、劳祖德、倪子明等参加。

座谈会决定的问题有：两个出版社的章程第十六条，"董事长一人、副董事长若干人"句，改为"董事长副董事长各一人"；原私方资产清核结果；盈余分配；等等。决定 8 月 3 日召开财经社董事会会议、8 月 5 日召开高教社董事会会议。

1956 年 6 月 16 日，钱俊瑞向陈云副总理书面汇报了商务印书馆和中华书局目前的情况，"关于恢复商务印书馆和中华书局的问题，我们正在进一步研究，容后再作汇报"。7 月 2 日，文化部党组由钱俊瑞署名向陈云同志书面汇报了商务印书馆、中华书局实行公私合营后的情况和改进意见：

陈云同志：

商务印书馆和中华书局于 1954 年 4 月实行公私合营。商务改组为高等教育出版社，中华改组为财政经济出版社。但仍然分别保留商务、中华名义，并用原名经营一部分出版业务。①

随后，回顾了合营后两年的成绩，如出版了大批高等学校教科书

---

①　中国出版科学研究所、中央档案馆编：《中华人民共和国出版史料 8》，中国书籍出版社 2001 年版，第 147 页。

和财经书籍、文史书籍、自然科学书籍和医学书;印刷厂业务增加;员工政治上和业务上都有了进步;等等。缺点是对于两家之前出版的书籍没有很好地接收和利用,香港和南洋的出版发行阵地没有全面规划、加强领导,原来的上层人员还不能真正做到有职有权,董事会没有定期召开等:

> 在听了你和总理的指示后,我们准备分作两个步骤,来改进对商务、中华工作。第一步做两件事:(1)加强对于商务、中华过去出版的书籍的整理重印工作,并且更多地用商务、中华名义组织学术性质的书稿和工具书的出版,使得商务、中华在出版界发挥更大的作用。(2)积极地有步骤地开展商务、中华在海外的出版发行工作。五一节时商务在港负责人张子宏回国谈了一次,不久中华在港负责人吴叔同也将回国商谈业务。以上两个问题,在人民代表大会期间,曾邀集舒新城、俞寰澄等座谈,作了初步酝酿。第二步准备将商务、中华从高教出版社和财经出版社独立出来。我们认为,要把商务、中华独立,必须有两个条件,一是要有一定的专业方向,作为重点,同时保证相当宽广的出版范围,使它们能长期地生存和活动下去;二是要有一定的编辑力量。商务、中华虽然是很老的出版机构,但在解放前,实际上已经没有多少编辑力量。这两个条件,是可以创造的,必要时,我们可以把现有的国营出版社并一些给它们。但事情还需酝酿和筹划,所以暂时还没有和资方人员磋商。①

---

① 中国出版科学研究所、中央档案馆编:《中华人民共和国出版史料8》,中国书籍出版社 2001 年版,第 148 页。

从中可见，周恩来、陈云同志听到了一些对于商务、中华公私合营的不满，提出了改变现状的要求。

作为具体落实之一，12 月 15 日，黄洛峰邀集财政经济出版社常紫钟、高教出版社梁涛然、国际书店邵公文、唐泽霖、杨明等同志商谈了关于海外出版业务的若干问题，一致意见是：中华、商务广州办事处改为地方国营，划归广东省委领导，实行企业化经营，以及香港出版发行机构（中资企业）进行分工、配备干部等。基本上将商务、中华的海外机构与原来的总馆、总局剥离了。

1956 年 12 月，文化部党组就商务印书馆、中华书局独立经营问题向中央请示汇报，称根据周恩来总理和陈云副总理的指示，拟加强商务、中华的出版工作，逐步将高等教育出版社、财政经济出版社从商务、中华分出，使商务、中华按其原有的传统独立经营，担负某些学术性书稿和工具书的出版任务。

1958 年 2 月 15 日，中宣部就重新安排商务印书馆和中华书局的工作任务、调整机构和人事配备问题给中央报告，2 月 19 日胡乔木同志批示"拟同意"，邓小平、彭真同志也先后审阅同意。报告全文如下。

中央：

　　我们同意文化部党组关于重新安排商务印书馆和中华书局的工作任务，调整机构，和人事配备问题的报告。现将这个报告转上。

　　为了贯彻实行百花齐放、百家争鸣的方针，发展和繁荣我国科学文化事业，提高人民的知识水平，党对于我国古籍的整理、出版工作和世界学术著作的翻译、出版工作，都应加强领导和统一规划。几年以来，各地有关出版社对于这两方面书籍的出版工作已开始重视，但由于缺乏统一领导和规划，这种书籍出得很零散，缺点很多，远不能适应日益增长的学习和研究工作的需要。

现在，已在国务院科学规划委员会的下面，成立了一个古籍整理和出版规划小组，负责制定整理与出版古籍的方针和长期规划（这个小组的名单已于二月八日报中央书记处）。世界学术著作翻译和出版规划小组亦准备成立。除此以外，为了集中力量，加强这两方面书籍的组稿工作和出版业务工作，拟以中华书局为主要出版我国古籍的出版机构，以商务印书馆为主要出版世界学术著作的出版机构。这两个出版机构行政上仍隶属于文化部，今后在出版方针和出版计划方面应同时受上述两个小组的指导。人事安排方面，舒新城除担任中华书局编审委员会主任外，没有安排副董事长或总经理等职务，是因为他目前正负责编辑大辞典工作。①

作为该报告的附件，提供了 2 月 5 日《文化部党组关于商务印书馆、中华书局改组的公方董事、主要负责干部配备的请示报告》，报告中写道：

……现在为了更好地贯彻执行党的"百花齐放、百家争鸣"方针，考虑到商务印书馆和中华书局原有的历史特点，使它更便于发挥在人民出版事业中应有的作用，经分别商得高等教育部和农业部同意，将高等教育出版社和商务印书馆分立为两个独立的

---

① 中国出版科学研究所、中央档案馆编：《中华人民共和国出版史料 9》，中国书籍出版社 2004 年版，第 360 页。

出版社。高等教育出版社由高等教育部领导，商务印书馆由文化部领导；将财政经济出版社改组为农业出版社和中华书局两个单位，农业出版社归农业部领导，中华书局归文化部领导。我们曾与周扬同志研究了商务、中华两个单位的出版方向问题，考虑今后中华书局以出版文、史、哲为主，而主要又是整理出版古籍，也适当出版一些现代作者的文学研究，历史、哲学的学术著作；商务印书馆则以翻译外国的哲学、社会科学方面的学术著作为主，并出版中外文的语文辞书。为此，拟将古籍出版社并入中华书局，撤销古籍出版社名义。将时代出版社并入商务印书馆，撤销时代出版社名义。

改组后的商务、中华两个单位的董事会成员和主要负责干部：

商务印书馆：董事会，董事长张菊生，董事徐风石、俞明时、韦傅卿、陈凤之、郁厚培、俞寰澄、江寰清、陶公择。公方董事五人，即金灿然、汤季宏、王益、郭敬、陈翰伯，王益为副董事长。领导干部：总经理郭敬、总编辑陈翰伯，副总经理俞寰澄、副总编辑刘泽荣。

中华书局：董事会，董事长吴叔同，董事潘达人、舒新城、陆费叔辰、陆费铭中、刘靖基、李昌允、郭农山、徐玉书、俞明岳、吴明然。公方副董事长黄洛峰，董事金灿然、沈静芷、汤季宏、刘子章。领导干部：总经理兼总编辑金灿然，副总经理兼副总编辑傅彬然，副总经理刘子章，副总编辑金兆梓。①

---

① 中国出版科学研究所、中央档案馆编：《中华人民共和国出版史料9》，中国书籍出版社2004年版，第362页。

1958 年 3 月 7 日，文化部下发了这份经中央批准的关于商务、中华改组的报告。

4 月 8 日，财政经济出版社召开了全体职工大会，常紫钟副社长宣布：财政经济出版社撤销，中华书局独立经营，农业出版社成立。

至此，有关商务、中华的合并、重组再独立的曲折路途终于尘埃落定。

之后，中华书局在何时举行董事会会议并改选董事成员？《中华书局百年大事记》（中华书局编辑部编，中华书局 2013 年 3 月出版）记载，1967 年 9 月，"在香港的中华书局董事长吴叔同离港赴澳大利亚等地。文化部出版局宁起枷找华昌泗、魏子杰商办：由傅彬然以常务董事、总经理名义，通知香港律师廖瑶珠撤销对吴叔同的授权，另授权唐泽霖、张丰顺。"

1972 年 12 月，金灿然在北京病逝，享年 59 岁。

1978 年 5 月 26 日，傅彬然在北京病逝，享年 80 岁。

1985 年 12 月 27 日，中华书局"董事，原总编室主任俞明岳在北京病逝，享年 75 岁"①。

1986 年 12 月 18 日，"以中华书局总公司董事会名义致电中华书局新加坡分局，祝贺该分局经理施寅佐参加中华书局工作 60 周年"②。

1987 年 6 月 24 日，"新闻出版总署发文，同意中华书局新一届董事会组成名单：名誉董事长刘靖基，董事长李侃，副董事长王春、李祖泽"……③

---

① 《中华书局百年大事记》，中华书局 2013 年版，第 192—248 页。
② 《中华书局百年大事记》，中华书局 2013 年版，第 192—248 页。
③ 《中华书局百年大事记》，中华书局 2013 年版，第 192—248 页。

这似乎显示，1958年成立的中华书局董事会，一直到1986年才被改选。1958年吴叔同、俞明岳都是董事。可惜，《中华书局百年大事记》中，对于黄洛峰的记载却从1958年就消失了。

（四）取缔"黄书"以旧换新

文化部出版事业管理局1955年工作计划中有一条："帮助取缔黄色书籍，开出典型处理目录供有关部门参考；开出代替黄色书籍的推荐目录并组织出版；组织有关取缔黄色书籍的书评（第一季）。"[1]

1955年4月23日，《文化部关于贯彻执行国务院关于处理反动的、淫秽的、荒诞的书刊图画的指示的通知》下发：

> 为了清除反动、淫秽、荒诞书刊图画和对私营图书租赁业进行社会主义的改造，以保护人民尤其是青年、少年、儿童的身心健康，巩固社会治安，保障社会主义的经济建设和文化建设，不久国务院即将发出关于处理反动的、淫秽的、荒诞的书刊图画的指示。这是当前思想战线上一项重要的政治任务。各地文化行政机关，首先是北京、天津、上海、武汉、广州、重庆、沈阳、西安等八大城市的文化局，应即遵照将即发出的国务院关于处理反动的、淫秽的、荒诞的书刊图画的指示，严格执行。[2]

---

[1]　中国出版科学研究所、中央档案馆编：《中华人民共和国出版史料7》，中国书籍出版社2001年版，第16页。"第一季"为第一季度的省略。

[2]　中国出版科学研究所、中央档案馆编：《中华人民共和国出版史料7》，中国书籍出版社2001年版，第105页。

5月17日，文化部发出"补充通知"。5月20日，中共中央发出《关于处理反动的、淫秽的、荒诞的书刊图画问题和关于加强对私营文化事业和企业的管理和改造的指示》，并附《文化部党组关于处理反动的、淫秽的、荒诞的书刊图画问题的请示报告》和《文化部党组关于加强对私营文化事业和企业的领导、管理和改造的请示报告》。

报告中提出了清除反动、淫秽、荒诞书刊图画和改造租书业的意见，通过查禁、收换、保留三个层次进行处置：

> 查禁面应窄，凡采取查禁手段稍嫌过严，而在其流通又为害很大者，可以加以收换。对于保留类的这个界限，必须明确肯定，不允许破坏，否则就会搞乱阵线，造成错误。凡可收换可不收换者，目前可以暂不收换。鉴于过去对连环画已收换数次，而对旧小说则很少处理，这次应特别加强对有毒害的旧小说的处理。为了便于各地掌握，我们开列了一个查禁和收换两类典型图书的目录，已经中央宣传部审核批准。各地可依照这个目录的原则标准，制定详细的分类处理书目。为了防止重犯胡乱查禁图书的错误，各省市文化局应组织图书审查委员会，吸收一些党外文化界人士参加，共同审定查禁和收换这两部分的图书目录，并在党内报经省委或大市委宣传部批准，然后执行。在收缴的图书中，应选取样书保存，并报文化部备检。文化部也应在吸收党外文化界著名人士参加下，组织图书审查委员会，负责审查图书的工作。①

---

① 中国出版科学研究所、中央档案馆编：《中华人民共和国出版史料7》，中国书籍出版社2001年版，第117页。

7月22日，国务院发出《关于处理反动的、淫秽的、荒诞的书刊图画的指示》，印发了7月20日经国务院批准的《管理书刊租赁暂行办法》。同日，中宣部发出《关于做好处理反动、淫秽、荒诞的书刊图画的宣传工作的通知》，提出在处理前和处理中，都必须做好宣传教育工作，才能取得社会的同情和重视，才便于工作的进行。

7月23日，文化部发出《有关处理反动、淫秽、荒诞图书工作中若干问题的规定》：

（一）本部制定了查禁和收换两类图书的典型目录，你们可依照这个目录的原则标准制定详细的分类处理书目。按国务院指示，各省、市、自治区应组织图书杂志审查委员会，因此，你们应即请求当地人民委员会，迅速召集有关部门建立图书杂志审查委员会，负责今后查禁和收换书刊的审查工作。图书杂志审查委员会主任、副主任名单和图书分类处理目录望报部备查。

（二）私营书刊租赁业存书中应予收换的部分，应由私营书刊租赁业自行列表，送交当地文化行政机关指定的地点，由文化行政机关验收后签发"换书证"，以后凭证向新华书店换取新书（可换取新华书店出售的任何图书）。旧书换新书大体上按二比一的比例。因旧书定价标准往往与新书不同，难以比较，一般可以篇幅计算。但如改换旧书数量过多，复核页数有困难时，可以以页数折成斤数计算。一般报纸本书籍一市斤大约有32开的350页（一页为两面）左右，按目前一般书的定价标准，定价为人民币二元左右（连环画一市斤大约 600 页左右，按目前定价标准计算为 2.60 元左右）。因此，每旧小说一市斤，一般可给以换书证一元；每旧连环画一市斤，一般可给以换书证 1.30 元。具体办法及收换期限均由各地自定。但这一次的收换，一般中小城市以不超过三个月为宜。大城市以不超过半年为宜。"换书证"由新华书店统一印发各地使用。

（三）关于救济费问题，财政部和本部对北京、天津、上海、广东、辽宁、黑龙江、湖北、陕西、四川、江苏、山东、浙江、湖南、贵州、云南 15 个省市另有联合通知。救济期限为一年半，即 1956 年年底为止。希上述各省市按上述联合通知所规定的控制数字先在原预算内调剂解决。俟调整今年预算时再由中央补拨经费。使用办法，希在鼓励救济户劳动生产自力更生的原则下自行决定。

其他地区如有少数租书铺摊必需救济时，其救济经费由当地自行筹措。

（四）国务院颁布了《管理书刊租赁业暂行办法》，这个办法规定书刊租赁业必须向文化行政机关申请核准营业。各地应准备力量，办理对租书铺摊的核准营业工作。这次办理这一工作，对原有租书铺摊的申请营业，应放宽尺度。除极少数必须淘汰者外，一般均可核准营业，但对于那些在《管理书刊租赁业暂行办法》公布后申请开业的租书铺摊，则应根据限制发展的精神，一般不予核准。申请核准营业的工作一般应在这次处理反动、淫秽、荒诞图书的工作告一段落后进行；个别城市如认为有必要先办核准营业工作，通过这一工作进一步摸清情况，然后展开处理反动、淫秽、荒诞书刊的工作时，也可以提前举办。因为这一原因或其他原因须推迟处理反动、淫秽、荒诞书刊的时间时，希报部备案。核准营业工作最迟应于 1955 年年底办理完毕。①

8 月 18 日，文化部党组向"林枫主任并总理"报告了处理反动的、淫秽的、荒诞的书刊图画的情况。11 月 19 日，文化部发出《关于印发处理反动、淫秽、荒诞图书参考目录的通知》。

1956 年，这项工作更加扎实、深入地推进。1 月 13 日，文化部续发处理反动、淫秽、荒诞图书参考目录并通知；1 月 20 日发出《关于处理反动、淫秽、荒诞图书工作中一些问题的批复》；2 月 16 日发出处理界限的问题的批复；3 月 13 日发出处理问题的通知；5 月 21 日发出《关于保存、缴送和销毁反动、淫秽、荒诞书刊图画办法的通知》……1958 年 1 月，文化部发出《关于处理反动、淫秽、荒诞书刊图画问题的通知》：

> 在 1955 年和 1956 年上半年，全国各城市根据《国务院关于处理反动的、淫秽的、荒诞的书刊图画的指示》，大力进行了处理反动、淫秽、荒诞图书和改造私营租书铺、摊的工作。这件工作是我国伟大的社会主义改造事业的一部分。经过这次处理，大大地清除了旧社会遗留下来的、替帝国主义进行欺骗宣传，散播地主阶级和资产阶级的反动腐朽思想和下流无耻的生活方式的各

---

① 中国出版科学研究所、中央档案馆编：《中华人民共和国出版史料 7》，中国书籍出版社 2001 年版，第 207 页。

种有害图书，保护人民特别是青、少年的心身健康；同时整顿了图书租赁业，端正了他们的营业方向。广大群众热烈拥护政府处理这些坏书的正确措施。正当有益的图书，特别是宣传社会主义思想的通俗图书的读者面迅速扩大。这些情况，说明我们处理反动、淫秽、荒诞图书的工作，是十分必要的，成绩是巨大的。[①]

（五）出访莱比锡共谋发展

1957年3月，文化部为派遣代表团参加社会主义国家出版业会议办理出国签证事宜致信外交部：

外交部：

前经我部报奉国务院批准，决定派代表团参加即将在莱比锡召开的社会主义国家出版会议，并由我部于3月5日函请你部办理代表黄洛峰、冯雪峰、王子野、吴文焘和翻译邹信然同志的出国手续。兹奉总理指示，改派我部陈克寒副部长为代表团团长。代表为黄洛峰、王子野同志，翻译为邹信然同志。冯雪峰、吴文焘同志不再参加会议。

现在陈克寒、黄洛峰、邹信然同志定3月20日从北京乘飞机取道莫斯科前往莱比锡参加会议，王子野同志定3月26日从北京乘飞机前往莱比锡。为此派我部出版事业管理局办公室副主任朱光暄前往，请协助赶办我部陈克寒副部长的出国签证手续，

[①] 中国出版科学研究所、中央档案馆编：《中华人民共和国出版史料9》，中国书籍出版社2004年版，第333页。

陈副部长估计须在莱比锡停留一个半月。

文化部①

4月7日到4月16日，在莱比锡举行了社会主义国家出版业会议。出席的有12个社会主义国家（阿尔巴尼亚、保加利亚、中华人民共和国、德意志民主共和国、朝鲜、蒙古、波兰、罗马尼亚、捷克斯洛伐克、匈牙利、苏联、越南）的代表220人。南斯拉夫也派了两个观察员参加。各国对这个会议都很重视。民主德国对于会议的准备和组织花了很大工夫，总理格罗提渥和德国统一社会党第一书记乌布利希都向会议发了祝词、贺电，统一社会党派书记处书记哈格尔在会议开幕时致辞。

这次会议，被认为体现了社会主义国家之间团结、友好、合作的精神，气氛热烈、融洽。

会议通过关于合作问题的建议性的决议，强调要在平等、自愿、互利的基础上，由各国通过双边或多边协商办法进行合作。这个建议包括六项具体内容：互相交换选题计划和推荐翻译书目；合作编辑书籍和翻译书籍；共同研究一些书籍出版方面的问题，如统一书目分类法，改进装帧设计，互相交换休假、旅行、帮助培养干部等；各国同类性质的出版社之间建立直接的联系；交换书籍世界市场的情况；各国出版行政机关帮助促进上述合作，特别要检查和补正文化合作协定工作计划的出版项目。

可是，回国后不久，随着整风运动和反右派运动的兴起，黄洛峰

---

① 中国出版科学研究所、中央档案馆编：《中华人民共和国出版史料9》，中国书籍出版社2004年版，第81页。

只能配合运动，在出版工作上就有些力不从心了。

（六）鸣放整风后被下放劳动

1957年5月，根据中央国家机关党委的统一部署，文化部机关开展了反官僚主义、反宗派主义和反主观主义的整风运动，掀起了鸣放高潮。文化部先后召开了多次整风座谈会。

5月7日、10日、11日召开各直属出版单位负责人座谈会，会议认为出版事业领导中的官僚主义、主观主义包括缺少对方针政策的领导，抓小不抓大；领导作风简单生硬，有的同志说，"出版局就是要数字，文化部就是要检讨"；学习苏联，存在教条主义；拖拉、脱节，不解决问题；总结经验不够，割断历史传统，人事安排不尽恰当，"目前出版领导机关必须彻底改进，否则不足以适应工作发展的要求"，也有人认为："出版行政机关不必要和文化部在一起，即使不要出版局也可以。方针政策问题的领导，只要中宣部一个副部长经常注意，再加上一个助手就行了。"[1]

5月14日、15日召开老出版工作者座谈会，与会者纷纷批评出版工作中存在的宗派主义。5月16日、18日召开文艺作家座谈会，对于稿费、出版社体制等提出了意见。

臧克家说：领导同志人情味太少了，他和钱俊瑞、黄洛峰同志等过去都是老朋友，但为了办《诗刊》的事，写信给钱，没有

---

[1]　中国出版科学研究所、中央档案馆编：《中华人民共和国出版史料9》，中国书籍出版社2004年版，第151—155页。

回信；找黄谈纸张问题，黄也是公事公办的口气，只肯给印 3 万册的纸，他问："毛主席已经答应给印 5 万册，出版局为什么只肯给 3 万册的纸？"他说：毛主席对我们的态度很亲切，接谈了两小时，难道文化部的领导人比毛主席还要忙些吗？张友松批评有些党员领导同志似乎高不可攀。他有一次写信托洛峰同志一件小事，过了几天，才接到机关一个女同志打来电话，说事情没有办法，难道自己打个电话的时间都没有了吗？①

5 月 21 日、23 日，文化部召开了哲学、社会科学方面的作家座谈会，会议对选题计划、出版工作中的宗派主义和教条主义、稿费、出版体制、版本"内部发行"等问题进行了鸣放。

在 5 月 25 日至 6 月 6 日数次编辑干部座谈会上，主要意见包括：

> 文化部出版局的领导高高在上。彭昭仪批评说："楼愈建愈高，官愈做愈大"，"出版社的党员副社长整天忙于会议、行政，不了解业务，而部里则依靠听这些同志的汇报来决定政策，这样没有不脱离实际的。"②

在出版局、美术家协会联合召开的美术编辑、出版、发行座谈会上，人民美术出版社的同志说：出版局的体制值得研究。出版局人数

---

① 中国出版科学研究所、中央档案馆编：《中华人民共和国出版史料 9》，中国书籍出版社 2004 年版，第 168 页。

② 中国出版科学研究所、中央档案馆编：《中华人民共和国出版史料 9》，中国书籍出版社 2004 年版，第 181 页。

不少，可是对附属单位的事管的很少。有些出版社方针不明确，出版局未加指导。纸张管理处只管调配纸张，而对纸张的性能、规格、利用率等就缺少研究。目前出版、印刷、发行截然分开，有很多矛盾；各出版社不论大小，都是自出版部至编辑部一整套，形成机构臃肿，不知出版局如何打算？

在文化部召开的印刷工作座谈会上，人民教育出版社王伟认为，教科书的印刷质量是一年不如一年。他们认为印刷质量不好，是因为出版局对工厂的管理只抓数量、产值、利润，未抓质量，所以造成工厂也有重量轻质的倾向。他们还认为，出版局表示要在 12 年内使印刷质量赶上国际水平，缺乏具体措施，这种空喊是无济于事的。

……

这些批评和指责，无论是对于出版总署、文化部出版事业管理局还是直接针对黄洛峰，都是他必须接受的。因为出版总署的领导中，只有他还在实职，而且作为出版事业管理局的局长，面对来自不同方面的声音，也只有接受。譬如，印《诗刊》临时要纸，而全年纸张都是计划分配好的，最后只能调用印教科书的纸印《诗刊》。

之后，就是反右派斗争扩大化。

文化部副部长张致祥在 10 月 24 日召开的首都出版工作者 1000 多人参加的出版界反右派斗争座谈会上说，"我们一方面必须坚决同右派分子进行斗争，取得全胜；另一方面还必须大胆、彻底、坚决地改正我们的错误和缺点"，"几年来的出版工作，确实存在着不少缺点和问题，有些甚至是很严重的"，主要表现在党的政治思想领导薄弱，对出版事业的领导权还不够巩固；计划工作还存在着不少缺点；对著作者、翻译者的联系不够密切；书籍发行方面，对读者需要还了解得不够。"我们的出版事业、企业，一般地存在着组织庞大、人浮于事、效率不高、铺张浪费的缺点，不符合精简节约、勤俭办企业的精神。""最后必须指出，要改正我们思想作风上、工作上的错误和缺点，关键在于各级领导，首先是文化部的领导。我们有些同志，至今尚还缺乏整改的决心，不肯大胆、彻底、坚决地改，显然这也是极为严重的右倾思想，我们必须发扬全体工作人员参加整风的积极性，继续大鸣大放，克服一部分同志不想整改的右倾思想，大胆、彻底、坚决地改，使整风运动取得完全的胜利。"

1957年6月30日下午6时许，郑振铎"约黄洛峰、金灿然、王任叔、齐燕铭、周扬、林默涵、吴晗等"，"讨论编印古书事"，"由齐燕铭同志组织规划委员会，负责进行"。① 这是国务院科学规范委员会在1958年2月召开全国古籍整理出版规划小组成立大会的前奏，虽然黄洛峰未被列入小组成员，但对于此项工作的推进，以其眼光和站位，应该是出力不少的。

1958年1月，黄洛峰响应号召，"下放"江苏宝应县劳动锻炼，任中共宝应县委副书记，直至8月返京。

这段时间，正是"大跃进"的高潮，"共产风"、"浮夸风"盛行，很多人干劲很大，但效益很差。

当时，黄洛峰提出"争取亩产双千斤"口号。还写诗一首，由一位作曲家配曲，发表在《人民日报》上。这首诗发表不久，就被指为"右倾保守"，因为全国到处放"卫星"上天，亩产达到几万斤、十几万斤、几十万斤的说法全有；可是后来纠偏时，又说他的"双千斤"

---

① 《郑振铎日记》，商务印书馆2018年版，第631页。

提法冒进。

对于黄洛峰来说，虽弄不清真假，也想积极合上拍，但又有种"跟不上"的落后感，只好对难以置信的传闻保持沉默。本来想多接触些老农，以弥补没有同农民联系的缺憾，可在还没有弄清农村的真实情况（其实也难以弄清）时，就被调回北京了。

黄洛峰下放时，就已经被调离了出版事业管理局，但局长职务还在。这次调回，虽仍在文化部，却被分配到该部所属的文化学院。1958 年 11 月，文化部出版事业管理局局长由王益继任。

调到新的工作岗位，本应没有什么意外。但是，离开出版工作，却是一件让他很失落的事情。毕竟，他把大半生都献给了出版事业，一旦离开心绪总难以平静下来。从此，黄洛峰对出版事业就只存心愿了。

不过，自从 1927 年入党以来，凡是组织上分配他的岗位，黄洛峰从来都是服从的，无论调到哪里，他都没有说过一个"不"字。他认为这是一个共产党员应当具备的起码态度。

1959 年 4 月，黄洛峰当选第三届全国政协委员。

1959 年 9 月，黄洛峰率文化部文化代表团访问朝鲜，回来后写了多首诗词记录参访的观感，如《平壤》："双江如带贯日虹，第一江山牡丹峰。千里马上开百代，柳京城头涌东风。"《友谊塔》："最胜台前备几重，葱茏欲滴笑西风。同舟歼敌三八线，巍峨新塔耸云中。"

（七）八年匆匆始被调离

1958 年 5 月 19 日，文化部出版局写出了一份《文化部出版局检查八年来出版工作的汇报》，这份汇报是在黄洛峰离开局长岗位并赴宝应"下放"之后形成的，也算是对黄洛峰工作作出的一个总结。

汇报将八年来的出版工作大体分为三个阶段。

第一阶段（1949—1952年）：从进城到经济恢复时期完成，文化部出版局确定了领导地位。

文化部出版局根据党对新区出版工作的指示，随着各地的解放，铺开了新华书店的摊子，没收了反动派和官僚资本的书店。成立了出版行政机关，统一管理出版工作。同时，在组织管理上采取了一系列措施，如统一新华书店，出版专业分工，建立了多家全国性的出版社、印刷厂、国际书店等等；在出书方面，首先抓紧经典著作、政策文件，政治书籍和课本，开始出版《毛泽东选集》。配合抗美援朝、土地改革、"镇反"、"三反"、"五反"这些重大的政治任务，大量出版了政治理论书籍和通俗读物，向全国人民进行了广泛的政治宣传。文化部出版局所做的这些工作都是和当时政治形势，如肃清"三大敌人"的残余影响、摧毁旧的上层建筑、恢复国民经济等密切结合的。国营出版事业在和反动派的残余力量、投机分子进行了斗争之后，开始确立了领导地位。

第二阶段（1953—1956年初）：国家开始进入计划经济建设时期，对资本主义经济进行全面改造，奠定了发展社会主义出版事业的基础。

这个时期，建立了一大批全国性的专业出版社（主要是工业、科技出版社），巩固和提高了原有出版社；在出版工作中推行计划制度，建立了一些基本的规章制度；成立了通俗读物出版社，进一步发展了地方出版社，扩大了通俗读物的出版力量。中央成立马、恩、列、斯编译局，使马列主义经典著作的出版更加有系统。为了适应大规模有计划经济建设的需要，加大了科学技术书籍的出版，各类书籍品种数大大增加，质量也有所提高。文化部出版局根据党对私营工商业的改造政策，对私营出版印刷、发行业进行了全面改造，1955年初出版业改造基本完成，1955年底1956年初印刷发行业改造完成。1956年初，形成了全国规模的比较完整的社会主义出版、印刷、发行体系，奠定了进一步巩固发展社会主义出版事业的基础。

第三阶段（1956—1958年初）：所有制的改变基本完成，大规模的社会主义建设全面展开，出版发行工作获得大发展。

经过1956年一年的努力，全国图书市场基本肃清了黄色书刊的流毒；1956年在配合农业社会主义高潮中取得了巨大的成就，出版发行工作获得大发展，书籍出版的数量比1955年增加了40%以上；为了贯彻"二百方针"，重点出版学术著作，开始出现总结我国社会主义革命和建设经验的理论著作，反映现实斗争的文学艺术作品也有所增加，呈现出版工作大跃进的局面。

汇报认为，八年多来，文化部出版局出版工作成绩是主要的，但也有缺点和错误，主要如下：

曾经在很短时间内发生对私营出版业的右倾错误，私营出版业一度有所发展，一时形成了"两个市场"的局面；在计划制度和其他一些制度上存在着一定的教条主义倾向；在中央与地方关系中过分强调垂直系统；发行工作中曾经发生强迫摊派的错误，在纠正强迫摊派的时候对保护积极性这一方面又注意不够；1956年底1957年初，受到"反冒进"浪潮的影响，过分强调出版工作中的库存积压，对纸张控制过严，片面强调质量，以致通俗读物、科技类专业书籍的出版量和农村的发行量出现萎缩状态；对印刷的情况摸底不够，管理方针摇摆不定，印刷生产力的发展往往不符客观情况；对干部的培养重视不够，在整风以前，对出版队伍中的资产阶级思想没有进行系统的批判等等。

第三阶段比起前两阶段来，在工作方针、发展步调方面不够明确。这一阶段，党中央提出了"十大关系"、"二百方针"、"正确处理人民内部矛盾"一系列重大方针。出版工作方面在进一步明确出版、印刷、发行的方针任务，特别是出版社的出书方针、总结工作，改进体制，改进规章制度，改进三环节之间的协作关系，更好地为多、快、好、省建设社会主义服务等方面都显得思想落后于实际，没有很好地抓紧。有些工作虽抓了一点但也未深透：如长远规划，抓了一下，但对中央和地方的协作也注意不够；贯彻"二百"方针不够透彻，对厚古薄今、重外轻中的倾向没能及时发现和纠正；对普及有些忽视，通俗书籍中也存在着脱离实际的教条主义倾向；书店下放，做得不够坚决；调整体制方面的工作启动也较迟。

这份汇报认为："出版总署改制为文化部出版局，是完全正确的。但当时没有认真总结前一段的经验，改进工作作风和工作方法，仍然按照老一套办事，埋头于纷繁的事务中，以致思想落后于形势，使第三阶段的工作受到一定影响……今后怎么办？大家的意见可以概括在这样一句口号里面：政治挂帅，破除迷信，打破陈旧的规章制度，坚决走群众路线，以达到根本改变出版工作面貌的目的。"①

---

① 中国出版科学研究所、中央档案馆编：《中华人民共和国出版史料9》，中国书籍出版社2004年版，第425页。

第六章

从此变成边缘人

一、为培养出版人才出力

（一）任职文化学院

1958 年，一个提倡技术革新、增加出版数量、提高出版质量的高潮在全国掀起。为了培训文化部系统干部以及培养出版、印刷等专业人才，文化部决定建立文化学院。

1958 年 8 月，北京文化学院开始筹办，先设立了筹备处，办公地点在文化部大楼 6 楼。筹备处负责人为陈致中、李长路，下设行政、教务两个组。9 月，文化部党组任命黄洛峰负责筹建工作。同年 11 月 6 日，文化学院筹备处迁至复兴门外翠微路（原农业大学旧址）办公，这是经中宣部部长陆定一和中央农村工作部部长廖鲁言批准后才获得使用的校舍。学院场地开阔，操场、教室、宿舍一应齐全，甚至还有农作物实验地百余亩。基础设施发展空间很大，后劲很足。最初，学院行政机构暂设综合行政、教务、生产总务和图书资料4个组，工作人员共有37人。1958年11月18日，文化部批准文化学院正式成立院务委员会，委员会由群众文化局谢冰岩、文物局王冶秋、出版局王益、教育司卜明、干部司陈致中、文化学院黄洛峰和李长路等组成，黄洛峰任主任委员，陈致中、卜明任副主任委员。

1959年1月22日，国务院任命下达，黄洛峰为文化学院院长，李长路任副院长。同日，文化部党委批准成立文化学院临时党委会，黄洛峰、李长路、李克公、韩志平、浦一之、刘同井为委员，黄洛峰任党委书记，李长路任副书记。

文化学院是同中央戏剧、电影、美术、音乐学院一样直属文化部领导的一所学院，创办初衷：一、兼文化部党校性质，负责文化部系统科、处级以上在职干部培训工作；二、设置其他高等院校没有的出版、文物、印刷、发行、群众文化等专业，以培养相应的后备人才。以短期培训和长期培养相结合、理论和实际相结合的方针为新中国出版事业培养专职人才。

黄洛峰带领一班人在文化学院的筹办过程中，保持了他做事的一贯风格：做任何一桩新事，从不盲目蛮干、急于求成，总是经过调查，上上下下地酝酿讨论，然后全力以赴地去做。

黄洛峰首先筹划的是学院的规划问题。他与文化部有关司局逐个接触、交谈、酝酿、讨论，让各部门提出符合实际的开设专业计划和远景设想。汇集这些初步设想后，在院内领导层和专家中认真讨论，再拟订方案，报文化部党组核准后实施。

这一方案包括：

在党校教育方面：计划在三年内，将文化部系统的科处级骨干3680 多人轮训一遍，使这批在职的干部，能有进修机会，学习理论与党和国家的政策，联系自己的工作经验，提高理论和政策水平。学习方法以自学为主，并由文化部业务司局领导同志，给予辅导或专题讲授。期限为几个月。

在高等教育方面：计划 7 年内逐步设立 7 个系，共 22 个专业，一般期限 4 年，个别 5 年，也有的为 2 年。7 个系是马列主义基础理论系、编辑出版系、图书发行系、印刷工艺系、文物博物馆系、图书馆系、群众文化系，此外，另设专修班和函授班，一旦条件具备还招收研究生。

根据这一规划，预期到 1967 年，将有毕业生 1300 多人、在校学生 5000 人左右，教职员工约达 700 人。

《规划》经文化部认可后，黄洛峰和学院的同事立即开始按此蓝图逐一推进。

1958 年 11 月 23 日，文化学院正式成立。第一期图书馆研究班也于当日开班。钱俊瑞副部长向图书馆研究班的学员作了《关于文化工作的方针任务》的报告，并与黄洛峰等学院领导一起与全体学员、工作人员和来宾合影留念。图书馆研究班是文化学院成立后举办的第一个研究班，也是文化学院第一次调集在职干部轮训。来自全国各省、市、自治区图书馆的正副馆长和负责干部共 49 人参加了为期 55 天的学习。

12 月 3 日，文化部给国务院第二办公室发送《成立北京文化学院报请备案》，写道：我部所属北京文化学院原已纳于教育部高教事业计划中，自今年暑假后开始筹备，现已于 11 月 23 日正式成立。该院设编辑出版、图书发行、文物考古、图书馆、印刷 5 个系及研究班和进修班等。学制采取长期培养与短期训练相结合。

12 月 9 日，文化部决定，将原设在通县西大街的文化部新华书店总店的图书发行干校并入文化学院，改建图书发行系。原有的新华书店总店图书发行干校也是同一年刚建好，据《新华书店总店史》记载："9 月 20 日，发行干校举行开学典礼，参加的学员 156 人，文化部部长助理、出版局局长黄洛峰，出版局副局长王益在会上讲了话，对干校的创办表示祝贺，勉励大家好好学习。""十一月下旬，又传来了新的消息，发行干校要和文化学院合并。……这个消息，引起全校师生的轰动，人人振奋，个个雀跃。为何那样高兴？文化学院领导力量强，学术水平高，校舍宽敞，物资供应好，优点很多，何乐不为。"图书发行干校有教工 40 余人，原干校的学习班改为文化学院图书发行进修班（第一期），共有学员 168 人。原干校校长浦一之改任文化学院马列主义教研室主任，刘同井、陈伯阳改任该班班主任，并组成业务教研室负责教学工作。

文化学院所设各系、各个专业，只有马列主义基础理论系和图书馆系有现成或者可供借鉴的专业教材，其余都是空白的，有需求但无教师更无教材。这是文化学院的特点，也是黄洛峰关心的重点。

黄洛峰主张自己动手编写教材，以补前无古人、无可借鉴之缺。有些专业，初次开设，问题突出，编写者深感疑难。黄洛峰就反复强调，正因为没有前人著作，才有编书的必要。我们从事这项工作的人不写，又靠谁来写呢？大家的实践经验，就是丰富的活资料。他鼓励大家破除迷信，解放思想，要有第一个吃螃蟹者的勇气。不要求一次做到完美，好比路总是一步一步踏出来的，试试看。

于是，他们先拟提纲，集体讨论，然后分头执笔，汇集整理成书稿。有了初稿，就有了讨论的基础，一次，两次，反复多次，每次都有加深，都有提高。黄洛峰主持编写的是编辑出版发行书稿。这既是深化学习认真钻研的过程，也是教材逐步条理化、系统化的过程，还是集体智慧凝聚的过程。

这些书稿，经送业务部门的领导和专业人员讨论，再由学院整理加工，最后由院长审阅定稿，排印，作为内部参考使用。经过努力，初步完成了《图书出版工作概论》、《图书发行工作概论》、《怎样做好基层书店的领导工作》、《博物馆工作概论》、《社会主义图书馆学概论》、《群众文化工作概论》等。

据同黄洛峰一起在文化学院工作的赵晓恩说："洛峰同志对写书从头到尾抓得很紧。尤其对出版、发行方面的书从拟提纲、分章节、讨论主要论点到完成，一竿子抓到底。这确实是洛峰一贯的工作态度。"

至于教师的来源，黄洛峰熟悉的人才都在出版系统，对何人有何专长、何人适于做教师，他了如指掌。通过文物局长王冶秋，了解文物系统的专家；通过群众文化局局长谢冰岩和文化学院副院长李长路，了解他们系统的专业人才，同时也获得了文化部干部司的协助，使专任教师和兼课讲授不会出现太大的问题。

为了提高教学质量，黄洛峰还亲自出面约请兄弟院校教员兼课。通过艾思奇请了中央党校哲学教研室教师讲哲学；通过胡愈之得到吴玉章的支持，请中国人民大学政治经济学教研室教师讲授政治经济学，并请该校代培青年教师。请了老作家、名编辑如叶圣陶、王力、金灿然、陈翰伯、周振甫、陈原等到院讲授编辑工作的理论和经验，黄洛峰则亲自上阵讲授《中国现代革命出版史》。

在黄洛峰热情、坦诚的邀请下，各路人才汇聚文化学院，为培育青年备齐粮草。

1959 年 4 月，为适应教学任务需要，经院务委员会决定，对学院机构进行了调整。在院长领导下，设办公室（党委与行政合一）、教务处、总务处、图书馆、编刊室和马列主义教研室。1960 年 8 月，又增设了文史教研室。

（二）招生培训敞开式教学

文化学院成立之初的教学工作首先是从办短训班开始的，先后举办了针对在职干部轮训的专业研究班，如：印刷研究班、编辑进修班、图书发行进修班、出版发行研究班、图书馆研究班、群众文化工作研究班、艺术研究班、文物博物馆干部学习班等，学员大都是各省市出版社的社长、总编，省新华书店经理，印刷厂厂长、车间主任，图书馆馆长，文化馆馆长，等等，都是一些在岗敬业、已经具有一定实践经验的负责同志，学习期限几个月到一年不等。主要学习内容是马克思列宁主义主要著作和党的文化工作的方针政策。以自学和专家学者辅导或讲授配套，提倡敞开思想，开展讨论，交流经验，总结工作，学以致用，从实际出发，掌握解决困难的武器，解决实际问题。

1958 年 11 月 23 日，文化学院院务委员会决定，文化学院的短期训练分研究班和进修班两种。研究班抽调全国省市以上文化行政机关的科处级以上行政干部和企事业单位的主要负责干部学习，学习期限为2—4个月。进修班按照各专业由各系分别设立，抽调全国县、市文物博物馆、图书馆、编辑出版、图书发行和印刷业的负责干部学习，学习期限为10个月至一年。专业系科的培养将以出版干部的新生力量为主，以补出版编辑干部之不足。招生对象以高中毕业生为主，并可由省市以上出版社保送具有高中程度的青年校对人员和干部入学，修业年限为2.5—3年。印刷工艺系要培养既有充分理论水平、又有高级技术的人才，被培养的人必须具备高中文化程度才能保证质量，因此，招生对象以高中毕业生为主，省市印刷厂可以保送具有高中文化程度的青年职工入学，修业年限为3.5—4年。学习期间，实行半工半读以掌握技术，要求毕业时达到四五级技工的水平。培养对象应包括各印刷厂的高级技术人员。

1960年2月3日，学院决定将"研究班"改称"学习班"。据统计，自1958年11月至1961年，共举办短期学习班18个，结业学员1191人。其中：图书发行7个班，650人；图书馆3个班，141人；文博1个班，52人；群众文化1个班，137人；艺术1个班，96人；电影2个班，71人；行政2个班，44人。学员经过学习，理论、政策和业务水平都有不同程度的提高。

1960年4月，文化学院开始筹备建立马列主义基础系、编辑出版系、文物博物馆系、印刷工艺系，并着手本科生的招生工作。1960年5月13日，文化部在《批复文化学院1960年设立专业及专修科计划》的文件中写道：同意你院1960年设立本科马列主义基础系哲学专业、编辑出版系社会科学书籍编辑专业、文物博物馆系博物馆专业、印刷工艺系平版印刷专业和图书发行、群众文化两个专修科的计划，希即着手进行准备工作。1960 年 5 月 30 日，文化学院第 38 次院务会决定：1960 年先建立本科 4 个专业，暂不设专修科。

1960 年 5 月 28 日，教育部决定文化学院 1960 年秋季招生地区为江苏、河南、陕西、北京。

从 1960 年秋季开始，文化学院建立本科 4 个系，设有 4 个专业：马列主义基础系的哲学专业、编辑出版系的社会科学书籍编辑专业、文物博物馆系的博物馆专业、印刷工艺系的平版印刷专业。4 个本科专业中，编辑、平版印刷都是当时其他高校还没有设置的专业。文化学院积极组织专业人员制订各系的教学计划，其中，印刷工艺系平版印刷专业教学计划明确指出，学生要具有印刷技术科学研究工作的基础知识，有从事本专业所需要的自然科学知识和一定的文化修养，毕业后，担任平版印刷生产技术工作、生产管理工作，或从事印刷技术研究工作、教学工作。

1961 年 3 月 18 日修订的《文化学院编辑出版系社会科学书籍编辑专业教学计划》中对于该专业培养目标是这样描述的：本专业培养具有社会主义、共产主义觉悟的，有较高的科学文化水平的社会科学书籍编辑人才。具体要求是：第一，具有马克思列宁主义的基本理论知识，基本树立辩证唯物主义与历史唯物主义的世界观，有较高的思想觉悟和无产阶级的政治敏锐性，能够识别资产阶级思想及修正主义观点。第二，能够领会出版工作的方针政策，并具备从事社会科学图书编辑工作的理论知识与业务技能，以及严肃认真的工作作风。第三，具有比较宽广的科学文化知识，较高的辞章修养和写作能力。毕业后从事图书编辑工作、编辑出版研究工作或教学工作。专业课程设置包括政治理论课、专业史论课、专业课、文化修养课、外语课及体育课。其中：专业史论课包括图书出版概论、中国出版事业简史。专业课包括图书编辑业务、图书评论、专题讲座（包括出版、印刷、发行知识）。文化修养课包括哲学史引论、文艺理论、文学史、中国通史、世界通史、语法修辞与写作、形式逻辑。

1960 年 9 月，文化学院共招收 189 名本科学生，其中：哲学专业 48 人，社会科学图书编辑专业 39 人，博物馆专业 62 人，平版印刷专业 40 人。1960 年 9 月 10 日，文化学院在行政楼礼堂为 1960 级新生举行了开学典礼。文化学院开创了中国印刷高等教育的"五个一"：创办全国第一个印刷工艺专业；推出第一个印刷工艺专业教学计划；组建第一支印刷工艺专业教学队伍；招收第一批印刷工艺专业本科学生；建立第一个印刷工艺专业实习工厂。

黄洛峰认为，文化学院应当成为学术活动的一个学府。因此，经常举行学术报告会，邀请知名学者、专家作各种专题报告。他还亲自出面邀得茅盾、钱俊瑞、胡绳、翦伯赞、冯定、孙定国等著名作家、理论研究专家到文化学院开讲，使文化学院增加了学术研究的气氛，使学习者获得了最新鲜的理论动态和学术前沿观点。黄洛峰觉得开门办学是个优良传统，对整个学院都是有力的促进，值得提倡。

黄洛峰办学，也同他做别的工作一样认真负责，时时处处不马虎。抓教学，从抓教员备课和讲课抓起；抓学员学习，从抓辅导、夜自习开始；抓学员生活，从课外活动、学生食堂伙食抓起。他相信，不参与就不会了解第一手材料。

文化学院规定每星期有半天劳动课，由教师带领学生到附近生产队劳动，或在学院内农场种蔬菜、花生等，院长、科室和各系负责人和学生一起劳动。这对锻炼身体、体会农耕辛苦，尤其是处于困难时期的伙食改善都有好处。

黄洛峰还规定，各处、室、系、科负责人单身的平时住在学院，假日回家。同事们住在一起，朝夕相处，便于沟通，遇事随时商量予以处理，不致久拖不决。他自己也有家不归，自觉践行这项规定。

据《光明日报》1960年7月4日《文化学院开始建立本科》报道：

> 文化学院一年多来，边筹备，边开课，短期轮训了500多名文化系统在职干部。现在又开始建立本科，成为一所短期轮训和长期培养的"两条腿走路"培育文化干部的学院……

黄洛峰和党政班子成员对于办学育人兴趣很浓，满怀信心，欲使文化学院在已有基础上，突出特色，发扬特长，不断发展。

（三）学院停办各散一方

1961年1月，中国共产党八届九中全会决定对国民经济实行"调整、巩固、充实、提高"的八字方针。同经济工作的调整相配合，教育、文化等领域也进行了调整。为了部署全国高等学校和中小学校的调整工作，教育部于1961年7月3—15日在北京召开了全国高等学校及中等学校调整工作会议。根据教育部和北京市委关于北京地区高等学校调整的建议，文化部所属的文化学院被列入停办名单。1961年7月26日，文化部致教育部党组并国务院文教办公室文件写道："根据教育部和北京市委关于北京地区高等学校调整的建议，同意撤销文化学院本科各专业。"

1961年9月2日，文化部报告国务院文教办公室，决定撤销文化学院。

撤销停办的消息传到文化学院时，所有教职员工无不痛惜，黄洛峰心情更是自不待说，他刚刚经历创业之维艰，现又尝到了停办之苦痛。他一再惋惜的是，为填补空白而增设的系和专业，刚刚奠定基础，就难以为继了。黄洛峰召开院党委会讨论，决定要善始善终，不能一散了之，创办的事业应当有所继续，有关专业并入其他院校，所有人员要有妥善安排。

印刷系的办起，实属不易，在印刷术发明最早的我国无论如何应当保留培养印刷专业人才的院或系。大家一致意见，要将印刷系转移到其他院校予以保留。文化部同意这一意见。于是黄洛峰四处联系相近学院。据《北京印刷学院简史》记录："黄洛峰院长积极联系清华大学、轻工业学院、北京工业大学和天津工学院等多所高校，均未成功。"

几经周折，印刷系终于由中央工艺美术学院接办，得以延续下来。作为该院的一个特设专业，其教学方针、招生和毕业分配、干部配备、实验设备等由文化部负责安排，日常教学、行政工作由中央工艺美术学院统一领导和管理。

"文化大革命"后，该系发展成为独立的北京印刷学院，它之所以有今天，不能不敬佩黄洛峰的强烈的事业心和深谋远见。

2018年，北京印刷学院庆祝60周年，就是从黄洛峰创办文化学院的1958年算起的。《北京印刷学院简史》记载："中国印刷出版高等教育始于文化学院。文化学院院长黄洛峰为中国印刷出版高等教育事业做出了重大贡献。"

　　1961 年文化学院停办后，印刷工艺系由中央工艺美术学院接办，其他系的师生也得到妥善安置。截至 1961 年 8 月，文化学院的在校学员、学生共计 303 人。其中短期学习班学生 119 人；本科 4 个专业学生 184 人。根据中央关于院校调整和压缩城市人口的精神，在充分做好思想动员和适当压缩教学内容的基础上，短期学习班的学员于 8 月 18 日结业，并在 8 月底前分别返回原工作岗位。其他 3 个本科专业（哲学、社会科学书籍编辑、博物馆）的学生从文化部系统内部招考来的调干生仍回原单位；原高中毕业生和部分调干生分别介绍到中央美术学院（美术史系）、北京电影学院（电影文学专业）、中国戏曲学院（戏曲文学专修科）、北京师范学院（历史系、中文系、政治系）等插班继续就学。文化学院的教工共有 184 名，其中：干部 131 人，勤工人员 53 名。干部分别调配给文化部各司局、部直属出版单位、部直属艺术院校、部直属电影部门、北京图书馆、中央其他部门和北京市，另有部分干部离职学习或下放到省市；勤工人员有的退休，有的退职还乡，还有的调文化部各直属单位、艺术院校。

　　黄洛峰对学院的所有人员负责到底，使他们各得其所。但他十分惋惜的是花费诸多心血集体创作的那批书稿，一直没能出版，这使他常常内疚和不安。

　　文化学院前后存在三年多，时间虽短，却令人难忘，它是一所具有特色的院校，给在那里学习和工作的人，留下了极为深刻的印象。黄洛峰那种全心全意扑在办学上的拼搏精神，对于他培育后辈人才的责任心和使命感，至今仍被称道，他也被誉为"难得的院长"。

　　对黄洛峰来说，在文化学院里有了进行工作总结的时机，有了使经验上升为理论的条件和环境，也有了时间去学习、思考和探讨，同样是个难得的机会。他的《中国现代革命出版史》，就是在这里开始搜集资料、开始讲授的。他倡议并实施在高等院校增设出版编辑、发行、印刷等系科和专业，编写这些学科的教材，这些"补白"工作实际上是勇敢的创造，不仅为后人提出了重要课题，也开辟了奠基之路。

二、转向行政领导岗位

（一）回文化部从事行政工作

文化学院停办之后，黄洛峰即被调回文化部任办公厅主任、部党组成员。1961年11月起，他到办公厅工作。从1962年开始，黄洛峰在办公厅的一项重要职责是协助齐燕铭、徐光霄管理出版工作。

由于"大跃进"和"三年困难时期"，整个国民经济遭到严重破坏，文化出版方面也同样遭到破坏，原有的工作不能正常推进，机关工作自然也不例外。

1961年，中央强调发扬实事求是精神，各级干部深入调查研究，各种工作条例重新制定，形势日渐好转起来。可是，刚刚趋向稳定，1962年下半年阶级斗争又起来了。1963年在农村开展"四清"运动。7月25日，中共中央在批转陕西省委宣传部的一份报告时指出："当前国内严重的尖锐的阶级斗争，在思想战线上，在教育、理论、科学、文艺、报纸、刊物、广播、出版、卫生、体育等方面，都有很值得注意的表现。"12 月 12 日，毛泽东作了一个批示，说文艺界的"问题不少"，1964 年 6 月 27 日，又对文艺界作进一步批示："最近几年，竟然跌到了修正主义的边缘……"①

这个阶段，黄洛峰总感到心头沉重，那些被批判的著作，必然会牵连到作者、编辑和出版者，其中也必然有自己的朋友和同志，有的甚至是当初自己力荐的。

他不会为不理解的东西去应付场面，因此遇到问题只好多请示多汇报，只待有把握了再去做。当时，作为文化部办公厅主任，需要协助部长管理出版工作，而那时的文化部也好、出版业也好，实际上都是被"点了名"的。因此，这些单位的负责人时时有如履薄冰之感，包括他自己。

黄洛峰曾在检查中说：1964 年，我主持召开过年画会议，农村工作发行会议，印刷会议，这些会议交流了经验，推动了农村图书的发行网点；在印刷方面，挖掘了潜力，安排了生产任务，提高了印刷图书质量，都起了一定的作用。黄洛峰认为他抓的这些工作中，并没有出现什么错误。在那种"阶级斗争一抓就灵"的日子里，能够正常开会布置任务，就很不容易了。那种不求有功、但求无过的思想已成了不少干部普遍的心理状态。可一种惶恐不安的感觉，仍不时地袭击着他的心头，深怕不知在什么地方出了漏子。

在文化部做行政工作期间，黄洛峰还是有值得骄傲的业绩的，那就是经他的提议，一部"红色经典"诞生了。

据黄燕民回忆：

---

① 马仲扬、苏克尘：《出版家黄洛峰》，光明日报出版社 1991 年版，第 218 页。

1964 年，为庆祝建国 15 周年，在北京演出了大型音乐舞蹈史诗《东方红》，后来又摄制成彩色宽银幕影片。多年以后的一次闲谈中，父亲提到是他最先提议搞这个演出的。父亲说，1959 年 10 月，他参加中国文化代表团访问朝鲜，为此失去了在北京参加十周年大庆的机会，但在访问朝鲜期间观看了大型歌舞《红旗颂》，给他印象深刻。后来文化部在讨论如何庆祝建国 15 周年时，父亲提议可以搞一个类似于朝鲜《红旗颂》的大型歌舞，于是有了中国音乐舞蹈史诗《东方红》。父亲当时任文化部办公厅主任，用他的原话就是"搞东方红，今天 30 万置装费，明天 20 万道具费，一共花了 100 万，全是经我手批的"。在当时的历史背景下，《东方红》集全国最杰出的歌唱家、舞蹈家、音乐家、朗诵家 3000 人于一台，在中国的文艺史上可谓空前绝后。至今《东方红》的电影光盘还被称为"红色经典"。[1]

当然，支持《东方红》对于黄洛峰而言，仅仅是一项本职工作而已，为之出力、献策、拍板的领导还有很多，但黄洛峰的提议乃至经费保障，也是值得记录的。

（二）出版仍是心有千千结

黄洛峰虽然没有参与新版《毛泽东选集》的编辑工作，但做了很多实际工作，是这项出版工作具体负责的第一人。

---

[1]　黄燕民：《一瓣心香祭墓门——忆父亲》，载范用、刘大明主编：《出版家黄洛峰》，百家出版社 2007 年版，第 480—481 页。

1951 年 10 月，新版《毛泽东选集》第一卷正式出版，第二卷、第三卷分别于 1952 年和 1953 年出版。1960 年 10 月，第四卷出版发行。1964 年出版《毛泽东著作选读》甲、乙种本。田家英在整个编辑工作中起到了很重要的作用，如传递毛泽东审阅的文稿，将毛泽东审定的文稿交给相关部门等。1964 年，田家英认为，文化部出版事业管理局对毛泽东著作的出版不够重视。

1964 年 9 月 21 日，文化部出版事业管理局局长王益和史育才同志访问了田家英同志，9 月 22 日王益同志将访问的情况向文化部党组作了汇报（汇报是直接写给黄洛峰的）：

洛峰同志：

9 月 21 日，我和史育才同志访问了田家英同志。我们对近几年来我们对主席著作的出版不够重视，没有认真进行调查研究，没有直接向他反映情况，作了自我批评；简要汇报了《毛泽东著作选读》的出版情况；请他对主席著作的出版工作提出批评，请他指示明年应该如何出版主席著作。①

田家英同志谈了具体意见：《毛泽东选集》出版三卷之后，工作放松了，没有专人管。"要保证毛主席著作的出版质量，必须有专人管，不要只看到眼前的忙闲，要平日多了解情况，经常做研究工作，把一切情况搞熟悉，在出版技术上负起责任来。要立档案，譬如，改了一个字，是如何改的，为什么要改，都要立卡片。一发生什么事，

---

① 中国出版科学研究所、中央档案馆编：《中华人民共和国出版史料13》，中国书籍出版社 2009 年版，第 187 页。

立刻就能找到。例如有人说《毛选》上有张平凯的名字，连我都忘记了，有卡片就立刻可以找到。没有专人管，就会一问三不知，就要从头翻书。现在该社连家中有几本样本都不知道。五卷的排样，他们起先说还存 18 本，我向书记处汇报后，确定了分发名单，又说只有 15 本了，搞得很被动。三卷以后，出版的质量降低了，我还买到过有白页的书。发行情况也不了解，出版社也心中无数。"

田家英同志建议："可以集中力量印《选读》，尽可能满足需要，最好书店门市部能够有得买。《选集》明年印数不要超过 100 万，集中力量印《选读》。"王益在旁边批注："明年可否暂定印《选读》1100 万，《毛选》印 100 万。《选读》估计 1100 万还不够，增印多少，调查研究后再定。"①

黄洛峰于 9 月 24 日批："王批各点基本同意。选读本我意可印 1500 万，务必能做到基本满足需要。速送齐、胡、徐、李部长阅。"齐燕铭、胡愈之、徐光霄、李琦圈阅。

10 月 4 日，王益汇报了人民出版社改进毛主席著作出版工作的措施：

田家英同志关于主席著作出版工作的意见和部党组的有关批语，我都已告诉了王子野同志。子野同志谈，已决定采取以下措施：

（1）梁涛然决定专管主席著作的出版工作，王子野参加"四清"期间，出版行政和出版业务，由该社党委委员殷国秀同志和

---

① 相关内容参见中国出版科学研究所、中央档案馆编：《中华人民共和国出版史料 13》，中国书籍出版社 2009 年版，第 190 页。

冯修蕙同志分别担任，范用同志管编辑业务。

（2）关于主席著作的出版工作情况，决定以后每月书面汇报一次，分送中央办公厅、中央宣传部和文化部。

（3）出版线装本中存在的问题，准备专门向文化部打一个报告。

（4）宣传介绍《毛泽东著作选读》的文章正在写。

……①

黄洛峰10月6日批："齐、徐、李部长阅。"齐燕铭、徐光霄、李琦圈阅。

1965年1月，黄洛峰担任第四届全国政协委员。

湖南省新华书店原经理唐俊荣2016年4月发表了《他在出版战线的最后一次南行——忆黄洛峰同志在攸县农村调查》②，介绍了文化部整风运动结束后黄洛峰陪同徐平羽副部长一起到湖南调研的情况，黄洛峰与同事去了攸县调研。全文如下：

1965年夏，时任文化部办公厅主任的黄洛峰同志冒着酷暑来湖南调研。湖南省文化局通知我们说是调研农村图书发行，但他的随从是文化部艺术局的一位官员，估计此行还有戏曲调研项目。

6月26日，黄洛峰一行由省文化局新闻出版科（那时尚未

①　中国出版科学研究所、中央档案馆编：《中华人民共和国出版史料13》，中国书籍出版社2009年版，第191页。

②　百道网，2016年4月19日。

设处）科长任春陪同，乘着一辆帆布篷北京吉普（那时省文化局只有局长一台旧轿车），风尘仆仆地来到百多公里外的湘东攸县。那时黄洛峰同志已经56岁了，只见他穿着长袖白衬衫，米黄色的宽大长裤。最为抢眼的是那双老式布鞋。它不像北京布鞋那么宽敞大方而是小巧修长，外形和鞋口都是尖的，就像教堂门窗的造型。黄主任个子很高头发花白，这一身装束更显得仙风道骨，超凡脱俗。

攸县新华书店是湖南省书店系统的先进单位，它的主要特色是农村图书发行普及稳定，门市服务业务技术过硬。湖南省店长期有一个工作组在这里蹲点，我就是其成员之一，才有幸跟随黄主任几天，为他的农村调查提供服务。

文化部调研组在攸县调查的第一个项目是考察公社书店，黄主任选择的是离城最远山区酒埠江公社。这个地方如今山清水秀，是该县有名的旅游胜地，可是五十年前那是穷山恶水、衣食无着的贫困山区。当时县委机关还没有小车，只能仍用省文化局的那辆吉普，加上县里的陪同人员，一共塞了六人，在三十七八度的酷暑中，尘土和着汗水颠簸前行。

黄洛峰同志详细了解公社书店图书发行情况，特别关注公社书店发行员的劳动报酬和生活状况。当时攸县公社书店普遍发行课本，因此他们收入尚可，都能维持基本生活。黄主任敏感地注意到这一情况，提出要争取做到用一般图书的销售量就能养活。这是多实在的内行话啊！这也正是我们当时的奋斗目标。

调研组接着考察了攸县书店的门市营业员基本功，应考的营业员是时年三十岁的刘本仁。他熟悉县书店各个行当的业务，能写会画，能讲会算，是全县有名的业务技术能手。最引人注目的是一个"学习毛主席著作"的项目。《毛泽东选集》一至四卷的所有篇目，任意抽选一篇，他能够立即回答其著作年代、写作背景和内容大意。其间，黄主任提出了几个比较专深的问题，他依然答得很圆满，黄主任非常满意。

黄洛峰同志平易近人，毫无架子，他对我们这些身边的小干部也聊家常。他曾就他那双布鞋风趣地说：那鞋是他云南家乡的样式，是夫人亲手所做①，在家舍不得穿，只有出差才穿。黄洛峰同志见多识广，知识渊博，他在任部长助理期间，出访过一些国家。他向我们断断续续地介绍了国外书业情况。从他那里我第一次知道"高速公路"这个名词，第一次听说还有时速百多公里的汽车，较之于我们这里的汽车时速二三十里，简直是天方夜谭。其时"文革"将至，风雨欲来，气氛颇为沉重，黄洛峰同志在调研过程中，更多的是了解情况，掌握一线资料，很少作系统性的讲话。县里本来还想安排较大一点的活动，他婉言谢绝了。

后来听说他返京后不久就调离了文化部，从此再也没有归队。所以攸县之行是他在出版战线最后一次调研活动，这段杂忆也许能为他的史料作点补遗。

（三）连续检讨难以过关

1964 年 7 月开始，黄洛峰参加了文化部的整风运动，他认为自

---

① 布鞋应该是黄洛峰之妹黄映坤所做。

己应着重检查的只是工作和作风上的缺点和错误，譬如主观主义、官僚主义、骄傲情绪、干劲不足等问题，群众向他提出的也正是这些缺点，重大的、原则性的问题，并没有出现，也没揭发出这方面事例。因此被认为"检查不虚心"、"不深刻"、"揭发不积极"。他也没办法"上纲上线"去逢迎而过关，于是不断地检讨、再检讨。

黄洛峰夫人孙幼礼回忆：

> 1964 年文化部整风后，洛峰被调离文化部，在家闲居近一年，等待分配安排，这日子当然是不好过的，但洛峰能调节自己的情绪，每天上街散散步，整理整理过去写的一些诗词，并利用这段时间读了大量的书，也有时间关心孩子们，经常辅导他们学习，教他们背诵诗词，并给他们讲解，有时要他们在旧报纸上练习毛笔字，他自己高兴起来也在废纸上泼墨挥毫。洛峰永远都是那么乐观，永远保持对革命最大的信念，一年的休闲，他没有失去工作的热情与斗志。[1]

1965 年 7 月起，他被调离文化部。一直到 1966 年 5 月，才被分配到中国科学院哲学社会科学部民族研究所，任副所长兼党总支书记（没有正所长）。

当别人问黄洛峰：为什么调你到民族研究所？你对民族问题研究过吗？

他回答得很简单："共产党员，只有服从党组织分配的义务，没

---

[1] 孙幼礼：《怀念洛峰》，载范用、刘大明主编：《出版家黄洛峰》，百家出版社 2007 年版，第 457 页。

有挑肥拣瘦的权利，没有研究过的问题，就从头开始学嘛！我知道去那里，对我来说，是有很多困难的。可是，我从来没有在困难面前低过头，也从来没有因个人困难而置工作于不顾。"①

三、十年苦行难有作为

（一）换岗后被揪斗

1966 年 5 月初，黄洛峰开始到民族研究所上班。

刚到一个新单位，他想多接触些研究人员，了解一些工作情况，然后再进行安排。他本着"没有调查，就没有发言权"的要求去做，可是却遇到了麻烦，被说成是"老一套"而不予理睬。

黄洛峰作为中共民族研究所党总支书记和副所长，6 月初在所内传达了党中央 6 月 3 日的《八条指示》，即"内外有别"、"注意保密"、"大字报不要上街"、"不要示威游行"、"不要搞大规模声讨会"、"不要包围黑帮住宅"等要求。他认为这对控制混乱局面是必要的，既然是"文化大革命"，总应讲点文明，总不能无法无天。但是，6 月 16 日《人民日报》发表社论说："文化大革命"对一些部门和单位来说，"是一个夺权的斗争，是一个变资产阶级专政为无产阶级专政的斗争"，号召"必须采取彻底革命的办法，必须把一切牛鬼蛇神统统揪出来"。

黄洛峰很快就被揪斗了，在民族研究所还不到一个月的时间他就

---

① 马仲扬、苏克尘：《出版家黄洛峰》，光明日报出版社 1991 年版，第 220 页。

被说成"执行了反动路线"、"走资派"、"保皇派"、"文化部的黑线人物"。1966 年 9 月，他又被送到文化部接受"批斗"。"造反派"们把他列为"黑线人物"、"出版界的祖师爷"，是专政对象，批判斗争之后，就"靠边站"、被关在文化部的"牛棚"，失去了自由。

1966 年夏日的一天，中央民族学院的红卫兵由民所的司机带着来抄家。据孙幼礼回忆：

> 当时是白天，我和洛峰都在单位，只有洛峰妹妹和孩子们在家。他们在家翻来翻去，看着一个个的书柜、书架，说"怎么全是书呀！"看到一个黑铁皮大柜，很是兴奋，踩着床过去，左搬右弄，把柜门打开（其实根本就没锁）然后失望地看着柜子里装的还是书。这些不是一般的书，是洛峰从事出版工作几十年积攒下来的特藏本，包括他亲自参与出版发行的中国首版《资本论》（中文全三卷），为纪念鲁迅逝世十周年而出的首版《鲁迅全集》（全二十卷），首版《毛泽东选集》（全四卷），等等，都是烫真金精装的马列毛经典。他们问洛峰妹妹留声机在哪了？洛峰妹妹说我们没有留声机。红卫兵说怎么可能有唱片没有留声机。洛峰妹妹说唱片是洛峰出访苏联和朝鲜时人家送的礼物，但我们从来没有留声机。他们又问把电视机放在哪了，洛峰妹妹说我们没有电视机。红卫兵们不信，说黄洛峰这样的高干，怎么会没有电视机，还到院子的煤堆扒来扒去，怕有东西埋在下面。最后这些红卫兵们无可奈何，只好离去。

1969 年，轻工业部造纸研究所开大会，孙幼礼也"被揪出来了"：

专案组还不停地要我交代洛峰的问题。我一再坚持说我不知道他有什么问题。专案组不停地要我与洛峰划清界限……我一下子不知气从何来，说："黄洛峰有什么问题他的单位会管，用不到造纸所管。黄洛峰有什么问题我不知道。"……关于洛峰我就索性一个字都没写，心想随便你们怎么办吧。等他们找我谈话，我就说："我不了解他的走资派罪行，写不出。"

（二）"牛棚"解禁又入"干校"养猪

黄洛峰被揪斗之初，还是有些紧张的，特别是他一向对什么都认真，老是检查自己：我怎么会这样?! 我怎么能是"黑线"人物呢?! 可是，想不到的事天天发生，到处狂风暴雨，不久也就习惯了，也就放松了，心地也随之开阔了。在这种时候，他偶尔也会想到郑板桥的"难得糊涂"，只有这样才能在"牛棚"里找到自我安慰。

黄洛峰被关在"牛棚"时期，留下了一些"流水账"式的日记，是记在学生练习簿上的。每天以时段为序简述所做的事情，没有议论、感想或者觉悟之类。在 1968 年 4 月至 6 月的日记中，早上 6 时起床、晚上 10 时睡觉，基本生活状态是写材料、接受外调、读报、听广播；背诵、默诵、默写"老三篇"；劳动、吃饭、休息。

以 4 月 19 日为例：

上午八时半至十一时半，写材料。

十一时半至十二时，外调。

中午十二时至一时半，午饭、午休。

下午一时半至三时半，到七楼劳动。

三时半至五时半，写材料。

五时半至七时，热饭、吃饭、休息。

晚上七时至七时五十分，读报、抄最新指示。

七时五十分至八时半，集体背诵《为人民服务》。

八时半至九时半，读报、听广播。

九时半至十时，洗漱、睡眠。

"牛棚"是原文化部后院的一座破庙，黄洛峰称之为"大庙"。这座"大庙"关押了不少"专政"的对象，如齐燕铭、徐平羽、徐光霄、戴碧湘等。

据黄洛峰回忆：

我和戴碧湘在大庙西屋同住，他常常在晚上默写唐宋诗词。当他在默写的时候，有一句、两句想不起来，他就常常问我，我就非常热心地帮他回忆拼凑，帮他一字一句地订正。有些经过我回忆起来的一首诗、一首词，或者某一诗、某词中的句子，我就背给他听，供他录写。有些东西，他提了个题目，或者提了其中的某一句，记忆不完全的，他就问我，而我也是一样想不起来的或记不得的，我就帮他苦思苦想。想起来的时候，就背诵给他听，或者抄出来给他。特别是对于李白、杜甫、苏东坡、辛弃疾这些人的诗词，我就更加用功回想，同他拼凑。

有的诗词，我回忆得比较完整的，回忆起来之后，我就背给他听，或者抄写出来给他。如辛弃疾的一些长调，我就曾经抄过几首给他。我抄写出来的，也有漏句、漏字，或者别字，在这种时候，他又给以补充、订正。像这样的相互琢磨，反复订正的事例，是充满那一段生活的。①

这样默写下来的诗词，大约 80 多首。结果，为这件事还被说成"留恋封建文化"而挨批。

黄洛峰童年时对唐诗宋词的背诵，曾一度被老师嘉奖过。自参加革命以来，一直没有时间和心绪来温习，此时用背诵诗词来填补精神空白，对别人有帮助，对自己也是有益的。从这里可以发现，黄洛峰的诗词功底之深、记忆力之强，是令人敬佩的。

被关在"大庙"的时候，徐平羽从外边抄来一首诗，据说是毛主席悼艾地的新作，因其中"残固不甚残"一句中的"甚"字②，发生了争论，徐平羽抄的是"甚"字，黄洛峰认为应是"胜"，因为相连的一句是"何必自寻烦"。齐燕铭、徐光霄也参与了这一争论。结果，他们又一次受到"批判"，宣告"研讨"结束。

黄洛峰这时还善于苦中作乐，在黄燕民《一瓣心香祭墓门——忆父亲》一文中，有着这样的记录："父亲平时以严肃居多，也有幽默之时。1966 年'文化大革命'开始后，包括父亲在内的文化部负责干部被关在位于朝阳门内大街的文化部机关大院的大庙里，不得回家，集中批斗。父亲后来告诉我，他当时住在大庙的'牛棚'里，抬头看到木质斗拱，就拉着王冶秋伯伯（文化部文物局负责人）说：'冶秋兄，你看这斗拱，是典型的明朝建筑。'王冶秋伯伯却无

① 范用、刘大明主编：《出版家黄洛峰》，百家出版社 2007 年版，第 267—268 页。
② 原文为"残固不堪残"。

此心情，说：'洛峰，都什么时候了，还说什么斗拱。'父亲还提到过，有一次夏衍对他说：'洛峰，我被斗得受不了啦，你能不能替我一次？'父亲说：'夏公，不是我不想替你挨斗，而是人家不要斗我这个小鬼呀。'"①

1968年底，学部各个研究所进驻了军宣队，黄洛峰又被送回民族研究所，住"牛棚"、靠边站。

1969年初，学部根据上级指示，将一大批研究人员和干部包括年已花甲的黄洛峰等，送到了河南息县"五七干校"劳动锻炼。

临行前，他很是不舍。黄燕民回忆：

> 父亲并不轻易流露感情。印象中有过一次，他要去河南干校的前夜。他对我和弟弟云山说："爸爸要去干校了，爸爸香香你们。"他在我和弟弟的面颊上各吻了一下。我记得当时我没说话，只是把眼泪憋了回去，但直到现在，我还记得他这一吻及呼吸中的烟味。②

到了"干校"，黄洛峰被分配住在荒地的一个破棚里。他的任务是哺养二三十头猪。整天赶着一群猪奔跑，他还颇感兴趣，认为这比被关在"牛棚"里好多了。

猪在田野里乱跑，他在后边追逐，还边跑边喊，曾为"干校"不少人传为佳话。黄洛峰很认真地放猪，为了训练小猪听从指挥，给每

---

① 黄燕民：《一瓣心香祭墓门——忆父亲》，载范用、刘大明主编：《出版家黄洛峰》，百家出版社2007年版，第485页。

② 黄燕民：《一瓣心香祭墓门——忆父亲》，载范用、刘大明主编：《出版家黄洛峰》，百家出版社2007年版，第479页。

只猪起了名字，把喂养和训练结合起来。时间一久，确实驯服了猪群。白天赶猪放牧，夜晚又担心猪群的安全，经常起来护卫。

他自己常说，干什么就得爱什么，养猪不爱猪，就不可能把猪养好。同时养猪也可以从劳动中获得乐趣，这是他两年多的饲养员生活的结论。因而他没有"苦役"之感，倒是有些新的体会。

黄洛峰"爱猪"的事情在黄燕民的回忆中也有体现："父亲也有面露得色的时候，那是他告诉我们他在干校放猪的业绩。他从干校回来后，同我们讲过，小猪喜欢跑，父亲就在大衣上拦腰系根绳子当腰带，手拿根棍子和树杈，追着小猪跑。他还给小猪起了名字。小猪病了，他设法搞来青霉素，请人给小猪打针。"①

其实，父亲的辛苦，女儿看在眼里，疼在心上："大约是1971年一二月份，父亲从干校回北京探亲。那时候天很冷，早上7点多钟，我在洗脸，准备去上学。听到门铃响，我去开门。完全没有想到竟是父亲站在门口。他头戴一顶风雪帽，两个帽耳一扇一扇的，穿着1949年为随周总理出访苏联定做的藏青呢面料皮大衣，腰里扎的是一根绳子，老棉裤的裤脚扎着，足蹬一双黑色胶棉鞋，肩上用手杖挑着一个帆布行李袋。……我至今还记得父亲那副亦干亦农、亦城亦乡、亦洋亦土的样子，想必他在干校放猪的装束便是如此。"②

在"干校"时工资被扣减，但得知外甥在贵州病重需要手术，并收入微薄，黄洛峰写信给夫人，要她设法寄200元去。"他堂弟也是

---

① 黄燕民：《一瓣心香祭墓门——忆父亲》，载范用、刘大明主编：《出版家黄洛峰》，百家出版社2007年版，第481页。

② 黄燕民：《一瓣心香祭墓门——忆父亲》，载范用、刘大明主编：《出版家黄洛峰》，百家出版社2007年版，第481—482页。

贫困中挣扎过来的人，但人总要结婚，他得知后要我寄20元去。他说结婚与重病不一样，但也得寄点去微补。"

那时，黄洛峰每隔二三天就要家里寄《参考消息》和《文汇报》给他，而且多年服用的治疗失眠的"眠尔通"药物也不再服用了。

1972年秋，黄洛峰随学部回到北京，继续"靠边站"，等待处理。

（三）返回北京有力难施展

"文化大革命"期间，虽然在工作上力不从心，但是作为一位在中国有影响的人物，黄洛峰还偶尔有着露面的机会。

1973年2月26日《人民日报》刊登一则新闻："曾泽生先生的追悼会今天下午在八宝山革命公墓礼堂举行。……人大常委会委员长朱德、国务院总理周恩来、中共中央军委副主席叶剑英送了花圈。……中共中央政治局委员、中共中央军委副主席、国防委员会副主席、政协全国委员会副主席叶剑英，国防委员会副主席、政协全国委员会副主席傅作义，政协全国委员会副主席许德珩，国防部副部长、国防委员会委员萧劲光，中国人民解放军副总参谋长张才千，参加了追悼会。……参加追悼会的还有：曾泽生先生的生前好友……黄洛峰等……"虽然被列为"还有"的好友的最后一位，但总归也是"榜上有名"。

曾泽生不仅是黄洛峰的好友，也是他的老乡，更是他当年曾经策反的滇军中的一员。1938年率部参加了台儿庄会战。1939年起任第184师副师长、师长，第60军军长。1948年10月率第60军于长春起义，所部被改编为中国人民解放军第50军，任军长。……1955年获一级解放勋章，被授予中将军衔。1973 年 2 月 22 日在北京逝世。

1975 年邓小平同志主持中央工作时，提出要把老干部解放出来工作。这样，黄洛峰才得到解放，3 月回到民族研究所任党总支书记。

恢复工作之后，他做了大量的说服工作，使所内干部和研究人员陆续解放出来。因而科研工作及其他工作逐步趋向正常。

1976 年初，周恩来总理逝世，黄洛峰陷入巨大的悲痛中，他非常清楚，当"造反派"批斗和追查他的历史时，把生活·读书·新知三联书店诬蔑为"黑"书店、把他诬为"黑线人物"，逼他交代"后台"，都是或明或暗地把矛头引向周恩来。

1976 年 3 月下旬到 4 月初，北京有上百万群众陆续到天安门广场悼念周总理，声讨"四人帮"。黄洛峰的家在南河沿，距天安门广场很近，他看到悼念周总理的花圈如同海洋，激动不已，特别是那么多的悼念诗词，对他有着极大的吸引力。天安门广场到处都是演讲者，四处都是口号声，人们英勇无畏的精神，使他受了更大的鼓舞。

可惜他有病在身，不能天天挤在人群中，多听人民的心声，有时，只好让孩子们去抄些诗词，暗自欣赏，从而增强自己的信心和希望。黄洛峰坚定地相信什么魑魅魍魉都不会在中国持久！

1976 年 10 月，"四人帮"垮台，黄洛峰兴奋得不得了，精神为之大振，为党和人民的胜利举杯畅饮，通宵不眠。他的灾难生活就此结束了。

整整十年零四个月，酸甜苦辣，什么滋味他都尝过了。他常常感叹，党和国家遭到的破坏和损失，不是更大吗?! 个人又能算得了什么呢？

黄洛峰认为，这十年是一场浩劫，伤了我们党和国家的元气，无论在政治方面、经济方面，还是在文化方面，都像战争洗劫后的残景。黄洛峰认识到，更重要的是抓住今天，认真正本清源，肃清"文化大革命"的影响，使失去的人心挽转回来，把共和国的命运转换到正确的轨道上来！这就是他闷了十年要说的心里话，也是他日思夜盼的大局。

黄洛峰曾身处新中国的出版工作领导岗位多年，却逐渐淡出了实际领导核心。1964年文化部整风，整"30年代"，他就是挨整的对象，被指为出版界的"祖师爷"，类似于夏衍被指为电影界的"祖师爷"、田汉被指为30年代戏剧界的"祖师爷"。20世纪30年代奋斗在文化战线上的这些年轻的、奋发有为的共产党员，因为幼稚、因为环境，在思想上、工作上不免有这样那样的缺点错误，但不至于成为罪名。

"文化大革命"后，黄洛峰因年龄所限转到二线。他没有回到终生热爱的出版战线。出版界很多同志问他，为什么不回来？黄洛峰坦率地回答：不是我不愿，而是我不能！在哪里不是都能发挥自己的力量吗？

"文化大革命"结束后，黄洛峰收到了补发的7000多元的工资，一半交了党费，2000元送给了大儿子克鲁。

四、晚景沧桑心有不甘

（一）未竟之事存不甘

在文化学院的时候，黄洛峰就开始着手《中国现代革命出版史》的写作，并以讲座形式向学员讲授过。刚刚开篇，就被"反右倾"运动打断了，没有继续讲下去。

他从文化学院回到文化部机关的时候，已没有时间再提起笔，此事就一直搁置下来了。

1978 年 3 月，黄洛峰担任第五届全国政协委员。

6 月，黄洛峰退居二线在中国历史博物馆任顾问后，有了比较充裕的时间，搁置十多年的《中国现代革命出版史》，又被提上了日程。十分惋惜的是，过去搜集的资料和已经成为书面的讲稿，在"文化大革命"中被当作"黑材料"不知去向，他不愿为此再去查询追究，免得引出一系列的不愉快。

妻子孙幼礼在回忆文章《怀念洛峰》中写道："洛峰热心他的出版工作，也珍惜他的工作成果，他曾仔细地把新中国成立前出版过的各种版本收集保存，很多抗战时期大后方出版的书籍，纸张粗糙、发脆、颜色灰黄，但都是中国出版史的珍贵史料。他收藏了整整两大箱。'文革'爆发，他怕丢失，请友人交到文化部版本图书馆，以为可以更好的保存，但后来听说这两箱版本书被认为无用而送到了造纸厂，他为此非常惋惜。"[1]

于是，黄洛峰重新开始了研究之路，一切从头做起。他认为自己的一生献给了革命出版事业，虽然已经步入晚年，还是要把久久思考的问题写出来。

1978 年 1 月 14 日，国家出版局为拨乱反正，召开座谈会，为所谓"三十年代黑店"恢复名誉，出席会议的有胡愈之、黄洛峰、华应申、许觉民等三联的老人，方厚枢把这四个人的发言记录下来，写了《颠倒黑白的污蔑，义正辞严的批评》一文，发表在 1995 年 6 月 10

---

[1]　孙幼礼：《怀念洛峰》，载范用、刘大明主编：《出版家黄洛峰》，百家出版社 2007年版，第 456 页。

日的《联谊通讯》(三联书店老同志联谊会自编的内刊)第62期。黄洛峰在发言中表示:

    粉碎"四人帮"后,各条战线都在揭批运动中把被颠倒了的路线是非颠倒过来。出版方面的批判文章有一些,还大大不够。……三十年代问题首先要看当时的时代背景:军事"围剿"和文化"围剿",鲁迅也正是在这"围剿"中成了主将的。出版工作的主流是同国民党反动派作斗争的。解放后曾叫张静庐整理出版史料,其中包括说明哪些书刊曾被查禁。下一代人搞不清这些事。把路线是非颠倒过来要花些力气,要查资料,我年纪老了,寄希望于年轻同志。

    从启蒙运动来看,商务、中华着重搞教科书,新的出版业则宣传共产主义、社会主义,"生活"出的书多,"读书"出了《资本论》,茫茫中国大地上,在党的领导下,举起了马列主义的火炬,虽然不大。那时出的马列主义的书,尽管翻译水平不够理想,但这工作是很有意义的。……要搞清当时的时代背景,国民党怎样进行文化"围剿"。邹韬奋做了许多工作,党中央、毛主席给予很高评价。

    抗战以后三家书店到了武汉,是在长江局的领导下,王明虽是书记,但周总理在那里。那时曾以"中国出版社"的名义出版党所交办的书。《群众》周刊是完全在党的领导下工作的。1939年到重庆以后,南方局不仅在政治上、思想上对三家书店加强领导,而且在经济上拿出了两万元钱,以沈老的名义,登记入册。解放后算资产时,80%是公的,20%是私的,这私的部分,也是大家为革命捐献的，以致到后来没法送股息，因为人家捐钱是为革命，不是为当资本家。送不出去的股息存入银行，成为"小金库"，以便以后有股东来提取，1951年并给人民出版社。

东北光华书店、新中国书局都完全是在党领导下工作的。1940年总理在重庆找徐伯昕，指示要同解放区出版工作结合起来。那时李文、刘大明、王华等去太行山八路军总部所在地办华北书店，上海以王益为首到苏北办了大众书店。1940年是总理出面做动员，做思想工作。那时延安也有些分到晋东南。后来华北书店、韬奋书店改新华书店。国统区书店、解放区书店两支队伍早已会师，国统区出版工作早就同解放区出版工作汇合起来了。

十七年是在什么情况下开始的？在全国新华书店出版工作会议毛主席题词"认真作好出版工作"后开始的。朱总司令还到会讲了话。1949年7月党中央关于三联工作方针的指示，肯定了三联、新华都是党领导的。毛主席1949年10月接见了第一次出版工作会议的全体人员，其中有个周永生，1932年曾到江西瑞金，是新华印刷厂的，毛主席同他握手，表示感谢。十七年就是从毛主席接见开始，是红的还是黑的？新华书店和人民出版社也是毛主席题的，是很关心我们工作的。①

（二）少小离家老大回

1979年秋天，已经70岁的黄洛峰回到故乡云南，这是他从1922

---

① 范用、刘大明主编：《出版家黄洛峰》，百家出版社2007年版，第566—568页。

年离家以后第二次返乡。

第一次是 1945 年，黄洛峰肩负着在昆明建立"读社"分社和中央指派他做隐蔽战线工作的任务，从重庆回到昆明，听说母亲生病，回了一趟老家鹤庆，他在家只待了几天，便匆匆忙忙出征了。几年后，母亲和父亲分别在 1948 年、1949 年离世。

黄燕生在《遥忆父亲二三事》一文中提到："我多次听姑姑讲过，爷爷奶奶得知父亲在外面干的是掉脑袋的事儿，十分担心他的安危。奶奶身上藏了巴掌大的一块大烟，准备一旦爱子遭到不测，便共赴黄泉。这块大烟在她怀里揣了十几年。1948 年奶奶去世时，已经化得只剩下铜钱大小了。"①

黄洛峰因为在外为革命事业奔波，没能为双亲送终，这成为他的终身憾事。

1979 年，他回到了自己的故乡——滇西北的鹤庆，家乡人民热烈欢迎鹤庆第一位共产党员的归来。

这次回云南，他了却了一个特殊的心愿，那就是去看望 50 年前在昆明牺牲的战友们。他特地来到安葬战友们的昆明北郊黑龙潭公园，向长眠于此的战友王德三、赵琴仙等烈士敬献鲜花。

黄洛峰写下了《悼念王德三、李国柱、吴澄、赵琴仙四烈士》的诗：

> 红霞初露复又暗，地动山崩难明天。
>
> 中原虎变恶称霸，南滇魔爪黑煞鞭。

---

① 范用、刘大明主编：《出版家黄洛峰》，百家出版社 2007 年版，第 472 页。

志士就义屠刀下，烈女青山饮弹眠。

鲜花一束献故友，九泉含笑换人间。①

这次回云南，他是受国家文物局的委托考察滇西北的大理、宾州、剑川、丽江等地的文物古迹。他翻山越岭查看了数座古寺庙，很多文物古迹名重西南，影响远及东南亚，却在"文革"中遭到严重破坏。黄洛峰不顾古稀之年，不惧山高路远，满怀热情地登上了海拔3000多米的鸡足山和剑川石宝山等地进行详细的调查，同大理白族自治州的领导商量修复意见。

11月19日，在昆明接受了云南省委党史办、云南省历史研究所的访问，回忆了1929年云南"清共"被害人员、云南书报社等情况。

曾在重庆读书出版社和黄洛峰一起工作的老战友唐登岷此时正在昆明工作，热情接待了他，"见他行动困难，原来是因为骑马上下鸡足山，腰椎受伤了，为他请了专科主治大夫诊治，但他稍事治疗就忙着乘飞机回北京了，说要争取早日获得古迹修复的批准。"（唐登岷悼念文章《热血播红花　丹心染晚霞》）黄洛峰兴致勃勃地对唐登岷说，等修复鸡足山、石宝山的建议和拨款批准后，再回云南家乡。不料想此次竟成了永别。

值得欣慰的是，1979年秋，中宣部有关领导人到黄洛峰家中，请他回出版界工作。12月20日，他出席了在长沙召开的中国出版工作者协会成立大会，胡愈之发来了录音讲话，中宣部副部长廖井丹到

---

① 范用、刘大明主编：《出版家黄洛峰》，百家出版社2007年版，第428页。

会祝贺，陈原作了协会筹备工作情况的报告，陈翰伯主持，周建人、沈雁冰、叶圣陶都为此题词、题诗。242 位各地出版界代表参加，会议通过了《中国出版工作者协会章程》，在 21 日的选举中，胡愈之当选为名誉主席，陈翰伯当选为主席，徐伯昕、黄洛峰、王子野、边春光、许力以、陈原、马飞海、王璟、周永生当选为副主席。成立版协这样一个出版工作者自己的群众性专业团体也曾经是黄洛峰在新中国成立之初就酝酿过的。

1980 年七八月，黄洛峰主持了中国出版工作者协会在承德举办的第一期编辑干部读书会。读书会结束时，国家出版局副局长、中国版协副主席许力以和版协秘书长宋木文与参加读书会的同志一起进行了交流。这也成为黄洛峰一生中参加的最后一次与出版相关的活动。

9 月 8 日，北京印刷学院借中国历史博物馆礼堂举行首届本科新生开学典礼，黄洛峰作为特邀嘉宾出席并热情致辞："我是来祝贺的！热烈祝贺中国第一所印刷学院，终于在祖国 960 多万平方公里大地上呱呱落地了……"

1980 年，黄洛峰在艾思奇同志去世 14 年之后，提笔撰写了《思想战线的卓越战士——回忆艾思奇同志在上海的战斗生活》，饱含深情地写道：

> 1966 年 3 月 22 日，思奇同志因心脏病及其他几种并发症，突然去世了。在垂危的前几天，医院已不允许探视，我只得每晚通过电话从他的秘书那里了解病情。待到得知他去世的消息时，茫然若失，心里有说不出的难过。第二天一早，我约同老

友郑易里同志急忙奔赴阜外医院，在太平间里，看见思奇同志安详地躺在那里，嘴角上依稀挂着一丝微笑。我抑制不住悲痛，眼眶湿润了，默默地告别了他的遗体。我们接着赶到中央党校看望王丹一同志，这时，除了几句简单的慰问话外，再也说不出什么了。

思奇同志长眠十四年了。然而，他在我的心里，却是永远活着的。我的心头一直闪动着他那圆鼓鼓而又闪烁着智慧的眼睛，天真活泼而又冷隽的微笑，沉默寡言而又坚定有为的毅力……在中央党校参加过他的追悼会之后不久，我拼凑出一副挽联。现在，略加改易，不计工拙，把它抄在这里：

宣扬马列，坚持战斗，著作等身，早岁即已蜚声哲学界；

带病蹲点，调查研究，中年英发，何期遽尔长眠八宝山！

他死时五十六岁，按照近年来划分老、中、青的标准，说是中年也不为过的。

我曾几度想写点回忆文章，所以迟迟未写，不仅是拙于用笔，也许更重要的倒是由于十年浩劫，自己也被投进了"牛棚"，成天所要写的总是什么"检查"，以及各种各样的"证明材料"之类，每天都弄得精疲力竭，实在没有办法再拖着疲乏的身心，去写对亡友的怀念了。去年冬天，云南人民出版社邀约同志们写点回忆艾思奇同志的文章，打算结集出版。终因身体不好，迟迟没有动笔，直至最近，才算草草交卷。

……①

---

① 黄洛峰：《思想战线的卓越战士——回忆艾思奇同志在上海的战斗生活》，载范用编：《战斗在白区：读书出版社 1934—1948》，三联书店 2001 年版，第 426—427 页。

（三）壮志难酬别人间

1980年9月23日，中秋节那天，黄洛峰在历史博物馆看文件，突患心肌梗塞。他平时毫无心脏病的迹象，感到心脏不适，由机关司机就近送至公安医院，然后又转至北京医院。著名社会活动家、政协委员廖梦醒女士得知老友急病住院就去北京医院高干病区看望，却未找到人，怏怏而归。按行政级别，黄洛峰是可以入住高干病房的，但历史博物馆工作人员不清楚老人的身份。

黄洛峰入院，被诊断为大面积心肌梗塞，抢救后随之住院40余日，却在11月4日病逝于北京医院。所谓抢救及时，正如病人在悬崖边上，抢救只是拉住没掉下悬崖，80天内病情稳定，才是离开悬崖，脱离危险。医院对遗体解剖结果显示黄洛峰的左心室有一血管壁瘤，该瘤破裂，是导致死亡的直接原因。

粉碎"四人帮"，黄洛峰兴奋不已，住院期间还询问审查"四人帮"的情况。遗憾的是，只差18天，他没能看到公审"四人帮"，更没能看到改革开放后国家的兴旺局面。

父亲黄洛峰留给我的印象是，个子瘦高，不苟言笑，嗜吸烟，好读书，喜散步。……

父亲是一个尚寡言、重行动的人。他对我们这些子女，似乎很少讲做人的大道理，但他论行的一些三言两语长记我心中。如"要夹着尾巴做人"，"不要出风头"，"不要耳根软"，"胶多不粘，话多不甜"等等。父亲还有一些论事的三言两语，虽然时隔多年，我仍记得很清楚，现在回想起来，感觉他真是不易。①

这是黄燕民在回忆文章《一瓣心香祭墓门——忆父亲》中提到的。她在同一篇文章中还记录着一件事：

> 也是在 20 世纪 70 年代，父亲看到北京的老城墙不断拆除，由此提及 50 年代他任人大代表时曾提议保留北京的城墙，或在城墙顶上设置有轨电车，类似国外的高架电车；或掏空城墙，设置地铁，变拆除理由为"妨碍交通"，"不利北京拓展"的城墙为交通设施，战时还可用作防空洞。这种出于爱护古代建筑、保护古都原貌而提出的建议，却被指责为"保守"、"右倾"，当时父亲和许多专家都受到批评。近年来一些专家和社会人士在媒体上发表言论，批评拆除城墙的做法。他们哪里知道，当年为了保护古城墙很多人遭到批评，甚至危及政治生命。②

黄洛峰的逝世，使许多了解他的同志和好友感到突然，许多人还不知他住进医院。连黄洛峰自己也没有料到，病魔会这么快夺去他的生命。

黄洛峰在病床上所想的还是出版事业的发展和远景，他之所以要写《中国现代革命出版史》，是想从人民出版事业艰苦奋斗的历程中，

---

① 黄燕民：《一瓣心香祭墓门——忆父亲》，载范用、刘大明主编：《出版家黄洛峰》，百家出版社 2007 年版，第 477 页。
② 黄燕民：《一瓣心香祭墓门——忆父亲》，载范用、刘大明主编：《出版家黄洛峰》，百家出版社 2007 年版，第 478 页。

探索其曲折前进的发展规律，书写为之奋斗的战士们的精神状态。这样使后人真正了解在这条道路上，凝聚了多少人的智慧，排除障碍，战胜困难，又凝聚了多少人的辛勤劳动和血汗，献出了多少人的生命。黄洛峰的这种苦心，虽然没有完全表达在刚刚开端的著作上，可是已经体现在他自己几十年的实践活动中了。

新华社北京 11 月 15 日电　中国历史博物馆顾问、中国出版工作者协会副主席黄洛峰于 11 月 4 日因病逝世，终年 71 岁。

《人民日报》1980 年 11 月 17 日刊登了《黄洛峰追悼会今天在北京八宝山革命公墓举行》的消息。中宣部部长、中央书记处书记王任重，中宣部副部长朱穆之，中顾会秘书长荣高棠，周扬、楚图南、叶籁士、萨空了、郑易里、王子野、程浩飞、范用、廖梦醒等 700 多人参加了追悼会，这些老领导、老同事与家人一起送别了为中国现当代出版事业作出卓越贡献的黄洛峰同志。

悼词给予了黄洛峰很高的评价，若他地下有知，也会感到欣慰，在简要介绍了他的人生经历后，作了这样的表述：

黄洛峰同志是经过长期革命斗争考验的、热爱党、一贯忠诚于党的事业的优秀党员、优秀干部。在十年浩劫中，他和许多老干部一样，遭受诽谤、诬陷和打击，身心备受摧残。但他始终坚持原则，充满乐观精神，不屈服于"四人帮"的淫威。粉碎"四人帮"后，他欢欣鼓舞，意气昂扬。即使在病中，他对党的出版事业仍然深切关注。他曾经准备编写新民主主义革命时期的出版史，可是他的愿望未能实现，就与世长辞，这是党的出版事业的一大损失，不能不令人十分痛惜。洛峰同志在工作中能坚决执行党的路线、方针、政策，认真负责，任劳任怨，顾全大局，从不计较个人利害得失。他胸襟坦白，性格爽朗，光明磊落，刚正不阿；对同志始终以诚相见，满腔热情。洛峰同志的逝世，使我们感到无比的哀痛，他对党的事业的高度责任感，他严肃认真的工作态度，他坚持原则，敢于对不正之风进行斗争的精神，永远值得我们学习，他的风范将永远留在我们的心中！

黄洛峰，一个革命者、出版家、兄长、父亲、领导、引路人，他奋斗、努力的一生，为后来者留下了一位共产党员的丰富多彩的故事。

生活在云南的堂弟黄健先生的记忆中，黄洛峰重视学习和生活朴素，是这样的：

虽然远隔千山万水，二哥对我的关怀却是无微不至，不仅按时给我寄生活费用，还时常给我寄书、寄衣物，写信询问我的学习情况，鼓励我好好学习。就是在十年动乱中，二哥自己身处逆境，被诬为"走资派"，"30年代出版界的祖师爷"，被批斗，被"挂起来"，但他对我的关怀一如既往，在这些信中，二哥总是嘱咐我要"多读书，读好书"，阅读以后，要"多记、多写、多问，举一反三"。要"奋发有为"，"认真做事"，要努力学习，掌握一门技术，当工人、当农民都可以，但要有一技之长，二哥的嘱咐使我终身受益。①

　　二哥对有困难的人慷慨解囊相助，自己的生活却十分简朴，早在 1960 年，二哥就将鹤庆黄家祖居无偿上交国家建了县供销联社。三年困难时期，他又主动减薪两级……②

张友渔回忆黄洛峰："在文化部担任党组成员期间，为了解决侯外庐的党籍问题，他曾严肃认真，不厌其烦地向我核对事实，征求意见。由我出具证明，使多年失掉党籍的侯外庐重新获得党籍。"③

范用在悼念文章《恩师洛峰》中回忆道："'文化大革命'期间，人与人不敢来往，我挨斗，病倒在床，唯一来看望我的就是洛峰先生。""洛峰先生要我们注意劳逸结合，会工作又会休息。有时星期天带领我们郊游，到乡间走走，然后回到城里下馆子吃顿饭，改善生活，这一年过得轻松愉快，心情十分舒畅。""1950 年，洛峰先生送我一套精装本的《鲁迅全集》共 20 卷。那时候我买不起这部书。洛峰先生在书前题词：横眉冷对美帝指，俯首甘为人民牛。"④

黄洛峰退居二线后，了解到原三联书店一些同志的退休工龄问题。起初他认为中央早就有文件说明，生活·读书·新知三联书店同新华书店一样都是党领导下的革命书店，计算革命工龄应都不是

---

　　① 黄健：《永远怀念洛峰二哥》，载范用、刘大明主编：《出版家黄洛峰》，百家出版社 2007 年版，第 461 页。

　　② 黄健：《永远怀念洛峰二哥》，载范用、刘大明主编：《出版家黄洛峰》，百家出版社 2007 年版，第 464 页。

　　③ 张友渔：《回忆黄洛峰同志》，载宋应离、袁喜生、刘小敏编：《20 世纪中国著名编辑出版家研究资料汇辑 7》，河南大学出版社 2008 年版，第 416 页。

　　④ 范用：《恩师洛峰》，载范用、刘大明主编：《出版家黄洛峰》，百家出版社 2007 年版，第 450 页。

问题。可是实际上不是那么简单，因据说另有规定："凡生活、读书、新知建国前参加工作者，不能算参加革命工龄。"还有"在国统区即便参加了共产党，而没有享受供给制待遇也不能算参加革命，不能计算这段工龄"。这引起很多同志的不满，黄洛峰对此也感到很不理解，于是他曾联合原三联书店的经理写报告层层上诉，但迟迟得不到解决。后又请有关方面的其他领导同志共同签名，包括黄洛峰、徐伯昕、华应申、邵公文、胡绳、张仲实、钱俊瑞等，由黄洛峰三次起草一再请求解决，直到他住院后仍没落实。

黄洛峰深感不安，他常常叮嘱去医院看望他的同志说，我们应当对历史负责，对同志负责啊！好在当他长辞二三年之后，他所系念的问题终于获得圆满解决。

在"文化大革命"中，黄洛峰身心遭到很大摧残，被诬陷为"走资派"和"黑线人物"。但是，他给别的同志写历史证明材料，一向坚持实事求是，按照历史事实出具，绝不受来人辱骂、威吓的影响，当别人说他包庇时，他直截了当地说：我写的是历史材料，历史是不能胡编的。就这样，他保护了大批同志。

在黄洛峰被迫"交代"的材料中，写人写己都是客观叙述，不加任何帽子。他经常写的是"我有错误"、"我觉悟低"，甚至承认自己"有罪"，但从来没有承认过自己是"黑帮"、"走资派"和"黑线人物"。当有人诬他是"黑"书店的老板时，他摆出马克思的《资本论》和《剩余价值学说史》、列宁的《唯物论与经验批判论》、《列宁传》、《辩证法唯物论辞典》和《大众哲学》等，他说："黑"书店会出这些书吗？正因为出了这些书，被蒋介石国民党特务抓去坐牢，有不少同志还为此而牺牲了生命，这难道都是些"黑线人物"？被驳斥者往往哑口无言，无话回答。

黄洛峰在青年时期的同学，又是长期与他共同战斗的老友郑易里，在怀念黄洛峰的文章中，对黄洛峰的为人，有这样的概括："他为人正直，对人诚恳，作风朴素，处处认真。他既有作为一个共产党员的远大理想，又有一个脚踏实地、实事求是的老革命者的优良品德。"

此时，用黄洛峰夫人孙幼礼女士在《怀念洛峰》中的话作为本书的结尾似乎最为恰当：

> 洛峰在天之灵，如果知道现在还有那么多友人在纪念他，如果他知道改革开放后中国已大大变了样，他会多么欣慰。[1]

---

[1] 孙幼礼：《怀念洛峰》，载范用、刘大明主编：《出版家黄洛峰》，百家出版社2007年版，第460页。

黄洛峰编辑出版大事年表

1909 年

2 月 6 日，生于云南鹤庆县县城。原名垲，字肇元。

1922 年　13 岁

只身一人徒步到昆明求学，入私立成德中学读书。通过与同学交流和阅读课外读物，开阔了视野。

1926 年　17 岁

在省立一中与校图书管理员李国柱（云南第一批共产党员之一）交往，受其影响，接受共产主义思想，走上革命道路。

1927 年　18 岁

5 月，加入中国共产主义青年团。

8 月，转为中国共产党党员。

1928 年　19 岁

被任命为中共易门、安宁、禄丰三县特委书记，以教书为掩护进行农运工作、发展党员、建立组织工作。10 月，参加在蒙自县查尼皮召开的中共云南省第一次代表大会，兼任大会联络员。

秋，调回昆明，任共青团昆明市委书记，兼任易门、安宁、禄丰、罗茨四县特委书记。筹办云南书报社，同乡艾思奇也是筹办人之一。

1929 年　20 岁

9 月，受组织委派去上海筹办云南书报社申庄。

1930 年　21 岁

经组织批准，赴日本留学，首先进入东京东亚预备学校学习日语。

1931 年　22 岁

年初，经刘惠之同志介绍，与新成立的中共留日学生特别支部接上组织关系。

7 月，被东京警察当局拘留一月，由于没有进行政治宣传活动的证据，后被释放。

9 月，抗议日本侵华，愤而弃学回国。

10 月上旬，抵达上海。以留日学生团体代表身份参加"上海民众反日救国联合会"并担任秘书长。

1932 年　23 岁

3 月 6 日，去"上海民众反日救国联合会"下属的"妇女反日大同盟"检查"三八"妇女节活动的准备情况时，被英租界捕房巡警逮捕关在提篮桥监狱，被判刑 18 个月。

1933 年　24 岁

10 月，刑满出狱后，留上海借住亲戚、朋友处。

1934 年　25 岁

1 月，到北平，住云南会馆。参加云南旅平学会工作，编进步刊物《学会生活》，后被查禁改名为《西南风》继续出版。

是年，由于生活贫困，托同乡介绍到国民政府军事委员会北平分会（原东北军办事处）任雇员，从事将日文报刊中有关中国的资料译成中文的工作。

1935 年　26 岁

秋，军委会北平分会撤销，失业。给艾思奇写信希望在上海代找工作。

1936 年　27 岁

1 月，到上海。参加艾思奇主持的哲学座谈会。启用"黄洛峰"笔名为《通俗文化》等刊物写稿，以维持生活。

8 月，去南京浦镇，在族叔黄绥申主管的工区从事出纳和总务。

11 月 23 日，全国各界救国联合会领袖沈钧儒、邹韬奋、李公朴、章乃器、王造时、史良、沙千里等"七君子"在上海被逮捕。读书生活出版社（简称"读社"）社长李公朴被捕后，经营陷入困危。为此，"读社"自行改组，由艾思奇任总编辑，郑易里任董事长，李公朴改任董事。艾思奇和郑易里联名写信向黄洛峰告急，务请他放弃现有职业即赴上海担任"读社"经理，共同挽救"读社"危机。

是年，参加沈钧儒、邹韬奋领导的全国各界救国联合会。

1937年　28岁

2月初，到上海静安寺路斜桥弄读书生活出版社就任经理，成为"读社"主要负责人。到任后，抓紧社内整顿工作，在《读书生活》被禁后推出的《读书》半月刊继续出版。计划出版《马克思恩格斯全集》。

《读书》（半月刊）出版两期后又被查禁，相隔一月再以《生活学校》继续出刊。同时出版的还有通俗刊物《大家看》、理论刊物《认识月刊》。

"八一三"之后，"读社"将《生活学校》立即改为《战线》（五日刊）出版。编委为艾思奇、章汉夫、夏征农、章乃器、王达夫、刘惠之、吴敏、陈楚云、夏衍、羊枣、恽逸群、黄洛峰等，执行编辑陈楚云。

10月，"读社"艾思奇、周巍峙奔赴延安，郑易里仍留上海，黄洛峰率员工沿长江西迁，先达镇江又转到武汉。"读社"出版了柳湜主编的《全民周刊》。

12月，"读社"总经销由中国共产党出版的第一个公开刊物《群众》周刊。

1938年　29岁

3月，以云南同乡身份开启对滇军的统战工作。

4月，"读社"出版李公朴《抗战教育的理论与实践》。

6月，积极营救因交涉汉阳兵工厂被查封而发生争执、被陈诚部队拘留的李公朴，后经周恩来等与陈诚交涉，李公朴获释。

确定"读社"的出版发行和发展工作，具体落实《资本论》的翻译和印制工作。

8月，"读社"和生活书店并联合商务和中华书局等书业界，直接上书蒋介石，陈述对图书杂志审查制度必须取消，否则不利于抗日宣传。

8月31日，"读社"《资本论》第一卷在上海出版。9月15日第二卷出版，9月30日第三卷出版。

10月，武汉战局吃紧，"读社"继续沿长江西迁到达重庆，约郑易里一起到昆明建立"读社"昆明分社并征募资金。

1939 年　30 岁

"读社"先后在成都、昆明、贵阳、香港、上海设分社，总社设在重庆。出版《学习生活》、《文学月报》等杂志。

《资本论》辗转运往内地，第一批 2000 部运到广州时却遭受战火而全部被毁。

周恩来在重庆先后约三家书店负责人邹韬奋和徐伯昕、黄洛峰、徐雪寒商量：一是有些人员难以在国民党统治区存身，有必要撤退的问题；二是三家书店今后派人到华北等地建立华北书店的问题。

《大众哲学》等新书相继出版。

读书生活出版社更名为读书出版社。

1940 年　31 岁

夏，周恩来又一次约见生活书店徐伯昕、读书出版社黄洛峰、新知书店徐雪寒，要求三家书店派人到延安、太行开办书店。

秋，遵照周恩来的指示，三家书店分别派出李文、刘大明、王华、柳湜、赵冬垠、徐律等，到延安、太行开办华北书店。此后，又派王益、刘麿到苏北开办大众书店。

"读社"出版的《延安访问记》一书遭查禁。

是年，参加中共南方局文委所属的书店组工作。

1941 年　32 岁

1月初，在国统区的读书出版社、生活书店、新知书店除重庆之外的所有分支机构全被查封。为隐蔽骨干、保存力量，以改换门面办法在桂林、昆明等地开设文具店，并决定将总社迁往香港，向南洋、海外发展。

3月，黄洛峰与生活书店总经理徐伯昕一起离开重庆抵达香港，党的关系由南方局直接转给香港的廖承志同志。在香港曾开设了一个门市部，但不久停业。

夏秋间，"读社"与生活书店合开光夏书店，销售本外版图书。

12月初，太平洋战争爆发，日本占领香港，光夏书店损失一空。

1942年　33岁

1月，在党的交通员带领下离开香港。先到东江游击区，后经韶关到达桂林。

2月，在桂林与"读社"副业机构建业文具公司和新光书店负责人商谈业务并安排工作。

4月，由桂林返回重庆。为了充实力量，进一步加强在重庆的副业经营，与新华日报馆合伙开设文华纸行做土纸生意，以保证《新华日报》和"读社"的用纸。

统一协调生活、读书、新知三店的工作。

1943年　34岁

为开展统战工作，扩大联合发行，以生活、读书、新知三家书店为核心，联合上海杂志公司、文化生活出版社、五十年代出版社、作家书屋等23家同业共同组织"新出版业联营总处"，组成联营书店总店并任董事长，在重庆、成都分设联营书店，打通发行渠道，以集体力量谋生存、求发展。

1944年　35岁

5月，在党的领导下，发动生活、读书、新知三家书店的留渝人员，团结书业界组织讨论了《重庆文化界对言论出版自由意见书》，通过国民参政会和全国各报馆，要求解除文化出版方面的种种限制，使其享有应有的自由；组织起草了向国民党十二中全会的"请愿书"，提出取消图书杂志及戏剧公演的审查制度和查禁扣留书刊的专制行为。

10月，参加筹备由宋庆龄、沈钧儒等发起、在重庆召开追悼邹韬奋大会的组织工作。

年底，被推选为政治协商会议出版界代表、陪都教育、学术、文艺、出版、杂志、电影、戏剧、漫画、木刻、美术、音乐11界组成的政协会议协进会理事，同民主建国会、中国人民救国会（前救国会）等团体商讨筹备陪都各界政治协商会议协进会的成立。

1945年　36岁

春，用人民出版社名义出版《毛泽东印象》、《反对内战》等图书。参加重庆的民主运动，并经党组织决定参加了民主同盟组织。

6月，重庆《新华日报》刊出了《出版业紧急呼吁》，包括读社在内的29家新出版单位联合签名。

6月，返回昆明，筹划在昆明重建分社，探望重病垂危中的母亲和年迈的父亲。

7月，不送审查，自行出版黄炎培《延安归来》，正式开启"拒检运动"——组织8家杂志开会研究发表联合声明：公开宣布从9月1日起，8家杂志一致拒不将文稿送审。

9月13日，国民党中央宣传部长吴国桢、参事张平群举行记者招待会，宣布从10月1日起，废止战时新闻检查制度。"拒检运动"胜利。

积极参加党领导的"政协促进会"等各种民主运动的活动。组织长安寺公祭"一二·一"烈士活动和沧白堂参政员讲演会，参与组织了庆祝政协成功筹备的大会等。

10月22日，正式成立"生活·读书·新知重庆三联书店"，原有三家分店经营业务、门市合为一家。

1946 年　37 岁

1 月，参与《重庆出版业致政治协商会议意见书》文件起草和动员签名的工作，35 家单位签名。

1 月 16 日，在《民主生活》发表《除去言论自由的障碍》。

2 月，被推为陪都各界庆祝政治协商会议成功大会筹备委员会秘书长及大会主席团成员。"较场口血案"发生后，组织参加救援工作，揭露敌人的无耻谎言。

6 月，回到上海。会同徐伯昕、沈静芷等开展三家书店的联合业务。为了向解放区输送书刊和干部，逐步向解放区转移，加强物资交流，与胶东、旅大两个解放区的宣教部门联合在烟台、旅大开设光华书店，并陆续在东北解放区开设分店，同时经营烟台与上海之间的进出口贸易。

三家书店联合在广州、北平以"兄弟图书公司"、"朝华书店"等招牌开设分店。

7 月，到苏北解放区的淮阴，要求中共华中局拨给资金，支持书店扩大经营。经华中局批准，拨给了一批货物运回上海出售。

12 月，派曹健飞去台湾合作开办新创造出版社。

是年，成立上海新出版业联谊会、上海杂志界联谊会，借以推动同业间的联合行动和民主运动，并联合新出版业参加改组上海书业公会的斗争。

1947 年　38 岁

年初，派倪子明、汪静波去香港开办读书出版社分社。同时，生活书店和新知书店亦在香港建立了机构。

2 月 20 日，筹划在南京《中央日报》头版刊出读书出版社发售预约世界名著卡尔·马克思《资本论》再版的广告。引起国民党上层的轩然大波，造成了著名的"广告事件"。

6 月，三家书店在各地的分支店遭到国民党特务的严密监视，人员遭到毒打、书店被捣毁。三联书店重庆分店经理仲秋元、武汉联营书店经理马仲扬及其他六人集体被捕,读书出版社范用、欧阳章在上海也相继被捕。

为了营救被捕者,运用各种关系、采取各种办法,派出专人分赴各地开展工作,终于以书业界联名具保的方式使被捕者一一获得释放。

10月,由于反动派的迫害日益猖狂,"读社"向国外定购的纸张被没收,随时有被查封的可能,经组织决定把资产逐渐由上海转到香港。

11月,抵香港筹划三联书店工作。为了打开书刊销路,曾用流动供应等办法到多所学校出售图书。同时为了生存,也曾与他人合伙经营香港与广州之间的其他生意。

1948年 39岁

5月底,和生活书店在香港合开了一家光夏书店,并做文具生意。

10月26日,生活、读书、新知三联书店总管理处在香港正式成立,被推为三联书店临时管理委员会主席,徐伯昕、沈静芷分别被推为总经理、副总经理,万国钧任襄理。三家书店实现彻底合并,改为一个机构、一本账簿、一套人马,停止了各自经营,集中统一为三联书店。

12月下旬,由党中央调离香港北上。

1949年 40岁

1月,乘外国货轮经安东到达沈阳,在沈阳参加了三联书店东北区管理处召开的分店经理会议。

2月中旬,离沈阳到达北平。根据中央指示着手组建出版委员会。

2月23日,中宣部出版委员会正式成立,任出版委员会主任委员。

3月,到平山县西柏坡(党中央所在地)同中宣部部长陆定一一起向周恩来同志汇报出版战线面临的新形势和要求。周恩来同志指示:"出版工作需要统一集中,但是要在分散经营的基础上,在有利和可能的条件下,有计划地、有步骤地走向统一集中。"出版委员会遵照这一指示着手开展工作。

3月，三联书店总管理处由香港迁到北平。

5月，组织和领导华北人民政府成立教科书编审委员会，负责修订或重新编定教科书工作。

7月1日，出版委员会组织领导的华北联合出版社（简称北联社）在北平成立。由商务、中华、世界、大东等二十三家私营书店和华北新华书店、三联书店共同投资，成为一个公私合营的出版机构。

不久，由华东新华、三联和商务、中华、开明、龙门等六十二家书店联合组成的上海联合出版社（简称上联社）在上海成立。

7月18日，中央向北京、上海、辽宁、湖北、河南等13个省市党委发出《中共中央关于三联书店今后工作方针的指示》，指出"三联书店与新华书店一样是党领导之下的书店"；三联书店"在国民党统治区及香港起过巨大的革命出版事业主要负责者的作用，在党的领导下，该书店向国民党统治区域及香港的读者，宣传了马列主义、毛泽东思想和党在各个时期的主张"。这是党中央对三联书店的高度评价，给予所有工作人员极大的鼓舞，也给全国出版队伍的会师奠定了坚实的基础。

10月3日，代表出版委员会在北京召开的全国新华书店出版工作会议上作了《出版委员会工作报告》。这次会议是统一全国新华书店的大会，也是解放区和国统区两支出版队伍会师的大会。由中宣部部长陆定一和胡乔木、周扬、胡愈之、黄洛峰、徐伯昕等19人组成主席团。参加这次会议的有各中央局的宣传部、各大行政区新华书店、三联书店、北联社、上联社等33个单位，共165人列席和旁听了这次会议。毛主席为会议题词："认真作好出版工作"，并于10月18日在中南海接见了与会代表。

12月，被任命为中央人民政府出版总署出版局局长，署党组成员。出版委员会奉命撤销。

1950 年　41 岁

4 月，兼任新组建的新华书店总管理处总经理，11 月改建为新华书店总店，由徐伯昕任总经理。

5 月，参加整风运动总结工作，分析情况，开展批评与自我批评。

7 月，参加中央宣传部宣传工作团访问苏联，历时 4 个月。

1951 年　42 岁

4 月，任出版总署"毛泽东选集出版印刷发行工作委员会"主任委员，该委员会由 13 个委员组成。

1952 年　43 岁

4 月，改任出版总署办公厅主任，署党组副书记。

12 月，代表中国政府接收苏联塔斯社无偿移交 1941 年在中国创办的时代出版社。

1954 年　45 岁

5 月，中华书局实行公私合营，组建财政经济出版社，兼任财政经济出版社副董事长。

9 月，被选为第一届全国人民代表大会代表，出席第一届全国人民代表大会。

11 月，任文化部出版管理局局长，部党组成员。出版总署建制撤销，出版事业归由文化部管理。

1956 年　47 岁

5 月，任文化部部长助理、党组成员，仍主管出版事业。

9 月，被选为中国共产党第八次全国代表大会代表，出席中共八大会议。

1957 年　48 岁

在文化部审查干部时，经过调查，所作结论是："历史清楚，政治上无问题。"参加反右派运动。

4 月，赴民主德国莱比锡参加"社会主义国家出版会议"。

1958 年　49 岁

1 月，被"下放"江苏省宝应县锻炼，任中共宝应县委副书记。

4 月，财政经济出版社改组为中华书局和农业出版社两个单位，续任中华书局副董事长（兼职）。

8 月，调回北京，创办文化部所属文化学院，任院长兼党委书记。建立出版、发行、印刷等系及其他专业课程，讲授"中国现代革命出版史"，主持编辑出版发行讲稿。

1959 年　50 岁

4 月，任第三届全国政协提案审查委员会委员、政协委员（任期 1959 年 4 月—1965 年 1 月）。

9 月，率文化代表团访问朝鲜。

11 月，调回文化部。

1962 年　53 岁

任文化部办公厅主任、党组成员。协助齐燕铭、徐光霄管理出版工作。

1964 年　55 岁

7 月，参加文化部整风运动。

1965 年　56 岁

1 月，任第四届全国政协委员（任期 1965 年 1 月—1978 年 3 月）。

6 月，文化部整风运动结束，与徐平羽同志一起到湖南调研。

7 月，调离文化部，等待分配工作。

1966 年　57 岁

5 月，被分配到中国科学院哲学社会科学部民族研究所，任副所长、党总支书记。

6 月，以执行"资产阶级反动路线"为由，被批斗、"靠边站"。

1969 年　60 岁

春，去学部在河南的"五七干校"。

1972 年　63 岁

秋，返回北京，继续"靠边站"。

1975 年　66 岁

3 月，任民族研究所党总支书记、副所长。

1978 年　69 岁

3 月，任第五届全国政协委员。

6 月，退居二线，任中国历史博物馆顾问。

1979 年　70 岁

冬，考察云南滇西北高原大理、宾川、剑川、丽江等地的文物古迹。返京后向国家文物局报告情况，提出了文物修复意见。

12 月 20 日，参加中国出版工作者协会成立大会。

12 月 21 日，被推选为中国出版工作者协会副主席。

1980 年　71 岁

7—8 月，主持中国出版工作者协会在承德举办的第一期编辑干部读书会。

9 月 8 日，参加北京印刷学院首届本科班新生开学典礼并致辞。

9 月 23 日，突发大面积心肌梗塞住进北京医院。

11 月 4 日，逝世。

参考文献

黄洛峰：《在全国新华书店出版工作会议第十六次大会上的工作总结报告》（1949 年 10 月 19 日），新华书店管理处编印《全国新华书店出版工作会议专辑》。

黄洛峰：《纪念中国人民抗日战争暨世界反法西斯战争胜利 70 周年·黄洛峰家书》，《解放军报》2015 年 9 月 17 日。

黄洛峰：《黄洛峰致刘大明的信》，《出版史料》2006 年第 1 期。

北京印刷学院编：《北京印刷学院简史（1958—2018）》，北京艺术与科学电子出版社 2018 年版。

陈祖英：《人民军事家——罗炳辉》，云南人民出版社 2014 年版。

杜京：《缅怀著名出版家黄洛峰》，《云南日报》2005 年 3 月 24 日。

范用、刘大明主编：《出版家黄洛峰》，百家出版社 2007 年版。

范用编：《战斗在白区：读书出版社 1934—1948》，生活·读书·新知三联书店 2001 年版。

范用著，汪家明编：《相约在书店》，广西师范大学出版社 2011 年版。

龚育之、逄先知、石仲泉：《毛泽东的读书生活》，生活·读书·新知三联书店 2009 年版。

《胡绳全书》第 3 卷，人民出版社 1998 年版。

胡绳：《追怀黄洛峰同志》，《出版工作》1985 年第 11 期。

吉鸿昌、张自忠、戴安澜、左权、黄洛峰、王雨亭：《为了永不忘却的纪念——"七七事变"78 周年重读抗战家书》，《人民日报》2015 年 7 月 7 日。

吉少甫：《书林初探》（增订本），上海三联书店 2001 年版。

吉少甫：《统一全国新华书店的奠基者——纪念黄洛峰同志逝世 20 周年》，《书林初探》，上海三联书店 2001 年版。

昆明第一中学编撰：《昆明第一中学校志》，云南教育出版社 2014 年版。

李森编著：《鹤庆风物志》，云南民族出版社 2004 年版。

刘大明：《记太行山华北书店》，黎方新浪博客，2014 年 1 月 17 日。

刘小清：《〈中央日报〉刊登〈资本论〉广告风波》，《纵横》2001 年 12 月号。

马雨农：《张冲传》，团结出版社 2012 年版。

马仲扬、苏克尘：《出版家黄洛峰》，光明日报出版社 1991 年版。

马仲扬：《回忆中国第一部〈资本论〉中译本的出版发行——缅怀黄洛峰同志》，《中共党史研究》2001 年第 1 期。

马仲扬：《抗日战争时期的出版家黄洛峰》，《光明日报》1986 年 7 月 5 日。

南方局党史资料征集小组编：《南方局党史资料·大事记》（全 6 册），重庆出版社 1990 年版。

倪子明：《最后的愿望——纪念黄洛峰同志逝世五周年》，《出版工作》1985 年第 11 期。

浦光宗：《悼念战友黄洛峰同志》，《云南现代史料丛刊》1985 年第 4 期。

尚丁：《黄洛峰——"拒检运动"的策划人》，《纵横》2000 年第 3 期。

沈静芷：《抗战后期黄洛峰同志在重庆的文化出版活动》，《出版工作》1985 年第 11 期。

宋应离、袁喜生、刘小敏编：《20世纪中国著名编辑出版家研究资料汇辑7》，河南大学出版社2008年版。

孙幼礼：《往事杂忆》，未刊稿。

唐登岷：《纪念黄洛峰同志》，《云南文史丛刊》1986年第1期。

唐登岷：《离楼心曲》，2000年版。

《韬奋文集》第3卷，生活·读书·新知三联书店1978年版。

王代文：《黄洛峰与文化学院》，《出版工作》1985年第11期。

王仿子：《回忆出版委员会》，载《北京出版史志》第6辑，北京出版社1995年版。

魏玉山：《出版委员会始末》，《中国近代现代出版史学术讨论会文集》，中国书籍出版社1990年版。

谢本书：《张冲传》，云南民族出版社1993年版。

辛锋、王思懿：《出版家黄洛峰》，云南人民出版社2017年版。

新华书店总店编：《书店工作史料》，中国书店1979年版。

杨金铠编著：《民国鹤庆县志》，云南大学出版社2016年版。

余红：《黄洛峰：将马克思主义经典著作献给广大读者》，《云南日报》2016年7月24日。

余红：《中共云南第一次代表大会始末》，《春城晚报》2016年12月19日。

云南省地方志编纂委员会总纂：《云南省志·卷八十人物志》，云南人民出版社2002年版。

张友渔：《回忆黄洛峰同志》，《人民日报》1991年4月21日。

赵晓恩：《黄洛峰与文化学院》，《新文化史料》1991年第4期。

赵晓恩：《纪念黄洛峰同志逝世五周年》，《出版工作》1985年第11期。

郑树惠：《我喜欢和我抬杠的干部》，《出版工作》1985年第11期。

中共玉溪市委党史研究室等编：《中国共产党玉溪历史读本：试行》，德宏民族出版社2017年版。

中共云南省委党史研究室:《中国共产党云南历史第一卷（1926—1950)》，云南人民出版社 2016 年版。

中国出版科学研究所、中央档案馆编:《中华人民共和国出版史料 1—6》，中国书籍出版社 1995—1999 年版。

中国人民抗日战争纪念馆、中国人民大学博物馆编:《抗战家书:我们先辈的抗战记忆》，中国人民大学出版社 2015 年版。

后　记

撰写本书，对我而言，实在是一个意外。

2017 年的某一天，受邀参加《中国出版家·邹韬奋》新书发布会，聆听了多位前贤对邹韬奋、生活书店、三联书店的赞扬。其间，与人民出版社编辑贺畅相识并受约希望也能写写，比如夏瑞芳，比如黄洛峰……

过往的书写，我是比较随性的，既不为课题所累也不为出书合同所困，想好、写成再行投稿，或寻求出版。忽然得邀，有点受宠。答应，先看看能否联系到老人的家属后代，有否新材料、新内容可以撰写？只是把已经出版的一些内容加以重组的写作，始终不为我所喜欢。后来，获得韬奋纪念馆原馆长林丽成的支持，提供了洛峰女儿黄燕生老师的电话，我曾打过几次电话，家里一直无人接听，在我几乎要放弃而决定最后试一次时，电话居然通了，黄老师外出旅游刚回北京。黄老师是中国社会科学出版社资深编审，一直在为编辑工作尽心尽力（哪怕现在已经退休，仍在为出版工程倾力），经过电话交流又在我赴京参加 2018 北京图书订货会期间见面交流了一次，黄老师自然是鼓励我写，也愿意帮助我而且还介绍了洛峰的堂弟黄健先生与我相识。……如此，我便允诺贺畅编辑，着手撰写《中国出版家·黄洛峰》。

这一年，诸事纷杂，加上可供发挥的新材料难以寻觅，一直处于拖拖拉拉之中。其间，贺畅并卓然编辑不断微信、电话鼓励、人民出版社任超等多位领导也一直关心，于是，在"逼迫"之下，终于开工。

黄洛峰的人生经历大致有四段：第一是学生时代在云南等地参加革命工作时期；第二是加入读书生活出版社并成为三联书店临时管理委员会主席时期；第三是从中宣部出版委员会主任委员到文化部出版事业管理局局长时期；第四是离开出版业、下放、办学、转岗、"文革"直至 1980 年病逝。其中，第一阶段，云南当地的党史研究者已经挖掘了很多资料，近些年有关的文章也有不少，这段经历不是我写作本书的重点；第二部分已经由范用、刘大明、马仲扬、苏克尘等前辈写成，只需留意一些语境和补充一些旁证，似乎问题也不大；第三、四部分，则是我可以发挥的，得益于我平素对于出版史料的收集和甄别。

希望本书，以史料为据，比较客观地描述黄洛峰及那一辈出版人的奋斗经历。

感谢我的同事王雪明、刘智慧等对于本书撰写的帮助，从输入到校正；感谢范继忠老师提供《北京印刷学院简史（1958—2018）》；感谢黄燕生老师、黄健先生的鼓励，为我特供了诸多未曾公开发表的日记、文章、回忆，并在我成稿后修改、补充。

　　这一年，这本书成为我念兹在兹的一件事。现在，收工了，有赖编辑的匡正，期待读者的批评。

　　　　　　　　　　　　　　　　　　　　汪耀华

　　　　　　　　　　　　　　　　2018 年 12 月 18 日

统　　筹：贺　畅
责任编辑：卓　然
封面设计：肖　辉　胡欣欣
版式设计：汪　莹

图书在版编目（CIP）数据

中国出版家 . 黄洛峰 / 汪耀华　著 . —北京：人民出版社，2020.3
（中国出版家丛书 / 柳斌杰主编）
ISBN 978 - 7 - 01 - 021181 - 7

I.①中…　II.①汪…　III.①黄洛峰（1909~1980）－生平事迹　IV.① K825.42

中国版本图书馆 CIP 数据核字（2019）第 191151 号

中国出版家·黄洛峰

ZHONGGUO CHUBANJIA HUANG LUOFENG

汪耀华　著

人民出版社 出版发行
（100706　北京市东城区隆福寺街 99 号）

北京盛通印刷股份有限公司印刷　新华书店经销

2020 年 3 月第 1 版　2020 年 3 月北京第 1 次印刷
开本：710 毫米 × 1000 毫米 1/16　印张：24
字数：270 千字

ISBN 978 - 7 - 01 - 021181 - 7　定价：76.00 元

邮购地址 100706　北京市东城区隆福寺街 99 号
人民东方图书销售中心　电话：（010）65250042　65289539